本书由江西师范大学"江西省一流高峰特色学科(教育学)"项目资助

VALUE AND ANXIETY

# 价值与焦虑

Contemporary Educational
Reflection from the Perspective
of Educational Philosophy

教育哲学视角下的
当代教育省思

李帆 著

中国社会科学出版社

# 图书在版编目（CIP）数据

价值与焦虑：教育哲学视角下的当代教育省思 / 李帆著. -- 北京：中国社会科学出版社，2025.4.
ISBN 978-7-5227-4840-5

Ⅰ. G40-02

中国国家版本馆 CIP 数据核字第 20256RK075 号

| 出 版 人 | 赵剑英 |
|---|---|
| 责任编辑 | 高 歌　夏大勇 |
| 责任校对 | 郝阳洋 |
| 责任印制 | 戴 宽 |

| 出　　版 | 中国社会科学出版社 |
|---|---|
| 社　　址 | 北京鼓楼西大街甲 158 号 |
| 邮　　编 | 100720 |
| 网　　址 | http://www.csspw.cn |
| 发 行 部 | 010-84083685 |
| 门 市 部 | 010-84029450 |
| 经　　销 | 新华书店及其他书店 |

| 印　　刷 | 北京明恒达印务有限公司 |
|---|---|
| 装　　订 | 廊坊市广阳区广增装订厂 |
| 版　　次 | 2025 年 4 月第 1 版 |
| 印　　次 | 2025 年 4 月第 1 次印刷 |

| 开　　本 | 710×1000　1/16 |
|---|---|
| 印　　张 | 18.5 |
| 插　　页 | 2 |
| 字　　数 | 277 千字 |
| 定　　价 | 99.00 元 |

凡购买中国社会科学出版社图书，如有质量问题请与本社营销中心联系调换
电话：010-84083683
**版权所有　侵权必究**

# 序

欣闻李帆博士《价值与焦虑：教育哲学视角下的当代教育省思》即将付梓，我由衷地感到高兴。他要我为该书写个序，作为他的导师，我亦非常乐意。

李帆是我指导的2019级博士生，与他的缘分源于2019年1月，那天武汉难得下了一场大雪，校园虽然寒风凛冽却难掩博士生面试时紧张而又热烈的场面：站在我们导师面前的是一个看起来有点局促不安但在交流中却洋溢着炽热的学术情怀的小伙子，鉴于他的执着和真诚，我决定招收他。平心而论，李帆是一个不善表达的年轻人，但行事中却展露出一种难得的韧性，给人沉稳踏实之感，对学术更是虔诚和专注，在后来的学习和研究中屡屡给我惊喜。

在博士论文选题阶段，他选择了"教育焦虑"这个当下的热点话题，这与我最初对他论文选题的设想不太吻合，却也在意料之中，毕竟真正的理论探索也是要基于现实的。在听取他的想法后，我决定支持他继续把这个研究主题做下去。在毕业论文撰写过程中，我也曾多次表达我的担忧，如何做到理论与现实的结合、如何体现专业和研究方向的结合、如何做到经典研究和问题探究的结合，对于一个年轻人来说，此种学术自觉不能不说是极为困难的。所幸，在经历多次打磨后呈现出来的结果还算不错，他顺利完成了学业。参加工作后，他延续了该主题的研究，并对博士论文的内容做了较大改动与充实，于是便有了这部书稿。可以说，本书既是他在读博期间的研究成果，更是他学术水平和发展潜力的印证。

在我看来,某种程度上可以说,焦虑构成了现代性社会视域中的独特景观,但人们往往难以描述其真实样貌。当代社会更是一个充满焦虑的社会,焦虑如空气一般存在于人们的日常生活中,成为一种普遍的群体体验。尽管在学术史上,哲学、社会学、心理学、文学等学科在焦虑问题的研究上已取得丰硕的成果,但从教育学的学科视角进行探索明显不足。李帆这本书围绕"焦虑时代教育何为"这一主题展开,从解构"焦虑时代"出发,在厘清教育、焦虑、人之间意义关联的基础上,提出以焦虑作为诊断教育现代性弊病的关键词,强调焦虑之于教育的本体意义。现代教育看似繁荣实则病态,教育主体在焦虑情绪驱使下的过度积极行动使得他们陷入"被迫自愿"的异化局面,这充分暴露了人类理性的有限性。这一观点无疑具有创新性,不仅提升了研究的境界,更确立了全书的思想基调,也为相关研究和后续探索拓展了生长空间。在此基础上,作者进一步指出,理想的教育是与焦虑共存的教育,需要回归教育作为培养人的价值原点,在捍卫人在教育中的主体性地位的前提下,通过超越焦虑向着更高的真善美境界不断迈进,这一主张揭示了在功利主义教育观盛行的当下教育的另一种可能:超越狭隘的教育功利,朝向理想的人的发展。

总览全书,可以看出其三个特征。一是宽阔的学术视野和教育学科立场的融合。焦虑是一个可以关涉不同学科领域的话题,这便决定了研究不可拘囿于某一特定理论,而要在整合多学科视角的基础上确立教育学学科的基本立场。这是一个不小的挑战。所幸,作者有着跨学科的学习经历,更有着较多的前期积累,因而能很好地加以运用。作者在教育哲学视角下审视当代教育的弊病,基本形成了完整的认知架构,为相关研究提供了思路和方法的借鉴。

二是理论探索特别是教育哲学研究的理论探索与教育实践检视的融合。教育哲学特别强调哲学地思考教育问题,旨在沟通教育的必然、实然和应然之间的联系,构建合理性的教育思想和教育实践。教育哲学从来不排斥对现实问题的关注,或者说,它的生命就在于回答现实问题。

当下的经验包含着过去和未来，该书很好地体现了教育哲学对"当下"的关注，通过对教育现实的抽象化表达，作者总结出焦虑之于教育的独特意义，这种意义不仅指向现在，更关注教育的未来。将教育的现实问题提升到理论的高度进行认识和探索，并试图追寻教育的理想，是教育哲学研究的灵魂所在。

三是理性分析与情感表达的融合。作者有着较强的文字功底，本书不仅体现了作者严谨的学理分析，更通过细腻的文笔和精确的书面语言传达出对社会、对教育甚至对人生的一些精致的思考，以个性化的表达方式反映教育的基本规律。这也传递出作者的写作意图，即面向不同的受众敞开心灵，为其提供一种思考教育的方式。我相信，本书作为理论探索的成果，也一定会对教育理论研究者、一线教师、学生以及关心教育事业发展的相关人士具有启发意义。

写下上述文字不仅是对作者学术水平的肯定，更是对其学术旨趣的褒奖，当然还包含我对李帆博士的期望。愿作者能在学术道路上砥砺前行，永葆对学术的热爱与激情，在学术精进的同时也建构属于自己的生活空间。

期待作者后续推出更多高水平研究成果！

是为序。

王坤庆

# 目 录

绪 论 …………………………………………………………… (1)

## 第一章 焦虑时代的来临 …………………………………… (36)
第一节 焦虑的学术谱系 ………………………………… (36)
第二节 焦虑社会的展开形式 …………………………… (56)
第三节 焦虑时代的教育 ………………………………… (72)

## 第二章 焦虑时代的教育幻象 ……………………………… (85)
第一节 密集型家庭教养方式的制式化 ………………… (85)
第二节 学校场域中的结构化学习竞争 ………………… (101)
第三节 教师角色过载引发的认同危机 ………………… (112)

## 第三章 当代教育异化的潜在风险 ………………………… (122)
第一节 焦虑主体的自我损耗 …………………………… (122)
第二节 教育发展的"内卷化"困境 …………………… (135)
第三节 教育异化的新形式 ……………………………… (146)

## 第四章 当代教育困境的衍生逻辑 ………………………… (159)
第一节 功利主义教育观盛行 …………………………… (159)
第二节 教育自身的结构困境 …………………………… (166)

第三节　教养的科学话语主导 …………………………………（180）
　第四节　市场主体的焦虑营销 …………………………………（198）
　第五节　文化惯习的意义重构 …………………………………（213）

**第五章　当代教育的使命与可能** …………………………………（226）
　第一节　观念重构：反思教育与人的合理性 …………………（226）
　第二节　积极行动：深化教育领域综合改革 …………………（238）
　第三节　涵养家教：引导家长教育能力提升 …………………（255）
　第四节　复元治理：构建和谐共生教育生态 …………………（264）

**结语　与焦虑共存的教育** …………………………………………（276）

**参考文献** ……………………………………………………………（282）

**后　记** ………………………………………………………………（288）

# 绪 论

## 一　选题背景

焦虑是一种复杂的心理现象，是指人们在面对未来境况的不确定性时所产生的，包括恐惧、紧张、担忧、抑郁等情绪在内的感受或体验。在日常语境中，焦虑是一种发生在特定情境中的心理状态，每个人在其生命历程中都可能产生焦虑体验，也都会遭受焦虑所带来的生理、情绪和行为反应。总体来看，焦虑作为一种消极情绪体验具有二重性，正常的焦虑是个体发展的动力，能激发人的潜能并规避可能的危险；只有当焦虑超过一定阈限时才会抑制人的本能发挥，甚至演变成破坏性的力量。此外，焦虑也是一个有着鲜明时代特征的议题。在前现代社会中，由于人们交往范围狭小，焦虑大多表现为个体在某一特定阶段的情绪体验，人们对焦虑的认识还主要停留在心理或病理层面，焦虑的产生、作用和影响都带有个人特质的烙印。进入现代社会，伴随着人们活动和交往范围的拓展，焦虑上升为群体意义上的普遍心态，成为当代人共有的生存体验，不无夸张地说，今天的人们就生活在一个"全民焦虑"的时代，一个笼罩在焦虑阴影下的时代。焦虑也构成了我们对现代社会生活的基本判断：焦虑是当前时代最突出的标志，它已嵌入整个社会结构之中，成为人们日常生活的一部分。

时至今日，焦虑在教育领域中渗透的深度和广度都已不容小觑，思索一些教育问题（如学习内卷、"鸡娃"、厌学等现象）的深层原因，我们都不难看出它们与教育焦虑的内在关联,过高的教育焦虑(即"教育焦虑症")已成为教育不可承受之重,成为当代教育的突出病症之一。2016年11月,徐凯文曾做过题为"时代空心病与焦虑经济学"的演讲,他提到:北京大学一年级的新生,包括本科生和研究生,其中有30.4%的学生厌恶学习,或者认为学习没有意义;还有40.4%的学生认为人生没有意义。他将这一现象归结为"空心病",认为是一种由价值观丧失所引发的缺陷。当然,作为一种普遍病症,空心病折射出当代学生的精神迷茫、价值失序、悲观失望等不安,正是这种不安导致了他们在面对学业、交往、生活时的焦虑。《2016年中国亲子教育现状调查报告》指出:"家庭中的教育焦虑问题不可忽视,87%左右的家长承认自己有过焦虑情绪,其中近20%有中度焦虑,近7%有严重焦虑。"智课教育2018年发布的《中国家长教育焦虑指数调查报告》显示,68%的被调查家长存在不同程度的教育焦虑,家长综合焦虑指数为67,整体属于比较焦虑状态,而家长的教育焦虑主要集中在孩子的幼儿阶段和小学阶段。《中国教育报》2019年8月25日载文指出,针对北京市28204位家长的调查显示,53.6%的家长对子女上小学存在不同程度的焦虑。上述状况无不表明,在中国,教育焦虑现象已大量出现且具备病理性的症状,它已内嵌于教育的结构之中,成为教育活动中主体的情绪体验。国家层面对此高度重视,历次减负政策再到"双减"政策,都显示出国家对纾解教育焦虑、回归教育本质的决心。然而,伴随着某些形式的教育焦虑在得到缓解、改善的同时,新的教育焦虑形式、内容又在不断出现,教育焦虑仍是一个困扰理论研究和教育实践的问题。这些现象都不禁令人深思:我们应如何认识教育焦虑及采用何种方式应对过度的教育焦虑。

不可否认,教育能促进受教育者的自我发展,提升其自我实现的可能性,在缓解社会弥漫的生存焦虑时提供一定帮助,教育在某种程度上寄托着人们超越生存焦虑的期望,但教育焦虑也占据着人们当代社会生活的中心。教育领域中的焦虑,既有社会、文化、历史、经济等外部要素的扩散因素,更有教育活动本身独特的焦虑。对于前者,我们必须考虑诸多因素的综合作用,"由于个体的焦虑受限于他所在的历史文化处境，因此如果我们想要了解个体的焦虑，就不能不对他的文化以及形塑他成长氛围的主要观念有所了解"[①]，而这也往往是社会学、心理学等学科关注的"教育焦虑"。而教育领域中的焦虑，是由教育活动所引发的焦虑。教育本应面向真实的人敞开，但现实却是教育把人变成"非人的存在"，教育非但没能缓解人的生存焦虑，反而放任生存焦虑在教育领域蔓延，使得不同教育主体都深受其害。人们对教育的焦虑，则更能让人感受到一种独特的、深入其中的生命体验，从而构成了我们对当下教育的最真实感触。

总体来看，过度焦虑已成为当前教育领域的普遍病症，不仅损害家长、学生、教师等主体的身心健康，还扰乱正常的教育秩序，甚至导致教育生态的整体恶化。因此，在把握现代社会心理的基础上，以焦虑作为诊断教育的阿基米德点，不仅有助于我们把握焦虑时代的教育内在逻辑，更是当下深化教育改革、促进教育健康发展、推动人的全面发展的重要选择。

## 二 文献综述

（一）焦虑研究

1. 焦虑的基本理论探索

（1）焦虑的界定

存在主义哲学对焦虑的界定与人的"存在"密切相关，它认为焦虑是人之存在的一种特质，是存在者意识到自身存在的结果。克尔凯郭尔认为焦虑是人在面对自由时所呈现的状态，将焦虑看作"自由的可能性"，个人的可能性越高，焦虑则越高；海德格尔认为焦虑是此在的"不在家"状态，与人的存在如影随形；萨特认为焦虑是"自由这存在着的意识的存在方式"[②]，人在自由中获得了焦虑体验，也在焦虑中获得了自由意识。

---

[①] ［美］罗洛·梅：《焦虑的意义》，朱侃如译，广西师范大学出版社2010年版，第20页。
[②] ［法］萨特：《存在与虚无》，陈宣良等译，生活·读书·新知三联书店1997年版，第58页。

心理学将焦虑看作自我在内外部因素影响下的紧张反应。美国精神病联合会给焦虑的定义是"由紧张的烦躁不安或身体的症状所伴随的,对未来危险和不幸的忧虑预期"[①]。埃里克森认为,焦虑是由于人在社会生活中其心理发展受到挫折的后果。罗洛·梅认为,"焦虑是因为某种价值受到威胁时所引发的不安,而这个价值被个人视为是他存在的根本"。此处的威胁有着丰富的意指:既可以是有形的,也可以是无形的;既可以是对身体的威胁,也可以是对存在意义的威胁;既可以是个体的,也可以是群体的。人本主义心理学家罗杰斯认为,焦虑是个体内部的自我力量与外部环境要求发生冲突的结果。

(2)个体性焦虑的研究

在临床治疗上,焦虑症被看作一种以焦虑情绪为主的神经症(即焦虑症),其主要特征为持续性紧张、恐惧或发作性惊吓,并伴有植物神经系统症状和运动不安等行为。2019年世界卫生组织发布了《国际疾病分类》的第十一次修订本(ICD-11),将焦虑(恐惧)症分为以下亚型:第一,广泛性焦虑障碍;第二,惊恐障碍;第三,广场恐惧症;第四,特定的恐惧症;第五,社交焦虑障碍;第六,分离性焦虑障碍;第七,选择性缄默症;第八,其他类型。在中国,焦虑症又可分为惊恐障碍和广泛性焦虑。惊吓恐惧是以反复的惊恐发作为主要原发症状的神经症。广泛性焦虑则更常见,通常表现为没有事实依据,也没有客观对象和具体内容的担忧、恐惧心理,且伴有植物神经症状等。焦虑症不仅给患者带来生理上、精神上的不适,还会给其家属造成巨大的损害。弗洛伊德是最早对焦虑做临床治疗的心理学家,试图通过科学的心理学来解释焦虑症,提出了一种全新的心理学说——精神分析,并影响到了哲学、宗教、文化等相关领域。从临床表现来看,焦虑症属于情志病。焦虑症通常影响焦虑症患者的情绪体验、生理反应两个方面。

---

[①] Arne Öhman, Anders Flykt, and Dantel Lundgvist, "Unconscious Emotion: Evolutionary Perspective, Psycho-physiological Data, and Neuropsychological Mechanisms", in Richard D. Lane and Lynn Nadel, eds., *The Cognitive Neuroscience of Emotion*, New York: Oxford University Press, 2000, p. 244.

## 绪 论

神经科学的最新研究为解释焦虑情绪的发生提供了新思路。美国神经科学家约瑟夫·勒杜的最新研究发现，在焦虑情绪中发挥作用的大脑结构不只是杏仁核和终纹床核，前额皮质、海马体、扣带回以及其他一些区域都与焦虑情绪有关。大脑结构之外的信息加工方式触发了行为，产生了激素，推动焦虑意识的产生[①]。

（3）群体性焦虑的研究

个体的焦虑体现出整个时代的精神特质，而当焦虑超出个人范畴并成为群体交往的共同情绪时，焦虑就具有群体性（或社会性）意义。关于这一点，不同学科视角的理解各有不同。

心理学将群体性焦虑解释为社交焦虑，即在参与社会交往过程中由于担心得不到其他人满意的评价而产生的恐惧和忧虑，更侧重于个体的心理感受。社会心理学意义上的社会焦虑则是由于社会不确定因素而给公众带来的不安感，社会焦虑一般被看作一种社会心理疾病。亨特认为，社会焦虑不仅是个人焦虑的集合，二者间还存在相互促进、互为因果的密切关联。最重要的应该是承认社会焦虑的社会存在以及其他人的经历和表达，他们的个人焦虑在社会焦虑的形成过程中发挥着至关重要的作用[②]。在哲学意义上，社会焦虑表现为人对"存在"本身的焦虑。布根塔尔认为，焦虑是区分"存在"与"非存在"的标志，焦虑可分为两种：一种是存在焦虑（本真焦虑），对应着个体的本真生活方式；另一种则是神经症焦虑，对应着人的"非本真"的生活方式，但它也是一种存在焦虑。他指出："（存在）焦虑是二十世纪特有的存在困境。多少世纪以来，我们一直创造着我们的世界，结果导致焦虑成了我们生命中的一部分。"[③] 存在焦虑是人在存在过程中，由于自身"存在"受到威胁时的主观体验，在焦虑中人的潜能被激发，从而有利于个

---

[①] [美]亚当·皮奥：《"焦虑"研究理论正在发生根本性变化》，乔琦编译，《世界科学》2019年第12期。

[②] Hunt Alan, "Anxiety and Social Explanation: Some Anxieties About Anxiety", *Journal of Social History*, Vol. 32, No. 3, June 1999, p. 509.

[③] Bugental, J. F., "Humanistic Psychology: A New Break through", *American Psychology*, Vol. 18, No. 9, September 1963, p. 563.

体的自我实现。

在社会焦虑的类型划分上，学者们作出了多种尝试。吴忠民将社会焦虑划分为显性焦虑和隐性焦虑两种类型，认为社会焦虑大多以显性焦虑的形式出现，但隐性焦虑也不容忽视[1]。郝宇青、张弓结合中国处于社会转型期的时代背景，将社会焦虑划分为四种类型：利益性焦虑、价值性焦虑、政治性焦虑和身份认同焦虑[2]。有研究者对特定时期的社会焦虑作了横向考察，如夏学銮将中国当下的社会焦虑划分为四个类别：个体焦虑、群体焦虑、组织焦虑和制度焦虑，并提出要针对社会焦虑作多层次、多结构的研究[3]。也有研究者对特定群体的焦虑作了归类，如张艳丽、司汉武认为当前在青年群体中普遍存在的焦虑有四种，即生存与发展焦虑、人际关系焦虑、身份认同焦虑、婚姻焦虑[4]。基于不同的学科立场，能总结出焦虑的不同面向，在后续研究中应对焦虑的类型学划分作出深入探索。

2. 焦虑的实证研究

（1）焦虑测量工具的编制

在科学技术的进步下，人们对焦虑的认识从感性的经验知识上升到系统的科学知识，其重要标志便是测量工具的出现与完善。在早期精神病学和精神分析学的临床研究中，焦虑的测量就已成为主题，但苦于没有专门的测量工具而收效甚微。直至20世纪50年代焦虑测量工具的问世，才为焦虑测量提供了便利条件。1951年，美国学者泰勒最先编制了显性焦虑量表（MAS），目的是测量焦虑对学习动机的作用。此后，类似的测量工具相继出现。1952年，乔治·曼德勒和塞摩·沙拉松编制了考试焦虑问卷（TAQ），被应用于测量学生在考试前的焦虑程度。1959年，汉密尔顿编制了汉密尔顿焦虑量表（HAMA），适用于测量成年人的焦虑程度，共有三个版本，可用来评价患者的焦虑症状况及临床治疗效果。1970年，斯皮尔

---

[1] 吴忠民：《社会的急剧转型与社会焦虑》，《科学中国人》2002年第4期。
[2] 郝宇青、张弓：《当下中国社会焦虑的类型探析》，《齐鲁师范学院学报》2013年第1期。
[3] 夏学銮：《在更宽广背景下审视"09焦虑"》，《人民论坛》2010年第3期。
[4] 张艳丽、司汉武：《青年群体的社会焦虑及成因分析》，《青年探索》2010年第6期。

伯格等人编制了状态—特质焦虑量表（STAI-Form Y），该量表为自评量表，可用来测试内科、外科、心身疾病及精神病人的焦虑情绪，也可用来筛查职业人群的有关焦虑问题，还可用来评价心理治疗、药物治疗的效果。1971年，威廉·庄编制了焦虑自评量表（SAS），该量表适用于成年人，可用来测量病人的主观焦虑程度以及在治疗中的反应，但不能作为诊断的依据。1977年，马腾斯编制了运动竞赛焦虑测验（SCAT），用来测量运动员在参加运动竞赛时的焦虑程度，量表共分为15个项目。1978年，沙拉松等人编制了考试焦虑量表（TAS），该量表已成为国际通用的考试焦虑量表。该量表共有37个项目，用来测量个体对考试的态度、在考试前后的情绪变化及身体反应。1985年，阿隆·贝克等人编制了贝克焦虑量表（BAI），该量表为自评量表，共21个项目，分为4个等级，适用于测量成年人的主观焦虑感受。

在借鉴国外学者研究的基础上，国内学者也陆续编制了焦虑测量的量表。1974年，林碧峰编制了中国儿童一般焦虑量表（GASCC），用来测量小学三、四、五年级学生的焦虑程度。张晓琴编制了就业焦虑诊断量表，该量表被广泛应用。焦虑测量工具的出现和完善，标志着焦虑研究的科学化程度逐步深化，焦虑测量工具的研究是焦虑实证研究的必要前提，也是其重要组成部分。

（2）焦虑测量的对象

运用以上测量工具，研究者对不同对象开展了测量。如针对幼儿、中小学生、青年、中老年人等不同年龄阶段的群体，还有涉及不同行业的群体（如教师、医生、警察、农民工等），也有涉及不同病人（如焦虑症患者、癌症患者、糖尿病患者、神经症患者等）的测量。总之，随着焦虑理论的不断丰富，焦虑测量的对象也逐步涵盖了社会的不同群体，越来越多的特殊群体被纳为焦虑测量的对象，丰富了人们对于焦虑的认识。

（3）焦虑测量的内容

在焦虑测量的内容方面，既有特殊应激条件下的焦虑（如在学生考试、体育竞赛、高空作业、教师教学活动、汽车驾驶等情境下的焦虑），也有持续性的焦虑（如学生对特定学科的学习焦虑、老年人对死亡的焦虑、女性对衰老的焦虑、群体性交往焦虑、民众的生存焦虑），等等。还有一些研究者关注焦虑与相关变量的关系，如焦虑与人格因素、焦虑与性别、焦虑与认知方式、焦虑与年龄、焦虑与既往生活经历等相关因素的关系。总之，焦虑情绪的发生受内在心理因素、外在自然因素、社会因素等不同变量的影响。

3. 焦虑的成因

（1）个体焦虑的成因

心理学对焦虑的成因有不同解释。精神分析学派代表人物弗洛伊德认为，焦虑起源于本我与超我的冲突，焦虑是潜意识中的性驱力与外界现实之间冲突的产物。霍妮则认为，个人早期生活中的压抑和社会生活中的文化因素都是焦虑的来源。埃里克森认为，人在社会生活中的心理发展受挫是焦虑的来源。弗洛姆认为，个体存在的孤独感是造成焦虑的来源，对孤独的恐惧、无助驱动着人们形成联结。阿德勒从人与生俱来的自卑感来探讨焦虑的来源，认为焦虑的源头在于对自己弱点的主观认知。罗洛·梅指出，人际的孤独和疏离是焦虑的来源，但这种孤独和疏离又产生于高度竞争的社会之中。行为主义心理学认为，焦虑是后天习得的，个体不仅能通过自身体验来感知焦虑，也能通过观察、模仿产生焦虑心理。认知主义心理学认为，焦虑的产生需要通过个体认知的中介作用，个体认知评价是激发焦虑的根本因素。人本主义心理学（如罗杰斯）认为，焦虑来源于内部力量与外部力量的冲突。此外，还有对原生焦虑、二次焦虑的探索。二次焦虑是指对原生焦虑的反应，以及由与此反应有相对固定联系的症状所导致的、使原发焦虑维持并加强的焦虑，是一种继发性焦虑。

在医学研究中，焦虑症被视为一种精神障碍。中医药研究将焦虑症视作一种情志疾病，焦虑与五脏六腑的功能关系密切，其中与肝的关系最为密切，其次是心、肾、胆、脾等脏腑。临床研究则从焦虑的外在表现（如头晕、恶心、胸闷、尿频、颤抖等）出发，探索了焦虑的生理成因，近年来神经科学的研究进展则拓展了该方面的认识。

(2) 群体性焦虑的成因

吉登斯认为，现代性是造成焦虑的根源。现代性大潮汹涌而至，带来了社会的全面变革，导致了"去传统化、自然的终结和自我认同的改变"[①]。现代性摧毁了看似牢不可破的观念，人与人之间的信任感逐步消解在时空分离的活动之中，个人难以找到身份认同，这时焦虑就会成为困扰人们的一种情绪。

焦虑不仅是一种个体意义上的心情（emotion），更是一种社会学意义上的情感（affection），需要结合特定社会情境加以理解[②]，它是一种随社会急剧变迁的社会心理。从社会变迁的角度出发，焦虑的形成有两方面原因：一方面，在多元文化交汇和冲突的背景下，人被赋予了前所未有的自由，在作选择的同时也制造着焦虑，其体现的正是价值的多元与一元的冲突；另一方面，在社会转型期间，个人对生活的失调也产生了焦虑。中国社会的焦虑则体现出鲜明的特点，根源在于中国的现代化进程，而这一社会心态的源头可追溯到鸦片战争以来，中国对于现代化的向往与焦虑[③]。中国社会焦虑的成因既有社会环境因素（如社会环境的急剧变化、对市场经济的不适应、社会转型期存在诸多不确定因素、社会保障制度的滞后、消费主义的普遍盛行等），也有社会主体因素（如社会个体信仰缺失、心理层面认知和调整不足等）[④]。焦虑是多种因素共同作用下的产物，主要有经济、政治、文化三方面的原因，即社会利益分配不均衡、法律保障不足、社会核心价值观的迷失[⑤]。其中，文化作为一种力量为焦虑的流行发挥了关键作用，使得个体焦虑上升为社会焦虑、结构性焦虑[⑥]。此外，焦虑不仅会制造，还会传播和感染，媒

---

① ［英］安东尼·吉登斯：《现代性的后果》，田禾译，译林出版社2000年版，第9页。
② ［美］乔纳森·特纳、简·斯戴兹：《情感社会学》，孙俊才、文军译，上海人民出版社2007年版，第26页。
③ 周晓虹：《焦虑：迅疾变迁背景下的时代症候》，《江苏行政学院学报》2014年第6期。
④ 林高财：《当代中国社会焦虑现象人学解读》，硕士学位论文，华南理工大学，2014年，第22页。
⑤ 姜晓萍、郭兵兵：《我国社会焦虑问题研究述评》，《行政论坛》2014年第5期。
⑥ 袁光锋、李晓愚：《"最近比较烦"：论焦虑文化的社会生成机制、对抗实践及其后果》，《西北师大学报》（社会科学版）2022年第5期。

体的作用使得焦虑蔓延更为迅速,增强了焦虑在传播中的互动性和变动性①。

社会焦虑是个体焦虑的集合,但相较于个体焦虑,社会焦虑的社会性因素更为突出,它的影响因素也更为复杂多样,时代、经济、政治、文化、组织、外界干预等因素都直接或间接地影响社会焦虑的表现形式、侧重点,这也为人们思考应对措施提供了不同的视角和方法。

4. 焦虑的应对研究

正如罗洛·梅所言,"焦虑无法避免,却可以降低"②,适度的焦虑是合理且必要的,应当消除的是那些过度的、有损身心健康的焦虑。有关消除或缓释焦虑的研究成果不少,主要有以下两个方面。

(1) 个体性焦虑的应对

其一,个体性焦虑的临床疗法。药物治疗是焦虑症临床治疗中的最常见的方法之一。临床研究证实,一些药物(如抗抑郁药、非典型性抗精神病药)对于抗抑郁有着一定的疗效,但长期使用则可能造成抗药性、药物依赖、生理不适等不良后果,因此药物的使用仍需临床经验的验证,需谨慎使用。中医药在治疗焦虑症方面的作用也得到了证实,其疗法有针灸疗法、针刺疗法、电针疗法、灸法治疗、推拿等,脱胎于中国传统医药理论的中医药疗法结合了西方焦虑症的临床医学研究,方法灵活多样且副作用小,现已得到越来越多的关注,中西医结合的焦虑症临床治疗正在成为一种趋势,但其疗效需要在长期的临床治疗中得到验证。

心理治疗在焦虑症临床治疗中的作用逐步得到重视。心理疗法的作用机制与药物治疗不同,也没有药物治疗那样的副作用,常见的心理疗法有森田疗法、认知行为疗法、团体疗法、催眠疗法等。研究证实,在众多心理治疗方法中,认知行为疗法的有效性是最为突出的③,认知行

---

① 周晓虹:《社会心态、情感治理与媒介变革》,《探索与争鸣》2016 年第 11 期。
② [美] 罗洛·梅:《焦虑的意义》,朱侃如译,广西师范大学出版社 2010 年版,第 292 页。
③ Katzman M. and Bleau P., "Canadian Clinical Practice Guidelines for the Management of Anxiety, Posttraumatic Stress and Obsessive-compulsive Disorder", *BMC Psychiatry*, Vol. 22, No. 1, January 2014, p. 74.

为疗法认为焦虑症的起因在于患者的认知不当、思维方式错乱，因此要从改变焦虑症患者的认知出发，临床研究发现，认知行为疗法能有效改善焦虑症患者的生活质量、社会满意度。团体疗法是一种在团体情境下开展的心理治疗方法，能有效缓解群体的焦虑。由于心理学派众多，所衍生的心理疗法也各有不同，对治疗师的实际操作就有更高的要求，与此同时，相关学科的借鉴融合也为心理治疗提供了新方向[①]。从临床疗效来看，焦虑症患者或多或少能从中获益，药物治疗、心理治疗等多种方法的综合，则能产生意想不到的治疗效果。

其二，存在焦虑的应对。存在主义对焦虑总体持悲观态度，认为个体在焦虑体验中感知到虚无、孤独、荒诞等情感，体现出人的无根基和意义的悬浮，伴随着"上帝死了"的讯号，虚无主义趁机滋生。存在主义哲学家总结了人们超越焦虑的四种路径。一是寻求"神律"。克尔凯郭尔从"亚当之罪"考察焦虑的历史，认为焦虑作为人之原罪，在历史演变中，成为个体乃至全人类的共同处境，焦虑因此带有了宿命论的色彩。只有通过虔诚地向上帝忏悔，建立起对上帝的绝对信仰，人才能与上帝同在，才能为自由的可能性寻求终极归宿，从而克服存在的焦虑。与之观点相似的神学家蒂里希认为，人可以通过信仰来接近上帝的存在，从上帝那里获得正视命运、战胜非存在威胁的力量和勇气，寻找一种涉及终极关怀、先验性的绝对理念。二是倡导内在超越。尼采将人界定为"应当超越的动物"，并认为在人的诸多规定性中，"超越"构成第一属性。在上帝已死、超人尚未出现的时代，焦虑的出现有其必然性，而持续的焦虑则引发了虚无主义的诞生。为此，他意图以权力意志、永恒轮回、超人等学说来重新唤醒人的内在超越性，将人从虚无主义的深渊边缘拉回来，鼓励人"成为其所是"，在向往超人的创造之路上不断前行。三是主张社群主义。通过强调人的责任感、呼吁重建信任关系来超越原子式个体主义的不足。以麦金太尔为代表的社群主义取向思想家提倡将

---

① 20世纪80年代以来西方哲学界兴起的"哲学践行运动"（philosophical practice，或称为哲学咨询和治疗）也为个体焦虑的治疗提供了新方向，在他们看来，个体所遭遇的困境往往源于隐藏在生活之下的哲学困境，传统医学方法只能压制生理症状，往往难以触及根本。

个体的自我实现与对传统的认识、对社群的忠诚相结合，从而为人的存在焦虑寻找新的出路。四是后现代式的逃避。在后现代语境中，所谓的宏大叙事、绝对理念、终极关怀、形而上学等议题都变得毫无意义，个人追求、宗教信仰、民主信念都不复存在，传统价值观已失去其意义，整个社会一片黯淡，苦闷、迷茫的人们只能躲进犬儒主义的怀抱，用逃避来缓解存在焦虑。面对焦虑，我们能否在以上四种变数之间建立某种新的联合，是值得当代思想界进一步思考的问题①。

（2）群体性焦虑的应对

吉登斯在结构功能主义的社会学意义上提出了"本体性安全"这一概念。本体性安全之所以能用来对抗存在焦虑，是因为二者构成了一组张力。本体性安全与"在世界中的存在"有关，建立在信任的基础上，借助习惯逐步渗入人们的日常生活之中。对未来有所把握能让人获得某种确定性的信念，构成了人们安全感的前提，缺少这一点，风险就会出现，焦虑也就随之产生。吉登斯认为有四种适应性反应可以用来维护在风险环境下的本体安全，一是实用主义，接受现实；二是建立在对启蒙理性坚定信仰基础上的持续乐观态度；三是犬儒式的悲观主义；四是激进的卷入，即对已经察觉到的危险之根源的实践性搏击。

社会焦虑的成因是多方面的，治理社会焦虑，应建立个人自我调节、政府制度建设、社会支持等多方主体共同协调、相互合作的治理体系。个人自我调节是根本，任何缓解焦虑的干预措施最终都要内化为个人的心理调节。杨会芹、姚树桥认为，个体应该及时发现心理不适并迅速调整自己的心态，在必要时寻找适当的心理治疗，并且逐步使外控型人格转化为内控型人格以适应社会的转型②。政府的制度建设是关键，政策支持能为形成安全的社会环境、营造有利社会氛围、提供心理干预作出必要保障。政府应当着力于如下三方面：首先，政府应着力改革现有收

---

① 陈立胜：《"上帝之死"与存在哲学之"焦虑"观》，《中山大学学报》（社会科学版）2001年第6期。

② 杨会芹、姚树桥：《社会焦虑与精神疾病——社会焦虑致抑郁性自杀现象透视》，《医学与哲学》2005年第4期。

入分配制度,将贫富差距控制在合理范围内,同时也创设公正、公平的市场竞争规则体系;其次,政府应不断完善现有法律法规体系,完善社会保障机制,提供更多优质公共服务;最后,政府既要构建与中国现代化进程相匹配的社会核心价值体系,又要建立一定的心理干预机制,从而舒缓公众的社会焦虑。社会支持系统能为缓解社会焦虑提供外部支持,一些领域是个人和政府难以发挥作用和不便干预的,但社会机构的参与能发挥独特的作用,能有效弥补这方面的不足。

从国内外焦虑的研究可知,焦虑研究呈现出鲜明的学科特征。罗洛·梅在《焦虑的意义》中概括了焦虑研究的不同学科视角,如哲学、生物学、心理学、心理治疗、文化等,且每个学科对焦虑的理解都呈现出独特的学科立场,其中哲学和心理学为焦虑研究提供了系统的理论框架。从这种学术史的脉络中也不难看出,人们对焦虑的认识经历了从感性到理性、从模糊到清晰、从单一到多样的转变。近年来,医学尤其是神经科学的研究为人们探索焦虑的起源、作用机制、应对措施提供了新思路,也为焦虑理论的验证提供了更多支撑条件。

(二) 教育焦虑研究

教育焦虑作为一种社会现象古已有之,而对教育焦虑的研究则源于心理学研究。教育焦虑被看作焦虑在教育领域的延展,是教育活动中相关主体的普遍心态。由于教育有狭义与广义之分,教育焦虑也就针对不同的群体,有着不同的表现形式。国外针对教育焦虑的研究源于考试焦虑(或称测验焦虑)。1914 年,费林对部分医学院学生在期末考试前后尿液中的含糖量进行了测量,发现在考试结束后被试者尿液含糖量有所增加,从而发现了考试焦虑的存在。此后,考试焦虑的研究才被正式纳入心理学研究。1929 年,坎农的调查证实了大学生在参加难度较高的考试后尿液中的含糖量增加。1932 年,苏联心理学家鲁利亚发现,参加考试的学生语言和行为都有些混乱,焦虑程度高的学生情绪较不稳定。1952 年,乔治·曼德勒和塞摩·沙拉松编制了考试焦虑问卷(TAQ, Test Anxiety Questionnaire),为考试焦虑的研究提供了可靠的测量工具,标志着考试焦虑作为一个科学概念被纳入了心理学研究。国外研究者以考试焦虑为核心,针对教育焦虑展开了相关研究。

在国外研究者的影响下，国内学者陆续翻译、引入了考试焦虑的研究。1987年，《外国教育动态》刊发了叶仁敏摘译的《测验的焦虑：一个重要的教育问题》一文，文中对焦虑的重要性、焦虑的测量、焦虑的后果、焦虑的影响等作了系统的介绍，并提出了测验焦虑的教育应对方式[1]。自此，焦虑研究才被正式引入教育学研究领域。随着中国课程改革的推进，学生的学习状况得到了更多关注，教育焦虑也得到了教育研究者、教育工作者及社会大众的更多关注。自1992年第七次课程改革以来，"学习焦虑"成为研究者的关注焦点，这与人们对应试教育的批判直接相关，研究者大多从学生的个体因素来探索学习焦虑的影响因素，在这一意义上的"学习焦虑"也就等同于"教育焦虑"。自2001年国家推行素质教育以来，研究者对教育焦虑的关注逐步拓展到了学生之外的教师、家长等相关主体。教育焦虑也不再局限于学习焦虑、测验焦虑，甚至蔓延到教育活动的全过程。教育焦虑不再是一种状态焦虑，它已成为特质焦虑，成为困扰中国教育的病症。影响教育焦虑的因素不仅仅在学校之内，社会因素的作用也日益凸显。随着中国教育改革的推进，教育焦虑逐步由隐性转向显性，成为理解我们时代教育的关键词。

1. 教育焦虑的内涵研究

从字面意义来看，教育焦虑就是教育活动中相关主体的焦虑。国外学者对教育焦虑的认识源自考试焦虑（测验焦虑），德瑟克将考试焦虑（测验焦虑）界定为：发生在正式测验或其他的学业成绩评定情景下的一种伴随生理的、其他情绪状态的不愉快感受。[2] 在教育焦虑的界定方面，根据主体不同而有几种界定方式。

一是从单一主体来界定教育焦虑，将它限定在特定群体，以家长为主。王洪才认为，教育焦虑来自人们对子女教育结果的过分担心，具体表现在唯恐孩子上不了好学校，得不到公平对待，最终上不了好大学，

---

[1] ［美］K. T. 希尔、A. 韦菲尔德：《测验的焦虑：一个重要的教育问题》，叶仁敏摘译，《外国教育动态》1987年第3期。

[2] ［美］K. T. 希尔、A. 韦菲尔德：《测验的焦虑：一个重要的教育问题》，叶仁敏摘译，《外国教育动态》1987年第3期。

## 绪 论

以致最后无法在社会上很好地就业[①]。陈华仔、肖维认为，教育焦虑就是"人们对教育过程及教育结果带来的不确定性所产生的紧张、忧虑、烦恼等复杂情绪状态"[②]，并提出"家长教育焦虑症"来刻画当前家长在子女教育活动中的普遍病症。教育焦虑症的主要表现在于家长对子女的学习机会、学业成绩和就业前景的过度恐慌；在躯体上的表现为因担心浪费子女的学习时间而对子女采取刻意回避、对子女学习成绩和考试的过分敏感乃至对子女课余生活过多的控制等。国外学者也大多遵循该思路，认为教育焦虑是父母在承担个人角色时感受到因自身能力与需要不相匹配而产生的担忧[③]，家长对孩子教育常抱有极高的期望，正是这些期望给孩子带来较大的身心压力[④]。也有学者从教师角度界定教育焦虑，认为教育焦虑是"教师面对日新月异的教育发展趋势和要求，其教育适应能力和专业水平都明显滞后而形成没有明确原因的、令人不愉快的紧张状态，从而导致心理失衡所表现出来无所适从的心理特征"[⑤]。

二是从多种教育主体的角度来界定教育焦虑。教育焦虑是指教育参与者基于自身已有经验预期来面对教育结果的不确定时，内心出现的痛苦情绪和心境，或是思想上生出的忧虑和不安[⑥]。教育焦虑在家长、学生、教师等主体那里有着各自的表现形式。教育焦虑是社会焦虑的一部分，又加剧了社会焦虑。教育焦虑是在社会大环境的压力下，在对教育改变命运和依靠教育继续延续或提升社会资源、地位的期待过程中产生的忧虑[⑦]。

---

[①] 王洪才：《教育失败、教育焦虑与教育治理》，《探索与争鸣》2012 年第 2 期。
[②] 陈华仔、肖维：《中国家长"教育焦虑症"现象解读》，《国家教育行政学院学报》2014 年第 2 期。
[③] Sun, M. K. and Kim, J. M., "The Effects of Social Comparison of Mothers with Infants and Young Children on Social Media on Their Parenting Anxiety: The Moderating Effects of Spousal and Social Support", *Journal of Korean Home Management Association*, Vol. 38, No. 1, January 2020, p. 100.
[④] Cowan, P., & Jones, T., "What Parents in Scotland Say About Their Primary Aged Children Learning About the Holocaust", *Educational Review*, No. 3, 2019, pp. 1–18.
[⑤] 辜伟节：《试论教师的教育焦虑》，《当代教育论坛》（校长教育研究）2007 年第 8 期。
[⑥] 刘艳妹：《小学生家长的教育焦虑问题研究——基于 W 市、C 县的调查》，硕士学位论文，华中师范大学，2021 年，第 32 页。
[⑦] 何佳敏：《冲突与割裂：教育焦虑的体制根源探究》，硕士学位论文，河北师范大学，2021 年，第 44 页。

三是从教育自身来界定教育焦虑。梁柏明将教育焦虑等同于对受教育程度差异和由此造成的社会地位差异的焦虑①,它是当下才显现的消极情绪,是人们对优质而公平的教育的期盼与高度教育竞争的共同产物。靳宁宁认为,教育焦虑就是"教育在生存适应过程中以及在教育人的过程中发展起来的一种本质特性,这一特性是缺乏明显客观原因的发生于教育内部的不安和恐惧,是基于已有经验预期即将面临不良处境的一种紧张状态"。教育焦虑具体表现为教育体系持续性的偏离常态,常伴有教育功能、目的、价值等方面的失调②。

2. 教育焦虑的测量与分析研究

作为一种现象的教育焦虑是可被认识和度量的,而测量工具的出现、完善则标志着人们对教育焦虑现象认识的深入。早期心理学家对考试焦虑(测验焦虑)的认识主要源自个人经验基础上的行为观察,尚未出现专门的测量工具。1952年乔治·曼德勒和塞摩·沙拉松编制了考试焦虑问卷(TAQ,Test Anxiety Questionnaire)③,为考试焦虑的研究提供了可靠的测量工具,此后沙拉松又编制了考试焦虑量表(TAS,Test Anxiety Scale)和测验焦虑调查表(TAI,Test Anxiety Inventory)。1969年,理查德·苏恩编制了考试焦虑行为量表(TABS,Test Anxiety Behavior Scale)。

国内针对教育焦虑的测量还处于探索阶段,大多沿用国外已有的焦虑测量量表,或沿用质性研究方法对此现象作出解读。1985年,凌文辁最早引入了沙拉松的测验焦虑调查表(TAI),并针对北京市324名在校大学生进行了测量,结果发现男大学生的测验焦虑高于女大学生④。田宝则从认知反应、生理唤醒和行为表现三要素出发,自行编制了考试焦虑问卷,被证实有较高的信效度。同时,他从目标定向、考试自我效能、认知干扰、担忧、情绪性、应付反应、学习和考试技能、考试焦虑的阶段划分等方面编制

---

① 梁柏明:《"教育焦虑"中的契机》,《华夏教师》2012年第4期。
② 靳宁宁:《让教育诗意的栖居在焦虑中——教育焦虑的逻辑与回归》,硕士学位论文,宁夏大学,2016年,第14页。
③ Mandler G. and Sarason S., "A Study of Anxiety and Learning", *Journal of Abnormal and Social Psychology*, Vol. 47, No. 5, May 1952, p. 167.
④ 凌文辁:《用TAI量表对中国大学生考试焦虑的测量与分析》,《心理学报》1985年第2期。

了访谈提纲，提供了可资参考的测量工具。但这些都不是测量教育焦虑全貌的工具，仅仅是针对学生在学习、考试中的焦虑心理的调查工具。

单家银等为了解家长教育焦虑的成因，选用半结构访谈的方法，对18名中小学生家长进行深度访谈、现场录音和记录，采取 Colaizzi 等程序进行分析①。韩海棠为调查中产阶层家长教育焦虑，编制了家长教育焦虑调查问卷，从升学择校、学习成绩、学习态度、亲子互动、未来发展等方面考察家长在子女教育方面的焦虑状况②。李琳从就业、健康、择校、考试和升学五个方面编制了家长教育焦虑问卷③。为探讨父母教育焦虑对中学生学业倦怠的影响以及父母的教养方式和孩子的学业自我效能感在其中是否起中介作用，成方琪编制了父母教育焦虑问卷④。专门针对教师焦虑的问卷虽然较少，但王力娟所开发的中小学生教师状态焦虑量表将教师状态焦虑细分为满足感焦虑、控制感焦虑、冲突感焦虑三个维度，在大样本调查后仍被证实有较高的信效度，大大丰富和拓展了相关研究的测量工具⑤。

在结合测量工具和相关理论的基础上，研究者对教育焦虑现象有了更直观的认识，结合教育的不同主体，已有的教育焦虑分析又可分为家长教育焦虑、学生焦虑、教师焦虑。

（1）家长教育焦虑

家长教育焦虑是家长在子女教育过程中因遇到难以克服的问题以及面对教育结果的不确定性而产生的一种不愉快的体验，如紧张不安、担心、忧虑、烦躁、害怕等⑥。家长是孩子成长、接受教育过程中的领路

---

① 单家银、胡亚飞、康凯：《中小学生家长教育焦虑的质性研究》，《健康教育与健康促进》2016年第6期。
② 韩海棠：《中产阶层家长的教育焦虑：现状、问题与原因》，硕士学位论文，华中科技大学，2018年，第55页。
③ 李琳：《子女教育心理控制源对初中生考试焦虑的影响——家长教育焦虑的中介作用》，硕士学位论文，鲁东大学，2018年，第42页。
④ 成方琪：《父母教育焦虑的产生、影响及其作用机制研究》，硕士学位论文，武汉大学，2019年，第20页。
⑤ 王力娟：《中小学教师状态焦虑研究》，硕士学位论文，西南大学，2008年，第15页。
⑥ 韩海棠：《中产阶层家长的教育焦虑：现状、问题与原因》，硕士学位论文，华中科技大学，2018年，第63页。

人，与子女有着特殊的情感联结，因此有焦虑情绪是全然合理的。但在内外部环境影响下，焦虑却成为中国家长的普遍感受。赵培浩、邬欣言的研究表明，家庭教育负担增加、"减负"问题屡减屡增、超前教育现象严重，既是家长教育焦虑的表现，也是它所带来的社会后果①。家长教育焦虑不同于其他焦虑，它存在一个从"潜化"到"显化"的过程，社会性因素高于生理性因素。从横向来看，家长内部又可分为不同群体，他们的教育焦虑有着不同的表现形式；从纵向来看，家长在孩子成长、教育的不同阶段所表现的教育焦虑又有所不同。

①不同家长群体的教育焦虑

一是中产阶层家长的教育焦虑。余秀兰指出，在当下的中国，"对孩子教育最为抓狂和焦虑的当属城市中产阶层家庭。他们的孩子输不起，稍不努力考不上一本、985、211，他们就容易滑向社会底层"②。中产阶层是指在经济地位、社会、文化等方面处在现阶段社会中间层次的群体。中产阶层的教育焦虑构成了"中产焦虑"的重要组成部分。李春玲的研究指出，中产阶层的焦虑是在满足基本生存需要之上的、由于心理期望与现实不相匹配的矛盾所产生的焦虑心理，主要来自购房、子女教育、医疗和养老四个方面③。从世界范围来看，中产阶层都有着类似的焦虑情绪，而中国的中产阶层焦虑感要高于国际水平，这源于中产阶层的特性。焦虑是一种典型的"中产病"，中产阶层的焦虑体验也是独特的，这是因为：中产阶层是一个处在社会中间层级的群体，他们面临的选择更多，面临的不确定性也更多，而这些都是上层和下层群众所难以体会到的。为了缓解这种不安全感，中产阶层陷入了对子女人力资本的投资竞赛，其突出表现就是教育焦虑，如"虎妈虎爸""鸡娃""教育内卷化""牛娃"等热词就突出了教育焦虑的指向性。中产阶层教育焦虑实则是对阶层固化的焦

---

① 赵培浩、邬欣言：《社会心理学视域下中国家长教育焦虑的"火山模型"》，《教育视界》2019 年第 5 期。

② 余秀兰：《底层放弃教育，中产过度焦虑，上层不玩中国高考》，凤凰网，2016 年 9 月，https：//auto.ifeng.com/qichezixun/20160905/1064742.shtml，2024 年 7 月 11 日。

③ 李春玲：《中国中产阶级的不安全感和焦虑心态》，《文化纵横》2016 年第 4 期。

虑，实则反映出中产阶层对教育能否促进阶层流动、实现社会公平的焦虑。

二是城市和农村家长教育焦虑。相比城市家长，农村家长的教育焦虑更为突出，这是由农村教育发展状况相对滞后的事实决定的。农村教育在教育资源、师资力量、办学条件、课程体系等方面的不足增加了他们对子女接受教育的焦虑。刘善槐指出，伴随着农村人口大量涌向城市，农村家长的教育焦虑问题逐步凸显，主要表现为盲目扩大子女的课外教育投入，过度干涉子女的教育出路选择等①。涉及城乡家长教育焦虑的比较，不可不涉及对城乡之间教育公平的探讨，城乡家长教育焦虑的异质性恰恰证实了人们对教育公平的焦虑。

②家长在子女不同受教育阶段的教育焦虑

随着子女在不同受教育阶段的身心变化，家长教育焦虑的侧重点也会有所不同。幼儿园期间，家长的教育焦虑主要表现为对子女在饮食、安全、生活习惯养成、幼小衔接等方面的担忧；在小学阶段，家长的教育焦虑主要表现为对子女生活及学习习惯养成、情绪管理、是否要上补习班、能否进入一个好初中等方面的焦虑；而在中学阶段则涉及孩子心理健康、身体成长、情感交流、学业成绩等方面的焦虑；在大学阶段则表现为身心健康、感情生活、就业、升学等方面的焦虑。家长对子女在不同受教育阶段的教育焦虑对应孩子身心发展的阶段性特征，也对应教育的不同侧重点，有其内在的运作规律，可以说，家长的教育焦虑伴随着子女接受教育的全过程，随着现代人受教育年限的增加，尤其是随着终身教育理念的普及，家长教育焦虑在时间维度上有了极大的延长，已基本伴随子女的人生轨迹。蒋庆荣的研究发现，幼小衔接阶段父母的教育焦虑主要体现在三个方面，每个方面主题又可分为若干亚主题：对孩子学习成效的焦虑（包括家长对孩子取得优秀成绩的期望、对孩子成长过程要求太快的预期、担心学习成效对将来的影响、对孩子学习习惯养成的担忧等）、对孩子适应学校环境的焦虑（包括对现实学校教育理念

---

① 刘善槐：《农村家长的"教育焦虑"从何而来》，《人民论坛》2020年第14期。

和教育管理方式的不认同、对任课老师教育方法的不认同、家长与教师沟通障碍等)、家长习惯性比较产生的焦虑(包括学习成绩比较、特长发展比较、生活习惯比较等)[①]。

(2) 学生焦虑

学生是学习的主体,他们也会遭遇学习焦虑。学习焦虑是指学习者在学习活动中产生的、对学习行为的不良后果或潜在威胁的一种忧虑、烦恼、紧张甚至恐惧的情绪体验[②]。学生焦虑来自学习内容和学习任务本身,这是源自学生学习活动本身的内源性学习焦虑,可分为学习泛虑症、学习恐惧症和学习强迫症三种[③],这是学生在学习过程中的必然体验。研究表明,焦虑程度与学习效能之间有直接关系,二者呈倒"U"形曲线:焦虑程度过高或过低都会造成学生学习效率低下,学生只有保持适度的焦虑水平,才能保持良好的身心状态,投入学习活动之中。当然,何种程度的焦虑才是最合适的取决于个人特质,因人而异。不同性别、学龄段、地域的学生焦虑程度都有所不同,庄颖等针对7315名大学、高中、初中学生的焦虑程度进行测量,结果显示,中学生的焦虑程度显著高于大学生,且女生的焦虑程度普遍高于男生[④]。

(3) 教师焦虑

教师焦虑是由教育教学的不确定性所引起的一种担忧,也是教育意义迷失和教师角色认同危机的外在表征[⑤]。郭兴举从教育哲学的视角探讨了教师焦虑的内涵,教育是一项人的活动,教师的焦虑就是教师作为教育活动中的人所感知到的焦虑,包含着丰富的意蕴:教师焦虑是教师作为一般人的焦虑;教师焦虑是教师作为教师的焦虑,即职业焦虑;教

---

[①] 蒋庆荣:《幼小衔接期家长教育焦虑的质性研究》,《贵阳学院学报》(社会科学版) 2019年第5期。

[②] 化得元:《论学习焦虑——心理学视野中的学习心理健康问题》,《西北师大学报》(社会科学版) 2003年第5期。

[③] 李新、刘珊:《"双减"背景下学生学习焦虑的生成与纾解》,《当代教育科学》2022年第8期。

[④] 庄颖、李梦迪、陶芳标等:《不同学习阶段学生焦虑抑郁自尊水平及其相关性分析》,《中国学校卫生》2009年第4期。

[⑤] 王海涛、李润洲:《人学视野的教师焦虑》,《中国教育学刊》2011年第12期。

师焦虑不仅是教师个体的焦虑,更是教师群体的焦虑①。教师焦虑一般存在三种形式:自我焦虑,即每个人遇到变化时首先想到的是他自己,并经常会本能地作出反应;任务焦虑,与程序和要求有关的担忧、疑问,这些程序和要求是在学校发展过程中产生的;其他焦虑或作用焦虑,它包括对必须要与其合作的同事的注意以及对处于变革之中的学生的注意②。教师焦虑是教师在教学工作中的情绪体验,其成因主要包括如下方面:社会责任、专业权威受到挑战,工作评价的压力,自我实现的需要与现实的冲突,人际关系不和谐③。

已有研究证实,教师群体的焦虑状态高于一般群体。但教师焦虑是否存在性别、学科、学段、群体、教龄、地域等方面的差别,研究者尚存不同意见。仅从从教年龄这一变量来看,陈巍、魏旋的调查发现,从教三年以下的小学教师的焦虑程度比其他教师要高很多④;但张艳芬、牛秀平却得出了相反的结论:从事教学时间在16—20年的中学教师焦虑程度最高,随后的焦虑程度呈下降态势⑤;韩宏莉、吴秀生却指出,中学教师的焦虑情绪随着教龄增长而不断增长⑥。

(4)家长教育焦虑、学生焦虑、教师焦虑之间的关系研究

家长和教师都是学生接受教育过程中的重要他者,他们的心理状况对学生在教育活动中的感受有直接或间接的影响。辛克莱和赖安的研究发现,在教学活动中,学生的状态焦虑和教师的状态焦虑之间有着显著的相关性:教师的焦虑会激发学生的焦虑,而学生的持续焦虑也会引起教师的焦虑⑦。斯坦顿的研究也表明,教师焦虑与学生焦虑之间具有显

---

① 郭兴举:《论教师的焦虑》,博士学位论文,北京师范大学,2010年,第66页。
② 孟宪宾、鲍传友:《变革中的教师焦虑与教师专业发展》,《外国教育研究》2004年第11期。
③ 周春艳:《论教师焦虑及其自我应对》,《中小学教师培训》2005年第1期。
④ 陈巍、魏旋:《不同学科、教龄小学教师焦虑与抑郁调查》,《浙江教育科学》2007年第2期。
⑤ 张艳芬、牛秀平:《初中教师焦虑和抑郁情绪现状的调查研究》,《教育理论与实践》2008年第17期。
⑥ 韩宏莉、吴秀生:《中学教师焦虑情绪、心理压力和应对方式的比较研究》,《沧州师范专科学校学报》2009年第1期。
⑦ Sinclair, K. E. and Ryan, G., "Teacher Anxiety, Teacher Effectiveness, and Student Anxiety", *Teaching & Teacher Education*, Vol. 24, No. 3, June 1987, p.253.

著的正相关关系①。教师焦虑程度过高，不仅会阻碍自身教学工作的展开，也会对师生交流造成消极影响，进而影响学生在学习中的各项表现。教师焦虑已构成学生焦虑的重要来源之一，教师的关注和互动则是缓解学生焦虑的方法②。

家长也是孩子焦虑的来源，家庭环境、父母教养方式、父母人格特质等因素都会给子女学习带来一定程度的焦虑感。父母的情绪状态或者心理状况会影响教养方式和孩子的心理状况，研究发现，父母的养育压力会影响教养方式，养育压力越大，越有可能采取控制等消极的教养方式③。秦新红等对高三学生及其家长的调查发现，父母教育子女的方式对学生焦虑程度的影响因素较大，从家庭方面对学生的焦虑心理作干预很有必要④。刘尧认为，教育焦虑与学生重负互相交织、难分难解，且教育焦虑随学业负担加重而愈演愈烈。因此，缓解教育焦虑和学生减负是并行不悖的，学生减负的关键之一在于转变不合理的教育观念⑤。李琳研究发现，家长教育心理控制源既可以对初中生考试焦虑产生直接作用，也可通过教育焦虑产生间接作用。家长在日常行为中表达出的焦虑会影响其子女的认知，从而产生焦虑感⑥。李帆针对学生减负难见成效现象的分析指出，家长非理性的教育期望会演变成教育焦虑，作用在孩子身上就导致过多的学业负担，因此学生减负的关键不在学校、社会，而应从家庭出发，促进家长教育期望的合理转化⑦。

---

① Stanton H. E., "The Relationship between Teachers' Anxiety Level and the Test Anxiety Level of Their Students", *Psychology in the Schools*, Vol. 11, No. 3, June 1974, p. 363.
② 阳德华：《师生、同伴关系与初中生焦虑的探讨》，《中国心理卫生杂志》2001年第2期。
③ Guajardo, Nicole, G. Snyder and R. Petersen, "Relationships among Parenting Practices, Parental Stress, Child Behaviour, and Children's Social-cognitive Development", *Infant and Child Development*, Vol. 18, No. 1, January 2009, p. 38.
④ 秦新红、桑文华、和亚青等：《子女教育心理控制源与高三学生焦虑及人格特征相关分析》，《医学研究与教育》2009年第1期。
⑤ 刘尧：《化解教育焦虑 走出减负困境——从减轻中小学生过重的学业负担谈起》，《河南教育》（基教版）2018年第6期。
⑥ 李琳：《子女教育心理控制源对初中生考试焦虑的影响——家长教育焦虑的中介作用》，硕士学位论文，鲁东大学，2018年，第20页。
⑦ 李帆：《"学生减负"为何难见成效？——基于教育期望的分析》，《江苏教育研究》2020年第Z4期。

3. 教育焦虑的影响研究

焦虑是一种消极情绪，会引发个体的生理应激反应，如呼吸急促、心跳加快、坐立难安等，严重的焦虑则会导致失眠、烦躁易怒、注意力无法集中等问题[1]。教育焦虑也会引发教育主体生理、心理、认知和行为等方面的转变[2]，这种转变还会反映在教养方式之中：父母的养育焦虑越大，就更可能采取消极教养方式，会在其教养过程中采取控制等手段[3]，从而给孩子的身心成长带来负面作用[4]。家长的教育焦虑也会传递给孩子，让孩子感受到无形的压力，降低他们的主观幸福感[5]。教育焦虑不仅会给家长、孩子、教师等主体带来身心困扰，还会间接影响教育发展状况。家庭教育"抢跑"催生了规模庞大却又缺乏规范的教育产业链，加剧教育的功利主义倾向，扭曲学生的人格，形成囚徒困境，背离了教育的初心[6]。教育焦虑会助长社会的不良风气，甚至可能对全社会造成潜在的消极影响[7]。

4. 教育焦虑的归因研究

一般而言，教育问题就是社会问题在教育领域的反映，教育焦虑的成因更多在于教育领域之外更广阔的社会领域。教育焦虑不仅是困扰教育工作者的实践问题，更是一个社会问题，有着特定的时代背景，家长

---

[1] Etkin, A., "Functional Neuroanatomy of Anxiety: A Neural Circuit Perspective", *Current Topics in Behavioral Neurosciences*, Vol. 12, No. 2, February 2010, p. 257.

[2] Chung, K. S., "The Effects of Parenting Competence and Anxiety on Anger of Mothers with Young Children", *The Journal of Eco Early Childhood Education and Care*, Vol. 18, No. 1, January 2019, p. 206.

[3] Loader, S. J. and Burke, L. M., "Neurodevelopmental Therapy Adherence in Australian Parent-child Dyads: The Impact of Parental Stress", *The Educational and Developmental Psychologist*, Vol. 36, No. 1, January 2019, p. 3.

[4] Chen, L. and Ahmed, E., "The Voicer's Reactions to Voice: An Examination of Employee Voice on Perceived Organizational Status and Subsequent Innovative Behavior in the Workplace", *Personnel Review*, Vol. 50, No. 4, April 2020, p. 1092.

[5] Lee, J., "The Effects of Maternal Parenting Efficacy, Parenting Stress, Mother's Daily Stress and Happiness on Children's Daily Stress", *The Journal of Humanities and Social Sciences*, Vol. 21, No. 5, May 2018, p. 1056.

[6] 刘尧：《中国教育困境的全方位透视》，《当代教育科学》2018年第5期。

[7] 张永莲：《"上好学"视角下的家长教育焦虑研究》，硕士学位论文，广州大学，2022年，第36页。

教育焦虑、学生教育焦虑、教师教育焦虑共同构成了当前中国社会教育焦虑的图景。已有研究对教育焦虑的归因有以下六个方面。

第一，社会环境。中国社会的急遽变化催生了群体性的不安全感，风险、不确定的扩散造成了人的普遍焦虑，教育焦虑即人们对能否借助教育来获得安全感的焦虑。教育焦虑的根源在于社会环境[1]，具体包括经济发展失衡、竞争压力过大、培育理念滞后等方面。当前家长教育焦虑的社会因素高于生理因素：家长将对当前社会地位、生活状况的不满意归结为教育的失败，因此对子女的教育寄予厚望。同时，随着社会流动的难度增大，通过教育来实现阶层上升的可能性日益减小，家长也就宁愿投入激烈的教育竞争中，教育焦虑也来自对有限优质教育资源的竞争。

第二，教育体制。城乡教育二元结构，教育资源区域性不平衡、不均衡、不充分的发展样态都构成了对中国教育现实的基本判断。教育体制是人为建立的，教育焦虑的背后是人为作用。中国现行教育体制内部有着难以协调的冲突与割裂，这是教育焦虑产生的重要原因[2]。对此，萧淑贞、高玉华将教育焦虑解释为在现有教育体制下的教育不公平：城市中心化的另一面是乡村教育的窄化，乡村的社会、文化资源未能转化为教育资源，从而加剧了农村家长和孩子的焦虑感[3]。

与人们对优质教育的强烈需求相比，教育资源是有限的，因此在教育资源分配方面就有着一定的不平衡，优先向城市地区、重点学校倾斜，再进一步推动教育资源的转移，教育事业发展的马太效应日益显著。尽管在近些年的政策中政府有意推进教育发展的区域平衡，但这种不平衡的局面仍难以一时得到根本扭转。进入新时代，中国教育发展的根本矛盾已转向了人民日益增长的对优质教育的需求同不平衡不充分的发展之间的矛盾，对公平而有质量的教育的诉求越来越成为共识。但我们也应

---

[1] 杨小微：《中国家长教育焦虑的问诊、探源与开方》，《人民论坛》2019年第34期。
[2] 何佳敏：《冲突与割裂：教育焦虑的体制根源探究》，硕士学位论文，河北师范大学，2021年，第19页。
[3] 萧淑贞、高玉华：《高度竞争的教育焦虑下农村孩子的出路》，《群言》2019年第9期。

看到，城乡教育之间有着难以弥合的裂痕，重点学校与非重点学校的差距过大，这种城乡二元格局以及重点和非重点二元结构下的双重二元状态人为制造和扩大了学校差距，违反了义务教育公正、平等对待每一个学生的宗旨，加剧了升学竞争，甚至导致了基础教育的畸形，也使得家长在教育问题上倍感焦虑①。

第三，媒体传播。新技术的应用使得信息增长呈漫卷之势，大量真假难辨、良莠不齐的信息扑面而来，人们被无所不在的海量信息包裹。媒体直接影响着人们的信息获取，也在很大程度上影响着人们对社会现象的认识，可以说，媒体改变着人们认识世界的方式。但同时，媒体也可能传递失真信息，引发人们的普遍焦虑。媒体报道中就有一些通过刻意制造噱头，不惜用夸大、曲解、断章取义的不当做法，来吸引关注者的目光。研究指出，媒体已成为家长育儿焦虑的来源②，具体而言，互联网通过参考群体泛化和构建信息茧房的方式加剧了教育焦虑③。

在当前的社会环境中，教育已成为家庭生活的核心，而对子女教育的焦虑无疑是家庭焦虑的关键所在。深究其根源，我们便不难发现，这种群体性焦虑的背后是媒体在推波助澜：一些媒体从业者的选择性报道有失公允，倾向于把感性的、个人的感触上升到群体层面，以想象掩盖事实本身。加上部分家长信息甄别能力不强，在这种铺天盖地的报道中迷失了自身判断，不自觉地将焦虑内化并践行在家庭教养活动之中，从而推动教育焦虑的蔓延。数字技术加剧了这一现象，数字平台的精准化推送减少了用户接收信息的渠道，在这一情形下，用户陷入由大量同质化信息构成的信息茧房之中，难以对事物形成真实的判断，从而产生"人人都为教育而焦虑"的想象。时至今日，制造冲突、贩卖焦虑、鼓动情绪、传递恐慌等手段都成为不良媒体的惯用伎俩，以此赚取流量、

---

① 杨东平：《中国教育公平的理想与现实》，北京大学出版社2006年版，第179页。
② 尤佳：《新媒体视域下中国当代育儿焦虑研究》，博士学位论文，河北大学，2019年，第114页。
③ 段雨、胡亮：《教育焦虑的形成、扩张及其纾解》，《甘肃理论学刊》2022年第3期。

谋取利益。社会情绪通过社交媒体的连接与传递,拓展了传播的覆盖面,使其不再局限于一隅而孤掌难鸣,而是在各地同频共振①。

第四,文化传统。历史传统、文化惯习是滋生教育焦虑的土壤,东亚社会历来有重视教育的传统,体现出人们对教育功用性的认识。"学而优则仕"这一传统观念就传达出古代中国对于教育价值的肯定,通过考试进入有限的政府部门任职的人往往能获得金钱和荣誉的奖励②。不难看出,"教育从娃娃抓起"的理念实则根植于中国历史传统的一种文化惯习③。教育本身具有工具价值和社会流动价值,但在家庭广泛的参与下,教育竞争持续升温,强化了教育的工具性价值,从而造成了过度的教育焦虑④。

第五,个体因素。教育焦虑是一种客观环境作用在特定教育主体上的主观体验,是主体在外界因素刺激下的自然反应,因此,个人特质也是造成教育焦虑的一大因素。家长教育焦虑反映出家长的认知偏差,具体表现为过于强调孩子发展的共性而忽视个体之间的差异,过于强调对孩子发展的控制而忽视孩子独立人格的培养等。家长的教育期望是产生教育焦虑的直接原因。刘子潇基于精神分析学派的观点分析了家长教育焦虑的两种来源。其一,教育焦虑是父母对时代焦虑的回应,当父母看到别的父母将孩子送到辅导班时,尽管内心不情愿甚至抗拒,但还是会选择跟从。这种对教育焦虑的认同实则是对内心不满的压抑。其二,自大和自卑。适度的自恋是自信,过度的自恋是自大,但不足的自恋就是自卑。孩子的表现直接影响到父母的心理状况,那些过度自恋或自恋不足的家长更容易在子女教育问题上表现出焦虑。孩子在学习中的表现都

---

① 朱天、马超:《互联网情绪传播研究的新路径探析》,《现代传播》(中国传媒大学学报) 2018 年第 6 期。

② Hu, C. T., "The Historical Background: Examinations and Control in Pre-modern China", *Comparative Education*, Vol. 18, No. 2, February 1984, p. 21.

③ 陈友华、苗国:《升学锦标赛、教育内卷化与学区分层》,《江苏行政学院学报》2021 年第 3 期。

④ 蒋典阳、鲁文:《教育焦虑何以产生:教育价值、社会流动与家庭参与》,《教育探索》2021 年第 5 期。

容易引发父母的心理反应，父母又将这种情绪传递给孩子，在如此循环往复中，焦虑感不断提升。孩子越焦虑，学业表现可能越差，父母就更焦虑，导致了恶性循环①。比较也是引发家长教育焦虑的原因之一，一项对四个家庭的观察研究证实，父母总是会不自觉地与身边人比较孩子的学习状况，当这种差距过大时，家长就会深陷焦虑之中②。

第六，教育改革。纾解教育焦虑、坚守教育的育人本性，是中国教育领域改革的一贯主题，从历年来减负政策的主题中便可见一斑，然而减负政策难以从根本上纾解教育焦虑，其中一大原因就在于措施的非体系性。应对作为社会综合病症的教育焦虑症需要采取系统化的改革措施，"双减"政策就突出强调了这一原则。2021年7月，中共中央办公厅、国务院办公厅印发《关于进一步减轻义务教育阶段学生作业负担和校外培训负担的意见》文件（简称"双减"），成为纾解教育焦虑的指导性文件，其覆盖面之广、执行力度之大、影响力之远都是前所未有的，表明国家在治理教育焦虑病症方面的坚定决心。"双减"政策自实施以来，家长教育焦虑得到了较大缓解，由共青团中央发起的，针对511043名家长的"全国义务教育阶段学生家长'双减'政策态度"的调查结果显示，72.7%的家长表示在"双减"政策实施后教育焦虑有所缓解③。诚然，"双减"在缓解教育焦虑方面取得了立竿见影的效果，但它作为一项教育改革措施仍有着天然的不足，家长教育焦虑在"双减"政策下有增有减，一些焦虑在得到改善的同时，也存在潜在的次生风险④。这一情形既与教育政策变迁所引发的新的不确定性因素有关，也与协同育人模式的深化转型相联，同时也是家长教育观念内在张力作用的结果⑤。

---

① 刘子潇：《精神分析视角下中国父母养育焦虑初探》，《少年儿童研究》2020年第3期。
② 颜云霞：《不同的选择，相同的焦虑——记南京四个家庭的教育困扰》，硕士学位论文，南京大学，2019年，第16页。
③ 黄冲、王志伟、姚奕鹏等：《"双减"实施后72.7%受访家长表示教育焦虑有所缓解》，《中国青年报》2021年9月16日第10版。
④ 余雅风、姚真：《"双减"背景下家长的教育焦虑及消解路径》，《新疆师范大学学报》（哲学社会科学版）2022年第4期。
⑤ 罗阳、刘雨航：《"双减"中的父母教育焦虑：表征、原因及其应对》，《教育与经济》2022年第5期。

总之,"双减"政策为治理过度的教育焦虑提供了契机,但若处理不当有可能成为新的教育焦虑的来源,"双减"与教育焦虑之间的关联性尚且需要实践的验证,探讨"双减"背景下教育焦虑的新形态已成为学术研究中一个新的生长点。

5. 教育焦虑的应对策略研究

教育焦虑既有其积极方面,也有消极方面,教育焦虑的应对就需要针对其消极方面,克服焦虑对教育主体的负面影响。目前纾解教育焦虑的措施主要包括内部和外部两方面。外部措施有优化学校教育体制改革、父母教养方式的改变、学生考试方式的调整、教育治理、教育评价改革等。总之,教育焦虑是一个复杂的社会现象,需要通过思想引导、制度改革、环境营造等方式,整理多方力量加以纾解[①]。

指向个体内部的措施主要有改变认知方式、改变归因方式、完善人格、培养理性的力量、心理干预、发展自尊、加强自省等,这些都可归结为心理学干预方法。基于心理学不同流派关于焦虑的研究,在此归纳出五种主要的心理干预方法,分别是:自我暗示疗法、认知疗法、系统脱敏疗法、放松疗法、模仿法。自我暗示疗法是以内心的主观想象并相信这种想象必定能引起相应的生理、心理变化来进行自我刺激的心理治疗方法,又可分为语言性自我暗示、动作性自我暗示、情境性自我暗示和睡眠性自我暗示四种类型。认知疗法是根据人的认知过程来影响其情绪和行为的心理治疗方法,它主张通过认知和行为技术来改变求治者的不良认知,从而矫正不良行为。系统脱敏疗法又称交互抑制法,主要是诱导求治者逐步面对导致神经症焦虑和恐惧的情境,并通过心理的放松状态来对抗这种焦虑情绪,从而达到消除焦虑或恐惧的目的。放松疗法是一种通过肌肉放松以促进心理放松、缓解紧张的方法。模仿法也叫示范法,通过观察、学习他人的行为,学生能够减少不良行为。以上五种心理干预方法属于不同的心理学流派:自我暗示疗法属于精神分析学派;认识疗法属于认知学派;系统脱敏疗法、放松疗法和模仿法属于行为主义疗法。这些心理干预方法在临床医学中均被证实有一定的作用,但在教育实践中应选择何种方法,则应视教育主体的个人特质、教育情境等

---

① 吴信英:《教育焦虑现象的成因及纾解之道》,《人民论坛》2019年第24期。

相关因素而定,需要对症下药。

(三)已有研究的特点及不足

1. 已有研究的特点

作为实质的教育焦虑由来已久,但现代意义的教育焦虑却是近来才有的,它构成了当代人的现代性体验之一。在前现代社会,教育焦虑是个体性、偶发性的主观感受,只有在现代社会,焦虑才嵌入教育的全过程中,成为群体性、结构性的普遍心态,成为社会成员都能感知到的情绪。教育焦虑进入研究者视野的时间并不长,也鲜有专门的学术成果,但这并不妨碍它成为一个社会热点话题以及学术研究的重要议题。就此而言,教育焦虑呈现出复杂多样的面向:它既是新问题,又是老问题;既有感性的因素,又有理性的因素;既需要扎实的理论分析,又需要结合丰富的教育实践。教育焦虑的复杂性就从此而来。总结国内外相关研究可知已有研究大致有如下特点。

其一,教育焦虑的研究有着各自的学科范式。基于不同的学科视角、研究立场,得出的研究结论也不同,我们对教育焦虑的理解和诠释取决于我们自身。可以说,开展教育焦虑研究的前提在于明确自身的学科立场。学科立场决定该问题的分析框架,进而决定相应的研究方法。

其二,量化研究已成为教育焦虑研究的主流。从最早对学生焦虑(考试焦虑和学习焦虑)的研究开始,研究者的关注群体不仅包括了不同阶段的学生,教师、家长的焦虑也被纳入了研究范畴,取得了较多成果。从研究方法来看,已有研究大多采用心理学常用的实验法或焦虑量表,且形成了较为成熟的测量工具,但质性研究方法的应用还有所不足。在未来,量化研究与质性研究的融合将成为教育焦虑研究的新趋势,多种研究方法的应用更值得我们关注。

其三,教育焦虑既是一个认识问题,也是一个实践问题。自从教育焦虑得到普遍关注和研究之后,教育界应对教育焦虑的做法也随之出现。对教育焦虑这一话题的关注就是对教育活动中人的生存处境的关怀,研究本身也是一种通过思索而使得内心不断澄明的过程。为此,研究需要从理论与实践的融合中找寻破解当代教育困境的可能。

2. 已有研究的不足

纵观已有研究，尽管研究者针对教育焦虑的内涵、表现、类型等基本问题有了初步探索，但也存在如下问题亟待改进。

第一，概念的混用。教育焦虑是一种特殊的焦虑形式，有其特定的对象（教育主体）、特定发生场域（教育场域）、特定情境（教育活动），教育焦虑是教育活动中特定主体（人）的内心体验。但在探讨教育焦虑时，很难将它的日常语义与学术研究话语相区分，日常语义中的教育焦虑往往是泛化的、缺乏具体指向的，以至于在研究中常存在概念的混用和误用，缺乏对教育焦虑的深度和范围的界定。教育焦虑的概念实则反映出人们对它的认识程度，本书所探讨的正是教育活动中的人本身的焦虑，它有着特定的作用对象、发生场域、引发条件。

第二，研究视角和方法较为单一。研究者在探讨教育焦虑时，大多沿用哲学、社会学、心理学对焦虑的研究，将教育焦虑视作焦虑在教育场域中的特殊形态，但这些很难说是教育意义上的焦虑。因此，我们在讨论教育焦虑时，不仅要将它与心理学、社会学、哲学、生理学等学科视野中的焦虑相联系，更要探寻教育学的研究立场，探寻教育焦虑的本体意蕴。同时，研究者采取的方法或为哲学式思辨，或为心理学的测量，揭示了教育活动中主体（如教师、学生）的焦虑水平，但未能从教育焦虑的本体、结构、作用机制、特征等方面作深层次、系统性探索，即现有研究还停留在微观、实践层面的考察，且量化研究多于质性研究，表明其深受心理学研究范式所限。不可否认，实证研究的成果有助于我们更直观地认识教育焦虑，但缺乏理论框架的支撑，研究者也难以把握教育焦虑的全貌，只能反映教育焦虑的外显层面。在这基础上的应对措施或许能缓解部分群体的教育焦虑，但治标不治本，难以真正发挥作用。

第三，缺乏对教育焦虑的辩证分析。在价值取向上，已有研究大多强调教育焦虑的负面作用，忽视了教育焦虑的正面效果。焦虑作为消极的情绪亦有其积极的一面，积极的焦虑能让教育者保持良好的心态，激发潜能，是人经由教育走向成熟的标志。尽管部分研究者将教育焦虑视作正常现象，但这一观点同样是有待商榷的，因为它被看作人人都会面对的不良心理状况，是一种消极的"正常"。可见，人们对教育焦虑的看法天然带有批判的意味，因而倾向于探讨焦虑对教育主体的消极影响，忽视了教育活动中焦虑的正向作用。

第四，纾解教育焦虑的策略不足。由于研究者的立场不同，教育焦虑的应对措施也体现出截然不同的路向，要么向外寻求解决路径，将教育焦虑看作社会性焦虑在教育领域的集中体现，并尝试从制度、社会环境、文化传统等方面加以改变；要么向内寻求心理治疗，将教育焦虑看作应当被克服的心理障碍，并借助心理学干预方法来缓解。前者侧重于从外部世界考察教育，但难以深入教育的具体情境中，缺乏对微观层面的考察；后者则难以摆脱心理学的焦虑研究框架，所提出的策略也不全然适用于一般情境中。因此，将宏观意义的教育焦虑研究和微观层面的教育焦虑研究相结合，整合教育系统内外部纾解焦虑的措施，并据此探索化解教育焦虑的可行性策略，也成为本书的最终落脚点。

为此，本书在借鉴其他相关学科如哲学、心理学、社会学等关于焦虑的研究的基础上，主要从教育学立场和视域来对教育焦虑进行研究，尝试从理论与实践相结合的方法论层面对教育焦虑既进行理论思考，也结合实证研究来探索纾解教育焦虑的应对措施，为当前教育改革特别是基础教育改革提供一些有益的启示。

### 三 研究目的和意义

(一) 研究目的

第一，匡正对教育焦虑的误解，把焦虑作为理解并诊断当代教育的切入点。在全民焦虑的时代背景下，人们对教育焦虑的认识难以超脱经验和常识，难以作出全面、辩证的理解，倾向于夸大教育焦虑的负面作用，存在一定的刻板印象。这种偏见阻碍了人们进一步认识教育焦虑，也不利于从学理层面把握教育焦虑的生成、作用机制，更遑论舒缓、化解教育焦虑的负面作用。因此，本书的首要目的便是从学术研究的立场出发，对教育焦虑作系统的学理研究，给予焦虑在教育中应有的地位，客观看待焦虑的教育意义,匡正不合理观念。

第二,从教育学的研究范式出发,尝试建立教育焦虑研究的框架。焦虑本身是一种情绪,个体的焦虑体验是只可意会不可言传的感受,因而带有非理性的特征,但这并不意味着我们无法用科学的方法、严密的逻辑来解释、分析它。为此,结合哲学、心理学、社会学、生理学等学科对焦虑的研究成果,尝试从教育学的学科范式出发,建立系统的分析框架,有助于我们清醒地认识和把握教育焦虑问题。

第三,尝试提出应对教育焦虑症的策略。教育焦虑症已成为当前教育界的顽疾,但这并不意味着我们对此无能为力,与教育焦虑并存,让教育在焦虑中寻求重生构成了本书的最终追求。挑战与机遇、焦虑与希望、理想与现实的张力充斥着人的教育体验,这需要我们怀着存在的勇气,保持坚定而乐观的信念,寻求一种新的出路。这一理想正是在孜孜以求的探索中不断趋近,也无时无刻不激励着本书的推进。

(二)研究意义

1. 理论意义

第一,就研究的学术价值而言,本书能丰富教育焦虑的研究,发展相关的教育学理论。尽管人们对教育焦虑这一现象已有较多认识,但相比其他教育现象,教育焦虑的体系化研究还有所欠缺,在内涵、本质、运行逻辑等本源性探讨方面还不够成熟。本书即意图作出系统化的教育焦虑研究,尤其是基本理论的探讨。

第二,本书在梳理焦虑理论研究的学术史基础上,提出教育焦虑的合理性及其限度。教育是人的教育,焦虑也是人特有的情绪,只要有教育活动就必然会有焦虑,教育焦虑有其存在的必然性。一定程度内的教育焦虑对教育活动有着积极作用,但焦虑不足或过度焦虑则会造成阻碍。本书能启发人们辩证地看待教育焦虑,减少对教育的焦虑。

第三,与当前教育焦虑的心理学研究倾向相比,本书意图借鉴多学科的焦虑研究,将教育焦虑理解为教育活动中人的存在方式,着重考察焦虑对人的影响以及人如何应对教育焦虑,同时参考焦虑理论研究的新进展,提出启发性的观点。

2. 现实意义

必须承认，教育焦虑是一个困扰教育界的老问题。对教育焦虑的研究最终落脚点都是要减少教育焦虑对教育活动的负面作用，促进教育活动中人与焦虑共处。一方面，本书有助于教育工作者、社会公众辩证看待教育焦虑，匡正以往对教育焦虑的不合理信念，重新确立直面教育焦虑的勇气和信心。另一方面，本书有助于启发相关教育主体生成应对教育焦虑的智慧。教育焦虑的双重性也意味着，教育焦虑是不可消除的，源自教育活动本源的焦虑是我们应当承担的，与焦虑共存正成为教育活动的必然要求。但这并不意味我们只能消极面对，焦虑管理日益成为教育主体的实践智慧。在这一意义上，教育中的人不仅能正视焦虑、与焦虑共存，更能超越焦虑，促进过度焦虑向正常焦虑转变，在肯定自我的同时提升人的生存境界，实现更自由、更全面的发展。

## 四 研究设计

### （一）研究思路

本书结合全民焦虑时代的过度教育焦虑现象展开研究，通过对家长、学生、教师三类主体的分析，结合文献资料探寻教育焦虑蔓延及病理性转化的成因，并借助理论分析教育焦虑所带来的影响，最终提出缓解教育焦虑的应对措施。在借鉴前人关于焦虑、教育焦虑的研究之基础上，本书重点关注教育中的人的生存状况，从社会背景出发，探讨教育焦虑的产生、表现与应对策略。本书着重解决以下四个方面的问题。

第一，教育焦虑的时代基础。从人、教育、焦虑的关系出发，教育焦虑揭示了教育主体的生存焦虑，它根源于现代性语境中人的生存焦虑，是生存焦虑在教育领域的具体形式，它是教育作为一种培养人的实践活动所具备的属性。教育焦虑有着高度的辩证性，它既是当代教育的突出症候，也是人在教育活动中不断走向成熟、走向完善的标志。具体来说，教育焦虑涉及教师、家长和学生三类主体，表现为教师教学的焦虑、学生学习的焦虑、家长对子女教育的焦虑。

第二，教育焦虑的合理性及其边界。焦虑从心理状态上升到本体论高度，已成为教育的一种特性。焦虑对教育而言有一定的积极作用，教育是人克服并超越现代生存焦虑的方式，但过度焦虑则会让教育发展陷入停滞，放大人的生存焦虑，制造更多的不确定性。以此观之，教育焦虑有其合理性，就在于教育作为一项培养人的实践活动的合理性，突出表现为焦虑揭示了教育活动中人的发展的有限与无限的固有张力，表现为客观实在与主观建构的统一、合目的性与合规律性的统一、真善美的统一。

第三，现代教育与新的焦虑。从根本上看，教育焦虑是教育的现代性焦虑，是人作为教育主体的焦虑。作为客观实在的教育焦虑古已有之，但现代性赋予教育焦虑截然不同的含义，使得它成为当代人的共同命运。前现代社会的教育只有个体的、偶发的、暂时的教育焦虑，只有现代社会的教育焦虑才具备了群体（或类）、结构性、弥散性的性质，构成了教育中人的现代性体验。现代教育消除了一些焦虑，又产生了新的焦虑形式，使得教育焦虑成为当代人在参与教育时的共同体验。本书旨在揭示两个核心问题：个体性的教育焦虑何以成为泛在的教育焦虑；正常的教育焦虑何以成为病理性的教育焦虑。作为一种被建构的焦虑，社会、市场、家庭和学校分别从不同角度激发了教育主体的焦虑，本书试图探寻背后的生成机制。

第四，教育焦虑的应对与纾解方式。从社会变迁的大背景出发，教育焦虑的另一面就是对确定性的寻求、对人之本真存在的重拾、对教育风险的超越，所有这些都有赖于观念和行动的转变。具体而言，可以从观念、组织、文化、主体等方面，采取相应的措施，形成教育焦虑管理的智慧。

(二) 研究方法

文献研究法。广泛阅读国内外与焦虑、教育焦虑、现代性相关的文献资料，通过逻辑推演的方式厘清教育、人、焦虑之间的关系，明确教育焦虑的基本内涵、类型、人性基础等基本问题。本书所涉及的文献包括：哲学领域的焦虑研究，尤其是存在主义有关焦虑的研究；心理学领域的焦虑研究，如精神分析学派、存在心理学派有关焦虑的研究；社会学关于焦虑的研究,尤其是针对社会焦虑的研究;教育学关于焦虑的研究,这部分虽然较少,但仍不乏可取之处。

历史比较法。通过古今对比,考察教育焦虑在前现代社会与现代社会的不同样态,并对比两种社会环境在制造教育焦虑的动因方面的不同,从而将教育焦虑生成的更深层次的原因呈现出来。

# 第一章

# 焦虑时代的来临

焦虑是一种随社会急遽变迁而出现的社会心理特征,是带有时代特征的宏观社会心态,依齐美尔的说法,焦虑就是一种"现代性体验"。焦虑出现在社会转型时期,在长期稳固、流动性较低的前现代社会,人们在面对未来的不确定性时往往更倾向于被动接受命运,鲜有焦虑的感受,流行的社会心态大多是消极避让而非积极进取。只有在急遽的社会变革中,固有的社会组织、价值观念、伦理道德等都受到前所未有的冲击,旧的秩序被打破而新的秩序尚未确立,每一个体都面临着变革所带来的不确定性时,焦虑才能以不可阻挡之势冲破私人领域,成为一种弥散的社会情绪。追溯焦虑的学术史,解构焦虑时代的展开方式,进而引出人—教育—焦虑之间的耦合关联,是本书的基本前提。

## 第一节 焦虑的学术谱系

作为一种情绪体验的焦虑由来已久,它的历史和人类几乎同样漫长。自从远古时期人类从本能中分离出情感后,焦虑便如影随形,它是人类自我意识觉醒的重要标志,成为人类克服生存困境、保全自我的前提。焦虑在文学作品中时有出现,在古希腊文学与哲学著作中,焦虑往往被看作一种好的征兆，它是高尚的人才能感知到的情绪①。希腊神话中的牧神潘神被视作引发人们焦虑的象征，潘神经常出其不意地向过往的旅客跳过去并狂吼咆哮，让旅行者惊恐万分，尽管潘神并未对人造成实质性的伤害，但他何时会爆发出惊骇的力量却是不得而知的。潘神这一意象就传达出人们对焦虑的精准体验。早在公元前4世纪，古希腊医生希波克拉底就首创了"病理性焦虑"的概念，认为焦虑是一个生理和医学问题，他的体液理论②认为，焦虑是由于黑胆汁流向大脑而产生的，而最佳的治疗方法便是让心情处在平衡状态。在中世纪，人们将焦虑视作一种应当被否定和抑制的情绪。自文艺复兴以来，理性主义的发展使人们对自我持盲目乐观的态度，坚信焦虑是能被完全消除的负面情绪。随着理性的过度膨胀，新的焦虑形式也如影随形，成为困扰人心的梦魇，理性的神话才被打破，焦虑的非理性因素得到了充分肯定。步入现代社会，克尔凯郭尔第一次发现了焦虑在人之存在中的特殊意义，开辟了西方哲学史上焦虑研究的先河。与之相应，弗洛伊德第一次系统论述了焦虑这一心理现象，揭示了焦虑的心理根源，开辟了焦虑研究的心理学道路。罗洛·梅是第一个系统研究焦虑的学者，在《焦虑的意义》一书中，他系统梳理了焦虑研究的文学、社会研究、政治场景、哲学和神学、心理学等范式，并提出了完整的焦虑理论。在这些研究者的努力下，西方学术史上形成了焦虑研究的两大传统：哲学和心理学，也间接启发了社会学、文学等相关学科的研究进展。

### 一 哲学视野中的焦虑

哲学界一般认为，克尔凯郭尔是系统研究焦虑理论的先驱，但在他之前，柏拉图、奥古斯丁、帕斯卡、斯宾诺莎等哲学家就已对焦虑③有

---

① 在柏拉图看来，焦虑作为一种负面的情绪状态，其实质是灵魂的混乱无序，是由于身体与心灵、灵魂各组合部分的平衡错乱而产生的病症。
② 希波克拉底的"体液学说"认为，人的身体和心理状态取决于四种体液（血液、黏液、黄胆汁和黑胆汁）在体内所占的比例，这一理论被盖伦所吸收，演变成气质理论。
③ 值得注意的是，国内学界对"Angst"的翻译存在不小的争议。克尔凯郭尔著作中的"Angst"或被译为"恐惧"，或被译为"焦虑"，而海德格尔著作中的"Angst"则多被译为"畏"（参见杨钧《焦虑——西方哲学与心理学视域中的焦虑话语》，北京大学出版社2013年版，第9—11页），为研究之便，文中统一用作"焦虑"。

了初步探索，马丁·海德格尔、保罗·蒂里希、保罗·萨特等存在主义哲学家则在克尔凯郭尔开辟的道路上拓展了焦虑的哲学研究。

在古希腊时期的哲学中，焦虑被看作心灵不和谐的产物，而哲学则是治疗心灵、指向心灵健康的实践①。柏拉图就曾在《理想国》中通过克法洛斯描述了焦虑情绪的轮廓："当一个人想到自己不久要死的时候，就会有一种从来不曾有过的害怕缠住他……满腹恐惧和疑虑……夜里常常会像小孩一样从梦中吓醒"②，这种对死亡的焦虑是人无法逃脱的，但学习哲学、获得知识可以使人消除死亡焦虑，"一辈子追求哲学的人，临死自然是轻松愉快的"③。斯多葛学派哲学家爱比克泰德在《论焦虑不安》一文中，将焦虑归结于个体试图获得超过自己权能范围的东西，焦虑是由"错误认知"所引发的④。与他同时期的古罗马哲学家塞内卡则提出，焦虑所造成的危害要大于现实所造成的危害，将焦虑归因于认知，这一点与认知心理学不谋而合。奥古斯丁在《忏悔录》中宣判人是有罪的，在昭示人之有限性的同时也否定了自由意志的无限超越，人与生俱来的"原罪"构成了人之焦虑的来源，只有在虔诚的忏悔中进入上帝之城才能根除焦虑的威胁。在漫长且压抑的中世纪，人们生活在"永恒的罪"的统治下，焦虑也就隐藏在罪、救赎、终极审判等议题之后，在生活中隐匿不彰了。在文艺复兴的大潮中，焦虑经由彼得拉克的播种、蒙田对人的发现、笛卡尔的怀疑主义等得到了广泛的传播。同时期社会的剧烈变革也让焦虑的变异空前强烈，焦虑迅速成为围绕个人展开的关键议题，为生活而操持的人们不可避免地会受到焦虑的侵扰，焦虑就如同瘟疫一般成为人们恐惧的来源。焦虑交织着理性与非理性，在以斯宾诺莎为代表的理性主义与以帕斯卡尔所代表的非理性主义的交锋中，焦虑的神秘面纱得以揭开，以更澄明的状态出现在人们的视野中。

---

① 金生鈜：《教育何以是治疗——兼论教育与人的健康的关系》，《教育研究》2020 年第 9 期。
② [古希腊] 柏拉图：《理想国》，郭斌和、张竹明译，商务印书馆 1986 年版，第 5 页。
③ [古希腊] 柏拉图：《斐多》，杨绛译，中国国际广播出版社 2012 年版，第 11 页。
④ [古希腊] 爱比克泰德：《爱比克泰德论说集》，王文华译，商务印书馆 2009 年版，第 216 页。

斯宾诺莎并未直接讨论焦虑，而是从希望与恐惧的关系入手，认为希望是一种不确定的快乐，而恐惧则是一种不确定的痛苦，恐惧与希望是共存的，否定了恐惧就是否认希望。只有在理性精神的指引下，人才能脱离恐惧的命运。罗洛·梅认为，斯宾诺莎把希望与恐惧并列，就标志着他"已经站在焦虑问题研究的门槛上"[1]，因为焦虑就是一种既有恐惧又有希望的复杂心理状态。但斯宾诺莎并未真正将焦虑纳入他的研究，这一点与克尔凯郭尔形成了鲜明的对比：前者认为恐惧最终将被理性所击败，因此焦虑是根本不存在的；后者则认为，我们应当正视焦虑、拥抱焦虑，始终保持与焦虑共存的勇气。与斯宾诺莎不同的是，帕斯卡尔始终对理性充满担忧，在个人的焦虑体验之外，他敏锐察觉到了隐藏在同时代人类生活表层下的焦虑，人们用匆忙来掩盖内心的无聊、孤独，以至于人一旦停下来思考时就会感受到焦虑的存在。他认为，人是一种夹在虚无和无穷之中的有限存在，"人是一根苇草"，是自然界最脆弱的东西，但人之伟大就在于思考。人对确定性的寻求将人推向不可知的世界，在一个变幻无常、转瞬即逝的世界中产生了焦虑体验。在《思想录》中他写道："我们燃烧着想要寻求一块坚固的基地与一个持久的最后据点的愿望，以期在这上面建立起一座能上升到无穷的高塔；但是我们整个的基础破裂了，大地裂为深渊。"[2] 理性不是完全可靠的，它并不等同于确定性，人的感觉判断往往受到情绪影响，而情绪本身是非理性的。理性无法驱逐焦虑，相反，正是对理性的迷信将人置于过度的乐观之中，放大了人们的焦虑不安。

（一）克尔凯郭尔：焦虑乃自由的晕眩

索伦·克尔凯郭尔对焦虑的考察源于"罪"的历史。罪不仅是一个道德概念，更是生存着的人的一种方式，罪的发生源于对自身罪的意识的觉醒。世俗意义的罪只是肉体上的罪，而非精神性的罪，只有在上帝面前的罪才是真正的罪，罪的反面不是美德而是信仰[3]。基于此，克尔

---

[1] [美]罗洛·梅：《焦虑的意义》，朱侃如译，广西师范大学出版社2010年版，第25页。
[2] [法]布莱士·帕斯卡尔：《思想录》，何兆武译，商务印书馆1985年版，第36页。
[3] [丹]索伦·克尔凯郭尔：《致死的疾病》，张祥龙、王建军译，中国工人出版社1997年版，第80页。

凯郭尔考察了亚当之罪，把基督教中亚当和夏娃的堕落看作无罪向有罪转变的历程，自此，人类的任何活动都被注入了焦虑的基因，焦虑构成了人之原罪的来源。焦虑使得人们违背上帝的教诲，背负了原罪，但它并不一定会带来灾难，而是为世界的运行秩序赋予了意义。但同时，上帝又赋予人自由，人的精神性自由将自我等同于可能性，而不断拓展的可能性则给自我带来了焦虑。由此，克尔凯郭尔提出了极具原创性的观点——"焦虑乃自由的晕眩"，当自由陷入了可能性并且抓住有限性以支撑它自身时，焦虑就出现了。自由屈从于这种晕眩[①]。

克尔凯郭尔认为，自由的可能性高于现实性，但自由要从可能性转变为现实性还需要选择。而在作选择时，人才会发现自我并非如想象那般自由，人之存在的有限性、暂时性和肉身性成为制约自由选择的束缚。人具有作选择的自由，人也应当为自己的选择负责，承担着选择所造成的后果。当人们在作出一种选择时也就放弃了其他的无数种可能性，倘若选择了 A，也就意味着放弃了 B、C、D 等选择，每一次选择都意味着自由的消解。更可怕的是，人不知道自己要选择什么，害怕自己的选择带来的后果，因此自由的可能性也就意味着一种巨大的虚无，人在它面前就会感受到焦虑不安，这就是自由的晕眩。人因自由而感到焦虑，而焦虑的持续则促使人逃避自由，要么逃向死亡，要么逃向上帝，除此之外别无他法。克尔凯郭尔并不主张通过死亡来摆脱自由的纠缠，而是鼓励人通过侍奉上帝来获得拯救，这是因为，人在上帝面前始终是有限的存在，人的自由是上帝赋予的，人的焦虑源自对上帝信仰的缺失，为此人需要保持对上帝无条件信仰的绝对激情，他指出："然而焦虑、恐惧与绝望都无济于事。真诚面对上帝才是始终应该坚持的。"[②] 通过信仰，人才得以与上帝之间达成绝对的侍奉关系，人的精神自此实现了质的转变，人得以感知上帝的存在，自由的可能性有了终极的、绝对的归宿，这时人的焦虑才能得到彻底的克服。

---

[①] Soren Kierkegaard, *The Concept of Anxiety*, trans. Reidar Thomte and Albert B. Anderson, Princeton: Princeton Universiity Press, 1980, p. 61.

[②] Soren Kierkegaard, *A Kierkegaard Anthology*, New York: Random House, 1959, p. 411.

借助自由这一概念，克尔凯郭尔将焦虑与人的存在相关联，在分析焦虑与自由的关系中揭示了自由的可能性与现实的必然性之间的固有冲突，从而证实了人之存在的有限性是焦虑的源头。在他的努力下，焦虑一词超越了心理学意义并上升到了生存论的高度，成为一个刻画个体生存状态的哲学概念[1]。尽管克尔凯郭尔对焦虑的探讨离不开宗教的根基，也不免有其时代的局限性，但在他身上洋溢着对生存的勇气与激情，无疑能激励我们在正视焦虑的基础上追求更高的生存境界。

（二）海德格尔：焦虑乃此在的现身情态

海德格尔并未专门对焦虑作哲学阐述，但在《存在与时间》中，海德格尔以现象学方法对焦虑作出了别具一格的分析，将焦虑视作一种"此在"的现身情态，焦虑将此在抛置于存在面前，绽露"在世"的无家可归状态。从此在的生存论结构出发，海德格尔探讨了焦虑的产生。此在就是人的存在，且这个人总是在追问存在的意义，此在就是"我"这个人的存在，转译为海德格尔的话语就是："此在的存在总也就是我的存在，所以此在具有向来我属的性质。"[2] 此在即"存在于此"，当人在追问存在意义的时候，他就已经作为存在而在了。此在是"被抛"在世的，人一出生就处于被抛的境地，因此只能作为他自身的存在而存在，人也就"沉沦"于世界之中，沉沦构成了人的基本存在方式。此在总是处在世界之中，与在世的人与物构成了联系，此在才得以实现其存在。"此在的世界是共同世界，'在之中'就是与他人共同存在，他人的在世界之内的自在存在就是共同此在。"[3] 在这个世界中，此在才能展开它的操心，操心又可分为两种，一种是与周围上手之物打交道，即"操劳"，另一种则是与其他此在打交道，即"操持"。通过操心，此在得以领会世界的意蕴。

此在总是有情绪的，情绪是此在在世的一种基本方式，情绪使此在

---

[1] 杨钧：《焦虑——西方哲学与心理学视域中的焦虑话语》，北京大学出版社2013年版，第43页。
[2] 陈嘉映：《海德格尔哲学概论》，生活·读书·新知三联书店2005年版，第60页。
[3] ［德］海德格尔：《存在与时间》，陈嘉映、王庆节合译，生活·读书·新知三联书店2000年版，第138页。

发现了它自身。在最基本的情绪——焦虑（畏）之中，人意识到并承认被抛在世界之中的事实。焦虑（畏）是如何产生的呢？海德格尔认为，人之所以会焦虑（畏），不是因为具体的事物或人，而是在"空无"中感受到了焦虑（畏）。焦虑（畏）是此在的基本心境，是无法消除的，只能借助外力来转移。焦虑（畏）并不指向具体之物，它将此在暴露在"无"面前，"'畏'启示着'无'"①，在焦虑（畏）中，此在才能感知到空无，在空无的体验中，此在才能真正领会到存在的本质。处于焦虑（畏）中的此在既是摆脱了世界和他人制约的、拥有自由选择的此在，也是茫然失措的此在，它使人感知到不可名状的恐惧，即海德格尔所指的"不在家状态"。一方面，焦虑（畏）使此在摆脱沉沦，真正展开此在本身，将此在带回它本真的自己面前。只有在最根本的焦虑（畏）之中，此在才能感受到本真的、有限的自我，才能在世界中敞开自己，重拾本真的自我。但另一方面，焦虑（畏）又造成了此在的沉沦。人们试图摆脱这种不在家状态，其代价便是放弃本真的、作为可能性的存在，反倒重新陷入沉沦。在沉沦中，此在得以忘却这种焦虑（畏）的日常生活，甘心在常人生活中寻找"家"。

（三）蒂里希：焦虑乃"非存在"的威胁

蒂里希从存在哲学出发，对焦虑作了系统的分析。他的主要贡献在于对焦虑的本体论、焦虑的类型学两方面的探索。

为了论证焦虑的概念，蒂里希引入了"非存在"这一概念，认为它是一个古老的哲学概念。非存在与存在是辩证统一的关系：非存在是对存在的否定，但非存在本身就包含在存在之中，是"仅次于存在本身的最重要内容"②。没有非存在对存在的否定，也就不会有生命的运动、存在的勇气以及对生命的自我肯定。基于此，蒂里希将焦虑界定为："焦虑是一种状态，在这种状态中，存在物能意识到它自己可能有的非存在"③，即焦虑是从存在的角度对非存在的认识。人是一种有限的存在，当人意识

---

① ［德］海德格尔：《路标》，孙周兴译，商务印书馆2001年版，第129页。
② ［美］蒂里希：《蒂里希选集》（上），何光沪选编，上海三联书店1999年版，第175页。
③ ［美］蒂里希：《蒂里希选集》（上），何光沪选编，上海三联书店1999年版，第175页。

到自身存在的有限性，并为自身将要成为非存在的可能性而感到惶恐不安时，就不得不面对非存在的威胁，这时焦虑就产生了。焦虑如人的存在一样是无时无刻不在的，它没有明确的对象，仅仅依赖非存在的威胁，而这种威胁是无形的，却深入人的意识深处，人越是想要挣脱，就越会受到威胁。蒂里希的焦虑本体论第一次将焦虑聚焦为存在本身的焦虑，焦虑成为一个与信仰一样严肃的命题，体现出他对终极关怀的观照。

蒂里希对焦虑研究的另一主题是焦虑的类型学。在黑格尔类型学的启发下，蒂里希建立了焦虑的类型学，从而赋予了焦虑深厚的历史感。根据非存在威胁人的存在的方式，蒂里希将焦虑划分为三种类型：对命运和死亡的焦虑（非存在威胁人的本体上的自我肯定）、对谴责和罪过的焦虑（非存在威胁人的道德上的自我肯定）、对空虚和无意义的焦虑（非存在威胁人的精神上的自我肯定），每一种焦虑都能在历史上找到相对应的表现形式。焦虑的三种不同类型并不意味着它们相互排斥，三种形式有着内在的联系，但总的来说又是相互独立的。[1] 如何超越焦虑？蒂里希给出的回答是"存在的勇气"。信仰、终极关怀并非根除无意义焦虑的灵丹妙药，但在这种尝试中，人才能生成坦然接受这种无意义的勇气，从而继续追寻新的意义的起点，"敢于自己承担起对无意义的焦虑的勇气，正是存在的勇气所能达到的边界"[2]。

（四）萨特：焦虑乃自由意识的存在方式

自由是萨特哲学思想的核心命题，在他看来，人是绝对自由的，但这种自由如何体现、人是如何意识到自身是自由的、人是如何面对这种自由的，却是有待考据的。为此，萨特从人之存在所具有的情绪——焦虑出发，揭示了人的绝对自由状态。萨特的自由是绝对的自由、不为他人决断的自由，是他自己作出选择的自由。"我命定是自由的，这意味着，除了自由本身以外，人们不可能在我的自由中找到别的限制，或者可以说，我们没有停止我们自由的自由。"[3] 焦虑即人对自由的意识所作

---

[1] ［美］蒂里希：《蒂里希选集》（上），何光沪选编，上海三联书店1999年版，第180页。
[2] ［美］蒂里希：《蒂里希选集》（上），何光沪选编，上海三联书店1999年版，第290页。
[3] ［法］萨特：《存在与虚无》，陈宣良等译，生活·读书·新知三联书店1997年版，第535页。

出的选择，借助焦虑体验，人获得了对他的自由的意识，焦虑是自由意识的存在方式。焦虑沟通了过去、现在和未来，让"我"察觉到绝对的自由。"焦虑是自由这存在着的意识的存在方式"①，焦虑着的人乃是自由的人，通过焦虑，人的绝对自由得以显现。萨特进一步指出，由于焦虑是对自由的意识，人又是命定自由的，因而焦虑是不可消除的，人不仅是焦虑的来源，更是焦虑本身。矛盾的是，人是绝对自由的，一切价值、意义、责任都取决于绝对自由的"我"，但"我"恰恰是"无"，于是，存在的荒诞与选择的负担共同呈现在焦虑之中。绝对的自由并未给人带来安宁，无家可归、茫然无措、荒诞、无意义却又成为对自由的阻碍，以至于自由的人想通过逃避焦虑、掩饰焦虑来解脱，最终重新退回人的非本真存在状态之中。

显然，在哲学视野中，焦虑是人之存在（介于出生与死亡之间）的永恒主题。哲学家倾向于将焦虑看作一种人生现象，焦虑与人生诸阶段有着互为因果的关系，焦虑对人有着本体论的意义。焦虑是人不可逃避的宿命，借助焦虑，我们能看出一条以焦虑为线索的人生历程，焦虑的显现有助于我们审视人生终极命题。

## 二 心理学视野中的焦虑

当人类从本能中分离出情感后，随恐惧而诞生的焦虑也就随之出现了。心理学意义上的焦虑是一种消极情绪。在早期心理学研究中，焦虑被看作一种神经症，并未得到专门的关注。弗洛伊德首次对焦虑性神经症进行独立研究，并据此展开了系统的精神分析研究，他的焦虑理论将动力生理学引入人类精神的研究领域，从而形成了一种全新的心理学说——精神分析。在弗洛伊德的启发下，新精神分析学派（霍妮、沙利文等）、人本主义心理学（弗洛姆、罗杰斯等）、认知心理学派（艾波思坦、诺曼·恩德勒等）、存在心理学（罗洛·梅）等

---

① [法]萨特：《存在与虚无》，陈宣良等译，生活·读书·新知三联书店1997年版，第58页。

都将焦虑作为关键主题纳入了研究。在此以时间顺序介绍心理学对焦虑研究的主要观点。

(一) 精神分析学派的焦虑观

弗洛伊德认为,"焦虑这个问题是各种最重要的问题的中心,我们若猜破了这个哑谜,便可明了我们的整个心理生活"[①]。弗洛伊德对焦虑的研究源于他在临床观察和治疗过程中的观察与经验,在长期探索中,他形成了关于焦虑的两种理论:压抑说与信号说。

人的潜意识包含着个人的原始冲动、各种本能与欲望,而其中主要的就是性欲(力比多)。力比多在大部分情况下被抑制,但它依然会不断积累,并以不同的形式释放自己。在正常人那里,力比多主要是通过梦来释放的,但神经症患者在释放力比多时存在障碍,于是多余的力比多就通过焦虑来表达。在焦虑性神经症中,焦虑一般表现为三种病态形式:"焦虑性等待",即对某一事物过多的期待;对特定对象的恐怖症,恐惧是人人都有的情绪,当人对特定事物的恐惧超过了理性的程度时就会造成身心损害,即恐怖症;焦虑性癔症,它与任何危险无关,甚至心理学家也无法解释。在后期研究中,弗洛伊德对压抑说进行了修正,提出了焦虑的信号说。在他的前期研究中,焦虑被视为一种病症,但在后期,焦虑的外延则有所扩展。当自我在遭遇危险情况,为了避免陷入危险境地、缓解自身紧张状态时就会发出危险信号,即焦虑。焦虑就是自我在危险情境中的防御机制,在焦虑中人的知觉更敏锐,身体机能得到更好发挥,从而更好地应对可能发生的不利后果。通过把焦虑视作"自我的危险信号",弗洛伊德肯定了焦虑的积极意义。

此外,弗洛伊德还对焦虑作了类型划分,将焦虑划分为客观性焦虑、神经性焦虑和道德性焦虑,分别对应着自我的三种依赖关系(外部世界、本我、超我)。客观性焦虑又称为现实性焦虑,它产生于外部世界的真实的危险情境。神经性焦虑源于本我与自我的冲突,它表现为自我

---

① [奥] 弗洛伊德:《精神分析引论新编》,高觉敷译,商务印书馆2013年版,第317页。

害怕本我会呈现出霎时的鲁莽行为而阻碍自我按照道德的标准规范去行事。道德性焦虑是一种超我在追求至善境界时流露出的终日忧虑、惶恐不安的情感，它是超我在监督自我的过程中，感知到自我违背超我的原则时，超我对自我实行处罚的状态。在他的启发下，新精神分析学派（如以霍妮、沙利文为代表的人际文化学派，以弗洛姆为代表的人文主义精神分析学派）更加注重社会、文化等因素对焦虑产生的影响，大大拓展了焦虑研究的范畴。

卡伦·霍妮是精神分析社会文化学派的代表人物。她反对弗洛伊德的本能决定论，主张从宏观的社会文化环境和微观层面的个体环境两方面探寻焦虑的源头，把环境看作焦虑产生的根本条件，她的焦虑模式可被概括为"基本敌意—压抑—基本焦虑"。她认为，在西方文化的影响下，人们容易产生敌意，如过度的竞争带来人的个体化、原子化，也让个体不可避免地陷入孤立、无助、不安的处境，进而对周边的人产生敌意。但在社会环境中，这种敌意往往处于被压抑的状态。人类早期的经历影响着彼此间的人际交往，人际关系的失败释放了敌意，进一步催生了人的焦虑感。沙利文从人际关系出发，认为人际关系分裂是焦虑的来源。人的存在离不开一定的人际关系，当个体受到重要他人的否定时，他的内在价值就感受到了威胁，进而产生焦虑感。他进而提出，焦虑就是自我受到威胁的结果，这里所指的自我是一种用于避免焦虑的经验组织[1]。雅各布森认为，焦虑与本能释放有关，若本能无法按照个体喜欢的方式释放，则个体就会产生焦虑感。本能的释放需要一定的刺激，这种刺激既包含人的本能层面，也有社会文化环境的因素。雅各布森的观点既坚持了精神分析的基本立场，又批判继承了弗洛伊德自我、本我、超我的关系。

精神分析学派的代表人物及其关于焦虑的主要观点比较见表1-1[2]。

---

[1] Sulivan, H. S. ed., *The Interpersonal Theory of Psychiatry*, New York: Norton, 1953, p.160.

[2] 蔡飞：《精神分析焦虑论批判》，《南京师大学报》（社会科学版）1995年第3期。

表 1-1　精神分析学派代表人物及其关于焦虑的主要观点比较

| | 弗洛伊德 | 霍妮 | 沙利文 | 雅各布森 |
|---|---|---|---|---|
| 威胁性刺激来源 | 本能冲动 | 人际关系失调，主要为亲子关系失调 | 人际关系失调，主要是重要他人的否定性评价 | 本能冲动、外部环境 |
| 刺激威胁的对象 | 自我 | 不明确 | 自我，主要为自尊 | 自我的自主性 |
| 能力 | 认知能力、防御能力 | — | — | 行为选择能力 |
| 认知 | 认知评价确认刺激是否威胁自我 | — | — | 选择包含了认知 |
| 产生焦虑的心理机制 | 本能冲动→自我作为认知评价、确认威胁→自我向内部发出信号焦虑 | 亲子关系失调→敌意→压抑焦虑 | 重要他人的否定性评价→威胁自尊→焦虑 | 自我不能选用自己喜爱的行为方式来释放多余的能量→焦虑 |
| 焦虑的生物性/社会性 | 生物性 | 社会性 | 社会性 | 生物性和社会性兼具，但偏重前者 |

（二）行为主义心理学派的焦虑观

行为主义心理学派认为，焦虑是一种重要的习得。一种刺激或情境引发个体的焦虑体验后，当个体再次面对类似的情境时，就会产生焦虑反应，并伴有相应的生理状况。毛瑞借助"刺激—反应"理论来阐释焦虑，认为焦虑是一种负面情绪体验，是个体在痛苦反应中的条件刺激，从而激发个体习得新行为，因而焦虑是一种内驱力。巴甫洛夫的经典反射实验证实，焦虑是一种条件反射，特定的刺激会引发个体的焦虑反应。华生的频因律指出，引发焦虑的刺激出现的频次越多，焦虑出现的频次也越高，进而形成习惯性焦虑，反之亦然。斯金纳的操作性条件反射理论指出，行为的习得既源于条件反射，也源于个体的内在因素，因此，引发焦虑的反应如果得到强化则会增加其出现的可能性，反之则会消退。班杜拉借助自我效能感来解释焦虑的发生，自我效能感强的人往往能确认自己完成某项任务，因而能减少焦虑所带来的负面作用，从而减少焦虑的发生。新行为主义者认为"刺激—反应"理论过于简单，忽视了刺激发生的中介因素，因而提出了中介变量，但中介变量如何发生作用的，不同学者对此各执一词,如赫尔把它解释为内驱力、习惯,霍夫兰则认为是态度。

总之,在行为主义学派看来,焦虑的产生不仅有其先天遗传的因素,也与后天学习相关:人不仅可以通过自身经历来感知焦虑,还能通过观察、模仿他人的行为而习得焦虑。

(三) 认知心理学派的焦虑观

认知心理学派主要强调认知因素在焦虑生成中的关键作用。情绪和行为的产生不仅有环境刺激的作用,更离不开认知因素的中介作用。人们对外界事物所持有的不恰当认知评价是产生焦虑的根本原因,不是外部刺激产生焦虑,而是人们对刺激的错误看法产生了焦虑。William Kessen 认为已有的焦虑理论都包含三个共同因素:首先,假定有一个引发焦虑的原始事件,其表现形式多样;其次,不论何种原始事件均能引发焦虑情绪,且不断泛化、扩大影响;最后,能够缓解焦虑的事件与原始事件之间有着密切关系[1]。心理学家斯皮尔伯格提出的"状态—特质焦虑"理论就是其中的典型代表。心理学家卡特尔第一次将焦虑分为状态、特质两种类型。斯皮尔伯格则对此作了更详细的论述,提出了"状态—特质焦虑"理论,该理论认为,状态焦虑是人在特定情境下的反应,常伴有植物神经系统的改变,持续时间较短;特质焦虑则是一种人格特征,是一种具有个体差异的、持续时间较长的、相对稳定的焦虑倾向。状态焦虑的产生过程见图1-1[2]。

斯皮尔伯格认为,状态焦虑的生成是一个过程。首先,个体感知到外部刺激或内部刺激所带来的威胁性,如果个体有着对威胁的认知和评价,就会进一步产生状态焦虑。这时,状态焦虑的程度取决于个体感受到的威胁程度,持续时间取决于威胁存在的时间以及个体在以往情境中积累的经验。在这一体验中,个体感受到了不良反应,并意识到了要采取行为来降低焦虑程度。在经历状态焦虑的同时,个体也存在两种防御

---

[1] Kessen W. and Mandler G., "Anxiety, Pain, and the Inhibition of Distress", *Psychological Review*, Vol. 68, No. 3, March 1961, p. 396.

[2] Spielberger C. D., *Theory and Research on Anxiety*, New York: Academic Press, 1966, p. 121.

第一章 焦虑时代的来临

反馈机制,通过感觉和认知的反馈、评价反馈来改变个体的认知评价,并采取避免威胁信号的行为,最终降低自身的状态焦虑。斯皮尔伯格对特质—人格焦虑的区分有助于人们针对焦虑问题开展定量研究,拓宽了焦虑的实证研究领域。奥赫曼则从信息处理的角度解释了焦虑的形成,认为信息所引发的生物防御是焦虑产生的源头(见图 1-2)①,他的焦虑

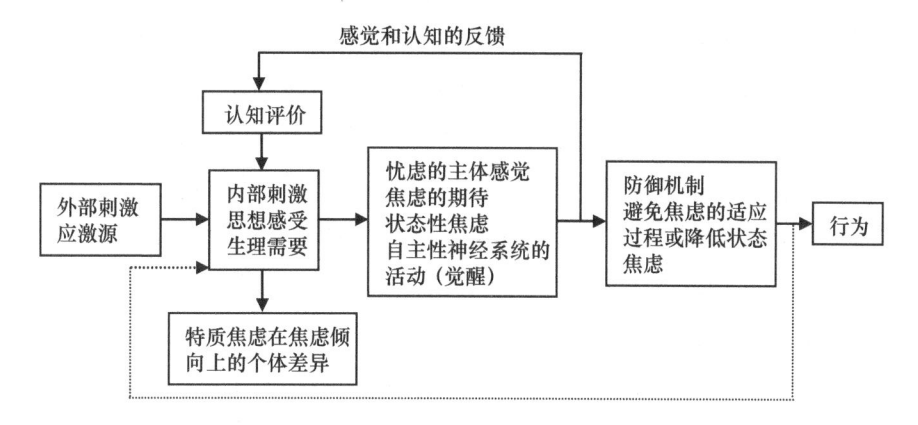

图 1-1 通过防御机制的评价改变认知评价

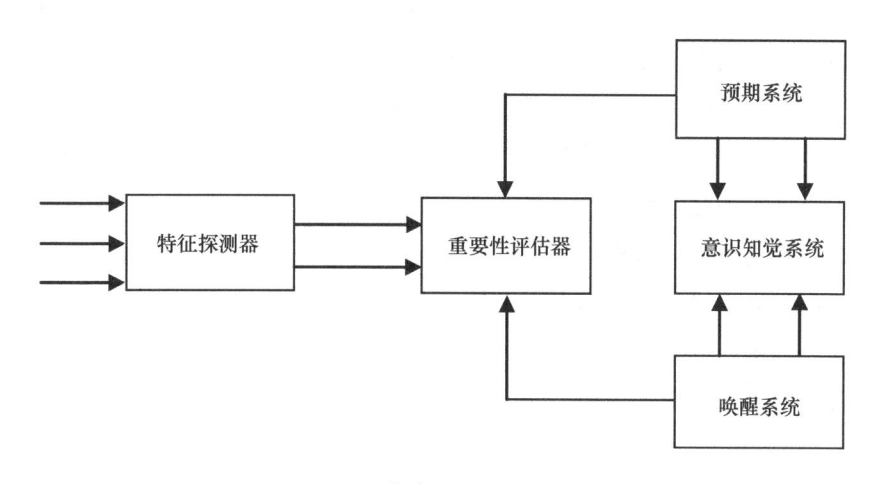

图 1-2 焦虑的信息处理过程

---

① Öhman, A., "Fear and Anxiety as Emotional Phenomena Clinical Phenomenology, Evolutionary Perspectives, and Information-processing Mechanisms", in M. Lewis and J. M. Haviland, eds. Handbook of Emotions, New York: The Guilford press, 1993, p.511.

49

模式符合认知心理学理论化的传统模式,也有其合理性,但它并不能解释焦虑的本质。

(四)人本主义心理学派的焦虑观

人本主义心理学主张从人的存在本身来理解焦虑,认为焦虑是人之存在不可避免的事物,把焦虑看作冲突的产物。

马斯洛从"需要"的角度来揭示焦虑的产生。人自身需要的未满足是造成心理威胁的根源,这是造成个体焦虑情绪的根源。人的五种需要包括生理需要、安全需要、归属和爱的需要、尊重的需要和自我实现的需要,前四种需要无法得到满足而引发的焦虑是正常的,但当这种需要长期未得到满足时,正常需要就会转化为病态焦虑。但如果人的自我实现需要无法得到满足时,就会陷入"超病理状态",个体感受到无聊、消极、绝望、烦躁等情绪但却无法指出造成不适的根源,这种状态的典型代表就是病理性焦虑。

罗洛·梅是存在主义心理学的代表人物,他吸收了克尔凯郭尔及弗洛伊德的焦虑理论,是西方学术史上第一个系统梳理并专门研究焦虑的学者。罗洛·梅认为,存在是根本性的,焦虑就是非存在对存在的威胁。人的存在包括人的生命本身,以及与生命同等重要的价值本身,当人面临的威胁触及作为生存基础的价值层面时,焦虑就产生了。焦虑的根源是多样的。首先,焦虑总是非存在与存在的冲突。焦虑的个体意识到自己将要面临失去自我和所处的世界,陷入一无所有的状态,这就是个体对非存在的恐惧。最极端的非存在就是死亡,死亡不仅是个体存在的消失,也是人不可摆脱的宿命。其次,焦虑源自价值的丧失。价值观是心理整合与统一的尺度,但现代社会以来,有三种价值观逐步被抛弃:第一种价值观是健康的竞争,第二种价值观是感性与理性并存,第三种价值观是人的价值感和尊严感。再次,焦虑源于自我感消失后的空虚、孤独。尼采宣称"上帝死了",克尔凯郭尔所设想的上帝之国开始走向崩塌,现代人面临着前所未有的主体性危机,人失去了存在的根基,人的个性消失在同一性之中,空虚、孤独的现代人更易感受到焦虑的折磨。最后,焦虑是社会文化的产物。人是社会性的动物,他的存在离不开特定的社会文化环境,如果不能处理好人与自然、人与社会、人与自我的关系,就会在复杂的社会环境中迷失自我,进而面临存在意义上的危机,产生强烈的焦虑感。罗洛·梅吸收了精神分析学派对焦虑的主要研究和克尔凯郭尔的焦虑理论,综合了心理学和哲学的两种焦虑研究思路,提出了基于存在主义的焦虑理论,堪称西方焦虑理论研究的集大成者。

精神分析侧重于从人格结构来揭示焦虑的产生,把焦虑看作一种心理现象,代表着心理学焦虑研究的基本理论立场,而罗洛·梅则第一次从时代背景的角度对焦虑的根源展开了分析,揭示了焦虑的时代特性,某种程度上也对焦虑问题作了初步的社会学考察。

### 三 社会学视野中的焦虑

在社会学视域下,焦虑是特定时期的社会产物,如马林诺夫斯基就把焦虑归结于外在世界的不确定性,但特定的认知或实践可以引导这种不确定性进行转化[1]。相似的观点也出现在马克思、韦伯、西美尔、鲍曼、吉登斯、贝克等社会学家的研究中,尽管他们提出观点的社会背景不同,如"液体社会""风险社会""消费社会"等,但都指向了焦虑产生的根源——现代化进程中日益凸显的不确定性。

(一)西美尔:货币至上所引发的腻烦性焦虑

考察现代社会变迁中个体的生命体验,便不得不提及社会学家西美尔,他创造性地运用货币、桥、门、椅子等现代生活中习以为常的元素来洞悉现代生活的主题,揭示了主观文化(个体精神文化)和客观文化(物质文化)的分裂乃至对立所引发的文化悲剧,并在此基础上探讨了现代人的生命体验。其中,货币[2]成为西美尔诊断现代性的独特切入点,货币尽管古已有之,但它的意义却在现代经济活动中发生了巨大的转变,货币已成为衡量一切事物的普遍标准,以往被视作不可度量、不可计算

---

[1] Malinowski, *Magic, Science and Religion and Other Essays*, New York: Anchor Books, 1954, pp. 587–589.

[2] 应当说明的是,西美尔所指的货币更多是抽象意义上而非具体形式的货币,货币是价值的载体,是现代社会运行的工具。

的事物都可用货币来衡量。此外，货币以其可计算性重塑了社会关系，建立在货币经济基础上的社会俨然成为一个由货币相联系的网络，这一网络在不断强化的同时也排除其中的主观社会关系，推动着社会的现代转向。

大都会为货币经济提供了运作空间，商品生产和货币交换大多在城市中完成，货币也无形中塑造着大都会精神①，如货币的可计算所带来的精准性、标准性、确定性等塑造了城市人的算计性格，原有的非理性的、本能的生活逐渐被公式化、程序化的生活方式所取代。在当代城市中，货币已然成为现代生活的符号象征和主宰力量，改变了当代人的心性特质：货币以其完全客观化、非人格化和无性质的特征成为衡量一切事物的标准，任何价值要转化为其他价值都需要通过货币来完成，因此，货币成为一切价值的终极表现形式。本该作为手段的货币却成为价值和目的，遮蔽了生命的本真面目，货币在赋予当代人自由和解放人的个性的同时，也使得自己成为目的，以至于西美尔不无哀伤地感叹到，金钱让人们在宗教中获得满足的需要被减少了，金钱甚至于成为我们这个时代的上帝②。于是，当代人为了金钱而营营碌碌，物质条件极为丰裕的代价却是生命的消弭、人际关系的冷漠、精神的空虚。经由货币而获得的自由只是徒有其表的形式自由，因为它建立在牺牲生活的基础上，当代人成为金钱的奴隶，在狂欢放纵后只剩下了深深的厌倦、无聊、烦躁不安，"腻烦态度"便是其中最突出的特征。在无节制的狂欢所导致的亢奋背后是身体和心灵的疲惫，于是，腻烦感就会出现，而一旦出现腻烦感，个体就会感受到深深的空虚和无意义感③。西美尔所提出的腻烦态度精准切中了现代人的焦虑，它既是现代文化的悲剧，也是当代人难以逃脱的悲剧命运，在思索当代人的生存处境时仍能一窥其观点的前瞻性。

---

① "大都会精神"是西美尔在《大都会与精神生活》中提出的重要概念，他认为，现代城市生活塑造了一种全新的文化，如精于算计、精准、守时、高度理性等。
② [德]西美尔：《货币哲学》，陈戎女、耿开君、文聘元译，华夏出版社2002年版，第167页。
③ 成伯清：《格奥尔格·齐美尔：现代性的诊断》，杭州大学出版社1999年版，第85—86页。

## 第一章　焦虑时代的来临

**（二）吉登斯：风险社会中的存在性焦虑**

吉登斯对存在性焦虑的论述对本书有重要的启示性价值。在吉登斯看来，焦虑即"存在性焦虑"，即人对自身生存状况中的风险所持有的意识。在此前提下，吉登斯提出了如下主要观点。

第一，存在性焦虑源于对不确定性的恐惧。正如社会学家卢曼所言，我们生活在一个除了冒险别无选择的社会。风险构成了当前社会的独特景观，我们生活在充满风险的社会当中，风险无处不在、无时不在。作为风险社会理论的代表人物，吉登斯强调风险的制度因素，把当前社会形容为"失控的世界"，今日的风险已超越了民族、国家、地域的边界，成为全球性命题。在这一背景下，人类社会的确定性开始被不确定性所取代，呈现出高风险和难以控制的特点，人类面临着前所未有的挑战，风险威胁着人类存在本身，引发人们的焦虑感。身处传统社会的人并不会对自身存在感到焦虑，因为他们所在的社会是一个以"确定性"为基础而建立的社会，人们可以轻易感知到明天即将发生的事情，所有的一切都处在掌握之中，不确定更多源于自然界。现代社会则是一个风险高发的社会，人在追求确定性的同时也制造着新的不确定性，风险在人为活动中不断被激发并扩散，最终形成了风险社会。风险就是不确定性，人们的不确定性体验直接引发了人们的焦虑感，这是现代性的必然产物。焦虑是一个现代概念，现代性带来了不确定性和风险，随之而来的则是存在性焦虑。

第二，存在性焦虑是信任的对立面。"信任的对立面是什么"，这是吉登斯在《现代性与自我认同》中重点论述的议题。在一般意义上，信任的对立面就是不信任，其对象包括人或抽象体系，但"当我们用'不信任'来指称与基本信任——对社会与物质环境建立起来的一整套关系中的关键因素——相对应的概念时，它就显得太弱了"[①]。对他人的信任是人类的心理需要，也是抵御存在性焦虑的防御机制，如果基本信任没有建立，就会导致存在性焦虑的持续。信任关系包括两种，即对人的信

---

[①] ［英］安东尼·吉登斯：《现代性的后果》，田禾译，译林出版社2000年版，第87页。

任和对抽象体系的信任,这两种信任方式在后传统社会遭遇了巨大挑战。可见,信任的缺失并不意味着不信任,而是存在性焦虑的凸显,信任的对立面就是存在性焦虑或忧虑的心理状态。

第三,存在性焦虑是本体性安全瓦解的结果。焦虑必须在与个体所发展的整体安全体系的关系中得到理解①。本体性安全是指"大多数人对其自我认同之连续性以及对他们行动的社会与物质环境之恒常性所具有的信心",它是个体抵御焦虑的稳定形式。本体性安全是一种对人和物的可靠性感受,是信任的基础,也是人在应对焦虑时的力量来源,当焦虑产生时,个体便能通过信任关系,寻找与个人和客观世界相关的自我经验。在传统社会中,传统习惯为人们的行为及生活提供了稳定的模式,使得过去的实践融入了现在的实践,也维系着过去、现在、未来的连续性,传统习惯提供了本体性安全的基本方式。但在现代社会,自然和传统走向消亡,人们的行为受到了更多不确定因素的干扰,本体性安全的根基被抽离,存在性焦虑以伤害、困惑、背叛、疑虑和敌意等形式体现。②

第四,存在性焦虑植根于儿童的早期经历。吉登斯接受了弗洛伊德焦虑理论的基本观点,强调儿童的早期焦虑经历对其成年后的影响,"焦虑的种子,植根于对与原初的看护者(常常是母亲)分离的恐惧之中"③。抚养者则针对儿童开展存在感与非存在分离训练,再通过交往达成信任关系,并帮助儿童建立初步的本体性安全。儿童投射在看护者身上的信任,是一种抵御存在焦虑的情感疫苗④,这种信任关系将直接影响儿童本体性安全的建立,也影响他的焦虑体验。

在吉登斯看来,焦虑、信任、本体性安全、风险、现代性是密切相

---

① [英]安东尼·吉登斯:《现代性与自我认同:现代晚期的自我与社会》,赵旭东、方文译,生活·读书·新知三联书店1998年版,第48页。
② [英]安东尼·吉登斯:《现代性的后果》,田禾译,译林出版社2000年版,第86页。
③ [英]安东尼·吉登斯:《现代性与自我认同:现代晚期的自我与社会》,赵旭东、方文译,生活·读书·新知三联书店1998年版,第50页。
④ [英]安东尼·吉登斯:《现代性与自我认同:现代晚期的自我与社会》,赵旭东、方文译,生活·读书·新知三联书店1998年版,第44页。

关的。焦虑从根源来看是一种现代性的后果，尽管传统社会也潜藏着焦虑的根源，但人们焦虑的来源主要是自然，涉及人的自我保全，现代社会的焦虑来源更为不确定，焦虑来源于人与自然、人与社会、人与自我的关系之中。步入后传统社会，确定性让位于不确定性，风险成为笼罩在每一个个体头顶的阴霾，传统的信任、本体性安全都受到了根本性挑战，同一的、连续的、和谐的自我逐步让位于多元的、断裂的、冲突的自我，难以名状的、持续弥散的焦虑成为现代人的共同体验，构成了一道光怪陆离、波诡云谲的后现代奇观。

（三）罗萨：社会加速所引发的生存焦虑

现代人拥有更多的物质财富，有充足的时间和能力去实现自身的自由，然而随之而来的是挥之不去的焦虑。法兰克福学派的当代代表人物罗萨就指出，"加速"已成为当代社会的一大重要特征，社会的加速变革在一定程度上是引发当代人焦虑的重要诱因。社会的加速变化是一个不争的事实，历史地看，整个人类社会的发展也不过是在近几百年才进入快速发展时期，但明确把速度视作审视社会变革的动力，无疑是罗萨的理论创新之处。在罗萨看来，社会加速从根本上改变了时空结构和生活节奏，使得人们的工作和生活都步入了快车道，但加速社会能否增添个人的福祉呢？罗萨的观点总体是悲观的，速度成为主导社会运行的基本逻辑，在此种情形下，人们原本稳固的生存体验和精神状态受到冲击，在令人眩晕的速度中，人们感受到的是前有未有的不安定感，难以找到心灵的寄托，继而在精神层面生出紧张、苦恼、焦虑等情绪。

社会加速如何引发当代人的生存焦虑？其一，信息技术。作为推动现代社会加速变革的技术力量，信息技术提升了信息生产、加工、传输的效率，使得当代人生活在一个充斥着海量信息且信息持续轰炸的时空中，人们不得不花费更多的时间去处理庞杂的信息，从而感受到前所未有的焦虑。工作场所和生活场所、工作时间和休闲时间的边界消失，这些工作任务借助信息加速挤占着人们的自由时间（甚至是睡眠时间），使得人们越来越难以自由支配时间，这样的情境无疑引发了人们的焦虑和不安。其二，城市化进程。城市化加速构建了社会加速的空间，现代城市成为一个被分割破碎的无根空间，它造成了人与自然的分离，让现代人生活在钢筋水泥的丛林中，逐步失去了亲近自然的机会，生存活动不断脱离自然节奏，进而导致精神层面的焦虑和感伤。其三，加速变动且充斥竞争的现代生活使得现代人焦虑不已。生活节奏加快表现为周遭事物的快速变幻，时尚的更新令人目不暇接、产品的更新迭代日益加速、过去熟悉的环境正在不断消亡……这些变化体现的恰恰是确定性的消解，我们看似获得了更多东西，实则失去了对自我的掌控，了解得越多却越生发出对未知的恐惧。加速社会是一个崇尚竞争的社会，任何事物都可成为竞争的对象，如社会阶层、财富、子女教育、声望等。在这种紧张的竞争氛围中，人人都害怕落后，因为"落后的结果，就是遭受蔑视，于是，在人们一生当中似乎没有什么比'落于人后'更恐怖的了。从一生下来开始，父母就开始偏执地害怕孩子'输在起跑线上'"[1]。对于长时间生活在竞争关系中的现代人来说，他们肩负着前人所未曾感受过的重压，这些过度的压力构成了他们焦虑、紧张、忧愁的来源。

此外，文学、美学、生物学等相关学科都基于其学科范式对焦虑展开了研究，取得了众多研究成果，这些已有研究构成了我们对焦虑的基本认识。

## 第二节 焦虑社会的展开形式

焦虑无疑是人为建构的产物，体现着历史、文化、经济、社会等多方面因素的共同作用，焦虑已成为当代人的共同命运。当前，相较于个体的焦虑体验，群体的、社会的、结构性的焦虑则更为凸显，这些焦虑体现在人们的日常生活之中，包括住房、教育、社保、医保、财富、就业、消费等方面。焦虑与人的生存状况相关，在生产力低下、物质条件

---

[1] ［德］哈特穆特·罗萨：《新异化的诞生：社会加速批判理论大纲》，郑作彧译，上海人民出版社2018年版，第85页。

匮乏的时代中,人们焦虑的是如何保全自身,而在生存条件大为改善的当下,焦虑作为人们反思自身生存的议题已上升到存在论的高度,是人们反思自身存在的产物。

## 一 焦虑的概念分析

焦虑是人们在日常生活中时常产生的情绪状态,每一个体都可能产生焦虑情绪,只不过焦虑的感受因人而异,其表现形式、影响程度各有不同。因此,立足于学理的逻辑推演,辨析焦虑的基本概念,有助于我们理解作为一种情绪体验的焦虑是如何演变为群体性的社会心态的。

### (一) 日常语义中的焦虑

焦虑源于不确定性,随着现代社会的快速发展,引发人们焦虑的来源增多,焦虑的传播范围也空前扩张,可以说,焦虑已构成人们现代生活的一部分。但在生活中,人们谈及焦虑时往往难以把握焦虑的本质,只能根据个人经验来作出描述性的概括,如通过担忧、紧张、烦躁、无助等词语加以描述,人们感到焦虑却难以描述为何而焦虑,这正是焦虑的特性所在。

概言之,日常语境中的焦虑至少包含三方面含义。其一,焦虑是一种消极、负面的情绪,焦虑中的人往往表现出生理和心理层面的变化,且生理和心理反应是同时存在的,如焦虑可让人坐立难安、心神不宁。其二,焦虑体验因人而异,与相关主体的个人特质相关,焦虑有着不同的侧重点,表现为不同形式。正如世上没有两片同样的树叶那样,焦虑体验有着鲜明的个体差异性,它是客观事实与主观感知共同作用的产物。其三,在日常生活中,人们对焦虑的认知是较为模糊的。作为对自身存在状况的情感性反应,焦虑往往并不会单独出现,而是往往和不安、紧张、担忧、忧虑、暴躁、恐惧等相关情绪共同存在、互相作用的,难以严格区分。焦虑与这些情绪的结合,使得焦虑在不同情境下呈现出鲜明的特点,如个体在面临危险时会感到焦虑不安,伴有强烈的恐惧感。在思索人生问题时,个体除焦虑之外,还会感受到苦闷、烦躁等情绪。

## （二）焦虑的词源探溯

英语中的焦虑为"anxiety"，源于拉丁文中的"anxietas"，即向上帝忏悔并获得原谅之后的释然。大约在1258年，英语文学中第一次出现了焦虑一词，此后该词被大量使用。现代英语中，通常将"anxiety"解释为焦急、担忧、渴望等心理感受。如《朗文当代高级英语词典》中解释了"anxiety"的三种含义：焦虑、不安、担心；使人焦虑的事情；渴望。[①] 德语中的焦虑为"angst"，亦可翻译成"恐惧""忧虑"。相较于"anxiety"，"angst"的程度更深，是一种形而上学意义上的焦虑。

在汉语中，焦虑也有着丰富的内涵。"焦"为会意字，上面是"隹"（zhuī），即短尾鸟，下面为"火"，本意为把鸟放在火上烤。《说文解字》中解释为："焦，火所伤也。从火、雥声。"[②] "虑"为形声字，《说文解字》中解释道："虑，谋思也。从思，从虍（hū），虍亦声。"[③] "虍"指"虎皮"，"虑"引申为深思、谋划，《古汉语常用字字典》中把"虑"解释为：考虑、打算；担忧。[④] 将"焦"和"虑"结合起来，便不难看出，焦虑是一种因思考而产生的如同在火上炙烤的焦灼感受。汉语中焦虑一词最早见于唐代诗人温庭筠的散文《上蒋侍郎启二首》，其中写道："劳神焦虑，消日忘年。"清代蒲松龄《聊斋志异》中的《何仙》一文中写道："我适至提学署中，见文宗公事旁午，所焦虑者殊不在文也。"

总之，在东西方语境中，焦虑一般都被视作一种不愉快的情绪体验，多与危险、不确定、破坏性等负面因素相关。相同之处在于，都采用了隐喻的方式指代焦虑的基本规定性，即它是一种负面的情绪体验。

## （三）焦虑的概念分析

在学术史上，哲学与心理学对焦虑的本质有清晰的认识。心理学将焦虑视作一种心理现象，它是每个人都会有的、会造成负面后果的情绪。

---

① 《朗文当代高级英语辞典》，外语教学与研究出版社2009年版，第74页。
② 许慎：《说文解字》，中华书局2002年版，第699页。
③ 许慎：《说文解字》，中华书局2002年版，第694页。
④ 《古汉语常用字字典》（第4版），商务印书馆2005年版，第250—251页。

《简明心理学辞典》中把焦虑解释为"一种常见的心理现象,(它是)对即将来临的、可能会出现的危险或威胁所产生的紧张、不安、忧虑等不愉快的复杂情绪状态,是一种对恐惧的恐惧,对担忧的担忧"[①]。哲学意义上的焦虑指人的一种生存方式,焦虑彰显了人的存在本身。《当代西方哲学新词典》中解释道:"焦虑,是指人的生存的基本结构及本真的生存方式。焦虑是一种彻底的、无法消除的恐惧。"[②] 综合以上分析,在此将焦虑界定为:自我对可能到来的危险或威胁所产生的紧张、不安、烦躁等综合情绪。根据以上论述,我们可以归纳出对焦虑的三点基本认识。

首先,焦虑是一种个体的消极情绪体验。影响焦虑的因素有客观和主观两方面,焦虑是一种客观因素作用于主体的特定情绪。客观因素包括社会环境、群体组织、地域空间、特定时期等外在因素,这些条件都会不同程度地影响个体对周遭事物的判断,进而影响个体的焦虑体验。主观因素则包括人格特质、知识、已有经验、身体状况等,因此焦虑体验因人而异。

其次,焦虑虽是一种内在的情绪体验,但它通常有一定的外部表现。焦虑中的个体通常有不同的反应,处于焦虑状态中的人往往有着异于寻常的表现,通常表现为生理、情绪、行为三个方面。三种反应是相互作用和相互影响的:当个体意识到自身的情绪变化时,也会不自觉地引发生理、行动方面的变化;而当他意识到身体的这些变化时,又进一步增强了焦虑的情绪体验。焦虑的外显特征为科学认识焦虑提供了可能。

最后,焦虑具有二重性,是消极与积极的并存状态,关键在于如何调适。焦虑也构成了希望的另一面,焦虑代表着人对未来的憧憬与现实生活之间的不一致,当理想与现实之间存在冲突时,焦虑也就产生了。焦虑尽管是消极的,但在某些情况下又具备生产性,它能激发人们的生命意志,使人迸发出创造活力,人们在焦虑的同时也孕育着超越焦虑的尝试,也正是在这种对抗之中,人们得以趋向于更完善的自我,在焦虑

---

① 黄希庭主编:《简明心理学词典》,安徽人民出版社2004年版,第173页。
② 程志民、江怡主编:《当代西方哲学新词典》,吉林人民出版社2003年版,第105页。

体验中不断创造美好生活。

## 二 焦虑的人性根源

分析焦虑的产生根源，便不得不回到焦虑的对象——人，从人的生存状况中我们得以明晰焦虑之于人的生存论意义。人的特殊就在于人虽来自物，却能超越于一切物之上，人是生命存在，却又超越了生命的局限[1]。人不仅能存在，更能意识到自身的存在，这是人有别于动物的根本之处。可以说，人是一种悖论式的存在，其本身就充斥着二律背反式的矛盾：人既是自然的，又是超自然的；人既是物质的，又是精神的；人既是被动的，又是主动的；人既是相对独立的，又是与他人联结的。人始终处于有限性和无限性之间，而人的需求的多样性与自身能力的有限性构成了人之存在的根本性矛盾，人正是在反思自身存在的过程中获得了焦虑体验。

### （一）人的有限性及其表现

人作为一种有限性的存在，有限性是人的一种本质规定性，是人改造客观生活世界，超越自身的基础[2]。人的有限性是指人的存在是有条件的、相对的、有限制的，人的有限性有着丰富的内涵。其一，人的生命是有限的。与世界的广袤无垠相比，人的生命只是短暂的一瞬，人从出生起不可逆地走向死亡，这是作为肉身存在的人类不可逃脱的命运，生命的消亡就意味着存在的消亡，世间万物莫不如是。人的生命也是脆弱的，帕斯卡尔对此就做出了精辟的概括——人是一根苇草，这是人之生命存在的悲剧性所在。人的生命的有限性是人之生命存在的最根本特征。其二，人的认识是有限的。与世界的无限相比，人的认识是极为有限的，人穷极一生也不过只能掌握有限的知识，再博学的人在面对广阔的世界时仍是无知的。康德在《纯粹理性批判》中提到，人的认识能力是有限的，自在之物是认识所不及的，它是不可知的。其三，人的实践

---

[1] 高清海：《人就是人》，辽宁人民出版社2001年版，第3页。
[2] 许阳：《人的有限性与无限性的哲学解读》，硕士学位论文，山东师范大学，2013年，第24页。

活动是有限的。尽管科技的进步极大地促进了生产能力的提升，人类已经达成了前所未有的成就，但人类实践活动仍然受到极大的限制，无法脱离人的认识感官和实践工具而存在。医学的进步固然可以让人类延长寿命，但人却无法让人永生，这就证实了人类实践活动的有限性。

时间和空间构成人存在的基础，这也决定了人的存在有其边界与终点。人是有限的存在，这主要体现在两个方面：人在世界之中，人在时间之中。从横向来看，人是存在于世界之中的存在者，人与世界的关系就在于自我生存于世界之中，世界通过自我得以彰显，"我—自我与世界的相互依赖，就是基本的本体论结构，它包含了其他的一切"[1]。人诞生于自然世界，且人的全部活动必须在自然世界才能进行，自然世界为人类活动划分了边界。人类通过实践活动创造了人类世界，在交往活动的基础上建立起社会群体。社会是个体克服有限性、寻求合作的结果，它是人类交往的产物，也塑造了个体的人，不同阶段的社会发展决定着人类主体间的交往、实践、生产等活动，也间接决定着人的存在方式。现实的人总是处在特定历史中的具体的社会关系之中，社会是人的存在形式，社会的条件性、相对性决定着人是一种有限的存在，正如马克斯·韦伯所说，是"悬挂在自己编织的意义之网上的动物"，终归离不开自己所处的生活世界，是生活在由人所组成的社会中的人。从纵向来看，人是时间中的存在。死亡是人不可逃脱的命运，是人所面临的非存在的最大威胁，在时间之流中的存在者不可避免地要走向死亡。死亡不仅意味着人的自然生命的终结，更斩断了人与世界的联结，让人陷入终极的非存在状态。对人而言，死亡的威胁是无时无刻不在的，死亡贯穿人的生命历程，存在于人的存在的每一瞬间。人向死而生，只是这个世界的匆匆过客，在人类历史的长河中不过是沧海一粟，死亡的到来将剥夺他所占据的时间和空间。究其一生，只有死亡能让人感受到存在的有限性，它让人感知到自我的本真存在状态。

---

[1] 刘小枫主编：《20世纪西方宗教哲学文选》（中），杨德友、董友等译，上海三联书店1991年版，第827页。

(二) 人的无限性及其表现

作为有限存在物的人,不仅能在与周遭事物接触的过程中意识到自身存在的有限性,更能向往自身存在以外的事物,发挥自身的能动性,在有限性的基础上追求无限性。追求无限是人的本能,隐藏在人对永恒、不朽、终极价值的追求之中,无限性代表人的存在拥有着无数种可能。动物只能固守既有经验和生存本能,只能自我保全而无法超越本身,而人则是具有无限可能的存在,立足于当下,向往着未来,人就是在这种充满危险和希望的永恒超越中不断超越自身,向着更高的人性攀升。

人的无限性有着丰富的内涵。首先,人是未完成的存在,他具有向不同方向发展的可能性。兰德曼将人的这种特性称作"非特定化","人的非特定化是一种不完善,可以说,自然把尚未完成的人放到世界之中;它没有对人做出最后的限定,在一定程度上给他留下了未确定性"[①]。相比动物的特定化,人的非特定化为人的发展留下了空间,从而发展了人的各种主体能力。人的这种能动性使得人不断克服自身的缺陷,在能动的实践活动中形成一种超越动物性的生存方式。其次,人是创造性的存在。人的意识不仅能反映客观世界,更能改变世界。人不仅能创造当下的事物,更能创造未存在之物。人的存在就是不断认识世界,在不断创造新事物的循环往复中,在创造性活动中,人得以创造不断丰富的人化世界。最后,人是超越性的存在。正如尼采在《查拉图斯特拉如是说》中反复强调的那样,"人是应当超越的某种东西"[②],尼采把超越性视作人的第一性:人不仅有自我保全的本能,更要向往着超人不断上升,以有限的存在去追寻人的无限性。

人之存在的无限性具体有三方面的表现。其一,人具有精神追求。人不仅能从事物质生产的实践活动,改造人的生存世界,还能追求精神世界的充盈,创造有利于自身存在的精神生活。其二,人是一种类存在。

---

[①] [德] M. 兰德曼:《哲学人类学》,阎嘉译,贵州出版集团、贵州人民出版社 2006 年版,第 192 页。

[②] [德] 尼采:《查拉图斯特拉如是说》,钱春绮译,生活·读书·新知三联书店 2014 年版,第 7 页。

在交往实践的基础上，人与人的联合构建了社会群体，使得人以类群体的形式存在。尽管个体的人的生命会走向终结，但人类的创造物却能在群体之中得到延续，人的类群体的发展是无穷尽的。其三，人是一种不断生成的存在。人不仅能意识到自身存在的有限性与所存在世界的有限性，更能从事创造性的实践活动，改造客观世界，改造自我。人在这种实践活动中不断完善自身的存在，人的本质就是在寻求超越的过程中持续生成的，这一过程就充分体现了人的存在的无限性。人在有限存在的基础上向往着永恒、不朽的理念，这是任何事物都无法阻挡的，因为人是不会满足于某种发展形态的，从这一意义来说，人的使命就是用自身的有限性去追求发展的无限性，人的存在就是有限者在无限中的超越，而在人向往无限性的过程中，焦虑就不可避免地出现了。

（三）焦虑：诞生于人之存在的有限性与无限性之间

焦虑是人存在的标志，是人存在的一种基本状态，甚至可以说"我焦虑，故我在"。人既是有限的，又是无限的，这是人之存在的固有矛盾，而焦虑的状态则鲜明地确证人的存在的这种特征，人在有所追求（无限）和主客观条件的制约（有限）中不断挣扎的表现就是焦虑。人的一切烦恼、纠结、痛苦、不幸都来自这一矛盾：人的需要的多样性与其能力的有限性之间的矛盾[①]，焦虑亦是如此，焦虑源于人的这种悖论性存在。人存在的有限性与无限性之间的矛盾的普遍性便构成了人的焦虑来源。

一方面，焦虑体现了人追求无限性的本能。当有限的个体在面对有着无限可能的未来时，或因充满希望而欢欣雀跃，或因力所不逮而惆怅忧伤，或因谋划自身的生存而焦虑不已。焦虑诞生于人们对过去、现在和未来的判断，过去是已经发生了的现在，未来是未到达的现在，而未来的境况却建立在当下行动的基础上，因此，引发人们焦虑的，正是那些在未来可能发生的、带来不好感受的事件，在这一意义上，焦虑就寄托着人们对未来的想象与担忧，在憧憬和追求某种高于自身存在之外的理想、目标、价值时，肯定焦虑就是肯定人的存在，这是人之所以为人

---

[①] 晏辉：《现代性场域下生存焦虑的生成逻辑》，《探索与争鸣》2020年第3期。

的一种秉性。另一方面,焦虑体现了人之存在的有限性。蒂里希指出:"意识中的有限性就是焦虑……作为一种存在论的性质,焦虑是同有限性一样无所不在的。"① 焦虑具有存在性意义,是人的本体性焦虑,它意味着人在面对非存在的威胁时,意识到自身存在的有限性。有限性是存在者的本质规定性,任何存在都是有限的,但只有人能意识到自我的有限性,有限性是人之存在的基础。存在的对立面是非存在,非存在威胁着人之为人的本质,它是对存在的否定、破坏,非存在的终极形态就是死亡,在人终有一死的焦虑中,死亡渗透了人之存在的全部,体现了人终将失去所占据的时间和空间的必然命运。非存在威胁着人的存在论结构,让人面临着失去自我的境地,焦虑在这一情形下得以产生,于是人不得不正视自身是有限性存在的事实。

人不仅能生存,还能追求生存的意义,在有限存在的基础上追求更高的精神追求,这是焦虑产生的人性根源。人如果没有追求和向往,就没有焦虑,因为这种人泯灭了对无限和永恒的追求,只能沦为无意义的存在,和动物一般无二;同样,如果人的追求没有主客观条件的制约,也就无所谓焦虑,因为超越现实生活之外的追求注定只能是臆想。正因为焦虑诞生于人的有限性与无限性的辩证关系中,我们才能从人性的角度把握教育与焦虑联结的可能性②。

### 三 焦虑社会的展开形式

生活在不安定的社会中已成为当代人的共同命运,焦虑弥漫在社会生活的各个角落,正如迈瑞·鲁蒂所言:"如果说有一种不好的感觉似乎抓住了我们这个时代的本质,那就是焦虑,它似乎浸透了我们呼吸的空气。"③ 焦虑

---

① [美]蒂里希:《蒂里希选集》(下),何光沪选编,上海三联书店1999年版,第1114—1115页。

② 从人性的角度来看,教育也诞生于人之存在的有限与无限的辩证关系,突出表现在教育始终把人的生命当作自己的终极关怀,承认人之存在的有限性是教育的起点,教育不但赋予人去创造和超越自身有限性的能力,也引导个体感知有限生命的意义。

③ Mari Ruti, *Penis Envy and Other Bad Feelings: The Emotional Costs of Everyday Life*, New York: Columbia University Press, 2018, p.176.

## 第一章 焦虑时代的来临

一词就足以概括当代人生活的实质,因为焦虑无处、无时不在,焦虑、恐惧、担忧始终如梦魇般困扰着现代人。如吉登斯所言,"焦虑和不安感折磨着我们的时代也包括其他的所有时代,并且我们没有理由认为更小、更传统的文化中的生活比我们今天的生活更为平稳"①。任一时代都可被称作"焦虑的时代",但只有在现代社会,焦虑的内容、形式、成因和后果才发生了根本转变,使得它成为当代人的共同命运。焦虑如何产生并成为当代社会的普遍心态,其中隐含着复杂的作用机理,焦虑的背后是不断加速的现代化进程,它深刻改变了当代人的生存境况,正是社会结构、文化、舆论环境等多方面的变化使得个体的焦虑上升成普遍性体验。

### (一)秩序的解构与重构

不论是个体的焦虑还是社会结构性的焦虑,其背后都隐藏着对秩序的感知,外部环境稳定且能被自我感知,个体就不会感到焦虑,而当原有的秩序被打破后,个体就会感受到强烈的不安。一般而言,自我总是会向往有序的生活方式,因为秩序就意味着安全、可控,秩序就是确定性的代名词,而秩序的解构则意味着确定性的消解。制度就是秩序的集中呈现,人们创造制度的初衷便是获得确定性的秩序,但制度也无法应对越来越复杂的社会,也可能成为不确定性的来源。制度作为应对不确定性的体系化措施,决定了由制度所引发的不确定性也是空前的,往往会带来社会的根本性变革,这种变革的阶段也就是焦虑的展开阶段。

某种程度上,现代化开端于人类对掌控自身命运的追求,而要实现这一目的,就必须把人从传统的秩序中解放出来。自古以来,这种秩序是如此稳固地运行着,以至于现在成为过去的复制,而且人们都认为这些秩序是理所当然的,因为它们都已嵌入日常生活之中了。生活在前现代社会的人并不会像现代人那般感受到如此多样的焦虑,因为他的生命历程都在延续着既定的轨迹,如"前喻文化"所揭示的那样,前人的过

---

① [英]安东尼·吉登斯:《现代性与自我认同:现代晚期的自我与社会》,赵旭东、方文译,生活·读书·新知三联书店1998年版,第35页。

去就是自己的未来，宗教、传统为人们了提供统一的、终极性的观念，从而为化解生存焦虑提供了确定性的感知。启蒙运动推崇的科学、理性推动了确定性的解构与重构。以"我思故我在"为标志的理性主义掀起了怀疑的浪潮，在理性主义者看来，理性是认识事物的根本依据，正如狄德罗所主张的那样，一切事物都必须接受人类理性的审判。反之，被理性所检验而没有引起怀疑的东西就是不真实的。在人类认识能力增强的同时，那些原本被看作理所当然的事物展露出可疑的一面，建立在经验之上的传统秩序也随之走向解构。诚然，传统秩序的解构为个体带来了前所未有的自由，却也把个体抛掷在悬浮无根的世界中，传统秩序所许诺的确定性也遭受着挑战。在前现代社会，不论是西方的宗教还是中国的儒家纲常伦理，都曾建立过一套完整的学说来确立社会秩序的合法性，也为人的存在提供了价值意义，但随着科学和理性的崛起，这些秩序很快让位于科学构建的新秩序。在理性的推动下，人类进入了一个被祛魅的世界，一个越来越可知的世界，一个被科学和理性主宰的世界，一个充满着无限可能、变革永不停歇的全新世界。在这个充满变数的社会中，过去不再照耀未来，而未来日益有别于过去。原有的经验在快速变化的时代中失去了指向未来的意义，而未来在具备更多可能性的同时，也越来越难以捉摸。人们在为自由而欢欣雀跃时，也不免产生对未来的担忧，害怕未知的风险会带来不利的后果。

现代性从一开始就内含秩序化的冲动和目标[1]。在打破旧秩序的同时，人们也致力于建立新秩序。人们笃信，理性，也只有理性，才能指导人们发现世界的普遍真理，建立秩序化的世界，它要求内部领域的整齐划一和外部边界的清晰明了。"现代性在这种秩序的征兆中诞生——秩序在这里被视为一项任务，一种同理性设计、紧密监视和首先是严格管理有关的事物……现代性力图消除偶然事件和随机事件。"[2] 简言之，就是要用理性为世界立法，通过建立普遍性秩序来消除人类社会的不确定

---

[1] 徐先艳：《现代性的后果：空间重组与他者》，《当代中国价值观研究》2017年第6期。
[2] ［英］齐格蒙特·鲍曼：《被围困的社会》，郇建立译，江苏人民出版社2005年版，第6—7页。

性，这实质上是一种二元论思维。但这一构想并不总是如期实现，相反，理性却可能走向僭妄，当人们用理性来驱逐上帝的同时，却又把理性当作新的崇拜偶像。人取代自然成为不确定性的源头，那些人为建构的普遍秩序在消除部分不确定性的同时，也制造着新的不确定性和风险。"我们必须经常建构潜在的未来，但我们知道这种建构实际上可能妨碍这些未来的出现。新的不可预测领域的出现往往是由企图控制这些领域的努力所造成的。"① 尽管人们有着前所未有的选择的自由，可以选择如何去建构潜在的未来，但秩序的不断解构和重构打破了人们的内心平衡，过去不再可信，现在变动不居，未来难以预料，使得每次选择都必须战战兢兢。在这种变动中，每个人都像电影《海上钢琴师》中不愿踏上陆地的1900那般，在面对未知世界的无限可能时却无所适从，陷入了对秩序与价值的焦虑之中。

（二）欲望裹挟下的竞争

启蒙运动主张人应当充分运用自己的理智，这一理念鼓舞着人们冲破传统秩序对人的束缚，成为自身命运的主宰者。同时期生产力的发展则让人们产生了极度的乐观，人们坚信，生活总会朝着美好的方向前进，未来有无限的可能性。正如罗洛·梅所判断的那般，焦虑总是与发展相关联的，可能性（"我能够"）也许会过渡成为事实，但过程中的决定因素却是焦虑。② 这种可能性实际上就是对价值的欲求。现代社会鼓励人的自我实现，也无形中把欲望合理化为个人的积极自由。时至今日，人们不再压抑自身的欲望，而是坦然表达自身的欲求，尤其是对物质财富的追求，社会领域的功利主义思想就是个人欲望不断膨胀的后果。

在社会变革过程中，个人的欲望在对比的过程中不断被激化。生活在社会中的个体需要通过比较来明确自身所处的位置，从而决定开展何种行动。在等级森严、流动性较弱的前现代社会，个体的对比范围大多来自身边的群体，而在主张平等、流动性强的现代社会，对比的范围大

---

① ［德］乌尔里希·贝克、［英］安东尼·吉登斯、［英］斯科特·拉什：《自反性现代化——现代社会秩序中的政治、传统与美学》，赵文书译，商务印书馆2001年版，第2页。
② ［美］罗洛·梅：《焦虑的意义》，朱侃如译，广西师范大学出版社2010年版，第35页。

为扩张，跨越地区、阶层、民族的人都可成为参照的对象。随着人们社会交往范围的扩大，人们不断与陌生人相遇，可对比的对象越来越多，舍勒就曾指出："我们一直在将自我价值或我们的某一特性与别人身上的价值加以比较，每个人都在攀比。"[1] 现代媒介的发展加剧了这一倾向，它为个体展示出纷繁多样的生活方式，使得个体被淹没在各种各样的诱惑之中。总之，对比很重要，但从对比得出的认识更重要，因为它决定了个体在对比中的直观体验。正是如此，人们才会在对比中意识到与他人的差距，感觉到欲望的不满足，进而产生相对剥夺感。现代生活就是一种不断攀比的生活方式，人们不断与周围的人们比较，认为自己也可以拥有他人所拥有的事物，而不会考虑自己是否需要，只要人们不断接触新的诱惑，他们的欲望就不会停止，而在欲望得不到满足的情况下，人们就会产生焦虑感。

在扩大对比范围和制造欲望的同时，现代社会也鼓励个体用竞争的形式来实现欲求。竞争早已被制度化，成为现代社会的运行规则之一，每个人都不由自主地被卷入其中。"赢在起跑线"这一流行语就反映出人们对竞争的追捧，它也寄托着人们对竞争的期待，即跑得要早、跑得要快、跑得要远。竞争开端于起跑线，意味着社会不仅鼓励人们通过竞争的方式来实现欲求，也要求人们尽快实现成功，机不可失，失不复得。竞争已普遍存在于社会领域，为生存的竞争早已让位于对认同的竞争，现代生活中的任一主题都可被用来竞争，其中，对优质教育资源的竞争无疑占据人们生活的核心，其原因就在于教育是相对稀缺的发展型资源，既是个体生存和发展的必要支持资源，也是家庭获得优势社会地位的重要支持资源，教育承载着人们核心的内在价值体系。但竞争是残酷的，竞争意味着差异和比较，有人获胜就会有人失败，竞争使得群体分化为"敌—我"二元的原子式个体，自我陷入他者的包围之中，彼此缺乏信任。这种高强度的竞争使得人们感受到空前的压抑和焦虑，竞争不仅是

---

[1] ［德］马克斯·舍勒：《价值的颠覆》，罗悌伦、林克、曹卫东译，生活·读书·新知三联书店1997年版，第17页。

获得某种现实利益的手段，更成为获得他人认可的方式，人们为了竞争而竞争，却失去了对自我的体认。在这一情形下，人们的心态是纠结的：既希望用所谓科学高效的方式赢得竞争，实现自身的欲望，却又害怕未来的不确定性。欲望给人的满足只是一时的，只有不断地实现欲望才可以赢得认同，欲望没有终点，把对未来生活的希望寄托于竞争的人们只会消耗自我。同时，被欲望裹挟的人们也在追逐未来的同时失去了对当下的感知。在过去，人们可以立足于现在去憧憬、期待未来，但现在，竞争成为创造未来、实现欲望的工具，甚至在对未来的期待中就暗含着对现在的否定。在这种失序的时间结构中，竞争被异化了，人们投入无休止的竞争中，为了追赶遥不可及的目标而不断付出，结果便是经由竞争实现的欲望越多，幸福感越低，就越需要通过竞争来实现欲望，从而陷入"竞争—实现欲望—竞争"的恶性循环之中，欲望与竞争之间的张力，正是滋生焦虑的空间。

（三）失去控制的无力感

现代社会在催生着人的欲望、让人对未来充满期待的同时，也让个体时刻处在由不确定性所造成的无力感之中。随着现代性从固体阶段向液体阶段过渡，原本限制个人选择的结构迅速瓦解，每个人都成为可以自由选择、掌控自我命运、能够实现欲望的个体，同时期不断更新的科技、繁荣的商业、专业的知识等无不增强了人们对生活的掌控，让未来呈现出明确的轮廓。但是，人类活动本身就蕴含着不确定性，正如乌尔里希·贝克所指出的，"我们越想拓殖未来，我们就越有可能触发意想不到的事情"。[1] 不断生产、更新的知识在消除不确定性的同时也制造着新的不确定性，而不确定性正是人们失控感的来源，当个体面对日益庞大的社会时就会产生深深的无力感。辩证地看，不确定性正是现代性的核心特征之一，它既是风险也是机遇，暗含着人们对未来的憧憬与担忧。不论人们如何努力去规避未来可能的风险，都不可避免地被无法控制的

---

[1] ［德］乌尔里希·贝克：《风险社会政治学》，刘宁宁、沈天霄编译，《马克思主义与现实》2005年第3期。

力量所裹挟，人们越是想控制一切，就越可能遭受失败。身处不确定的社会中，人往往在试图控制一切和失控之间摇摆，这一基本事实决定了焦虑是难以避免的。

面对焦虑对自身的威胁，人们也会尝试采取行动加以反抗，从而强化控制感，主要可分为向外控制和向内控制两种路径。古代社会中的人们依靠伦理、宗教、巫术等方式来缓解焦虑，现代社会也为个体对抗焦虑提供了现成方案，如通过美容来缓解容貌焦虑，通过给孩子选择课外辅导班来缓解教育焦虑，通过加大教育投入来缓解阶层焦虑等，不论其实质作用如何，这些方式都寄托着人们借助外力来重拾控制感和获得心理安慰的期待。事实上，这些市场主体的大量出现正是源于当代人的焦虑，当他们打着缓解焦虑的幌子推销其产品时，也在不断制造和贩卖焦虑。一个神话破灭的同时是无数个神话的产生，当人们通过消费获得短暂的喘息时，却不得不面对更多的焦虑，这些焦虑甚至会撼动个体存在的意义根基。通过为子女购买教育服务能让家长获得暂时的满足，但要背负的经济负担，使整个家庭的生活质量都有可能受到影响。在向外寻求无果的情况下，个体不得不向内寻求，通过控制自我来缓解焦虑。在一个不断制造欲望和焦虑的社会中，通过"躺平""佛系"等消极退让的方式或许不失为一种选择。尽管这一做法本质上仍是弗洛姆所指的消极自由，但它也传达出个体的不配合、不顺从的意愿，是个体既无法适应现有规则却又无力改变，因此不得不逃离的无奈之举。消极退让的方式并不能让人获得真正的平和，它所压抑的欲望仍会在外界的刺激下重新被激发和释放，学生和教师尽管会用"摆烂"来调侃，但却不会真正放弃，放弃的代价是被边缘化乃至被淘汰，消极退让只是手段而非目的。正因如此，社会性的焦虑并不会因为少数人的退出而得到根本缓解，除非系统性的社会变革出现。

不论是从外部控制世界还是从内部控制内心，对抗焦虑的方式都难以真正奏效，甚至制造、强化了焦虑，可以说，焦虑始终是一种人造物，人类自身是引发焦虑的来源，它是一种现代性的后果，也与人们的反思有关。焦虑往往有着复杂的作用机制，不同形式的焦虑也往往交织在一起，一种焦虑的背后往往是多种焦虑的共同强化，因此，焦虑已嵌入社会结构并成为当代人生活方式的一部分，焦虑构成了当代社会的独特景观。正如阿兰·德波顿所言，我们所期待的远超出我们祖先们的想象，但我们付出的代价则是永远都挥之不去的焦虑——我们永远都不能安于现状，永远都有尚未企及的梦想[1]。

### 四 现代人生存焦虑的表征

生存焦虑是人作为此在的必然遭遇，它源于人的有限性存在的事实，但在不同的社会文化环境中，在不同历史时期都有着不同的表现形式。从原始社会对于自我保全、生存繁衍的渴望，再到社会形成后的自我认同、自我发展的诉求，乃至在现代社会日益凸显的对生存意义的追问，都表明人的生存焦虑在不断演变乃至贯穿于人类社会的全部阶段。时至今日，生存焦虑已经无时无处不在，它既是现代性的后果，也是现代性本身。生存焦虑已经冲破了个人和群体的边界，甚至具备"类"的意义，成为当代人共同面对的现代性体验。我们可以从时空分离、自我认同、存在意义三个方面来理解现代社会人的生存焦虑。

时空关系是吉登斯分析社会形成的重要概念。传统社会里的时间和空间是同时存在的，人的行动是在场的，交往则是直接的。随着近代以来钟表的发明，标准化、虚拟化的时间造成了空间的虚化，空间逐步与地点分离，成为依靠象征制度而存在的抽象空间。时空分离是现代性的重要动力，它使得脱域的制度延展到更广阔的时空之中，构筑了现代性的各项制度（民族国家、社会等），正如吉登斯所言，"任何驾驭现代性经验的企图，都必须从这个最终发源于时间—空间的辩证法的观点出发"[2]。时空分离赋予当代人更多的自由，也使人的行动得以突破时空限制，但这种自由的背后却是人日益增强的不安定性和持续加剧的生存焦虑。原本相对完整的时间被各种精巧的制度、飘忽不定的场所分割成碎

---

[1] ［英］阿兰·德波顿：《身份的焦虑》，陈广兴、南治国译，上海译文出版社2009年版，第58页。

[2] ［英］安东尼·吉登斯：《现代性的后果》，田禾译，译林出版社2000年版，第123页。

片，人们往往陷于各种琐事之中，感觉时间总是不够用，没办法专注于某项事务之中，尽管疲于奔命却感觉一无所获。同时，未来对于现在的时间殖民加剧了时间危机感①。为了防范在未来出现的风险，人们倾向于将这种担忧转移到当下，用压缩、折叠的时间来取代自然绵延的时间，造成了当下的时间紧张。时空分离带来了个体时空经历的断裂，造成了人的自我认同危机。在现代性的背景下，一种漂泊不定、无根基的生活方式取代了传统社会"民至老死不相往来"的生活方式，人不得不面临无家的状态，成为被抛置于世界中的存在。个人的完整经历被不可预料的偶发性事件所中断，当这种变化的强度足够大时，个人的自我身份就不断经历着被解构、重组的命运。同一性角色在流动中逐步走向消解，难以在群体中形成归属感。

　　蒂里希指出，在当代社会，人们主要面临着空虚和无意义的焦虑，这种焦虑是对存在价值丧失的焦虑。在近代以来的理性化进程中，身处科学和理性的统治下的人，其生存状况也悄然发生着转变，当代人正处于"存在的孤立"的境况之中，更多体现为精神上的孤立：人不仅是肉体和精神上的孤独者，更是群体乃至世界中的孤独者。当代人既无法承受"生命之重"，也无法承受"生命之轻"，日常用语中的"烦""丧""无聊"等词汇都流露出人的无意义感。在祛魅之后充满风险的不安定世界中人应当如何存在，这种本体性的追问在现代社会重新成为问题，但答案却注定是属于个人自己的，也只有个人的行为才能赋予自身意义。现代社会把人生的选择权交给了个人，在赋予人高度自由的同时，也无形中把人推向了虚无主义的深渊：人一旦在生存中被孤立和边缘化，就有可能选择逃避乃至放弃自我的责任，结果便是人的存在意义之源的枯竭。

## 第三节　焦虑时代的教育

　　顾名思义，教育焦虑就是发生在教育场域或者与教育发生关联的焦

---

① 沈湘平：《现代人的生存焦虑》，《山东科技大学学报》（社会科学版）2005年第3期。

虑现象。但在明晰教育与焦虑关系的基础上，我们才得以明确教育焦虑之所以存在的理据。焦虑时代的教育就是一种与焦虑共存的教育，时刻关注人的生存处境，并以提升人的生存品质为目标的教育。从教育的主体——人出发，并从人成长为人的角度来审视教育焦虑的实质，我们得以明晰教育焦虑的产生前提，辨析它的存在合理性。

## 一　指向人之存在的焦虑与教育

焦虑是人特有的存在方式，它普遍存在于人的现实生活中，在现代社会，教育是人的重要生活场景乃至基本的生活空间，因此，教育场域不可避免地存在焦虑。为了便于研究，更为了本书所论述的问题具有明确的集中性和指向性，笔者将这种类型的焦虑定义为"教育焦虑"。只有人才能接受教育，只有人才会有焦虑，焦虑和教育都指向人的存在本身。把握人、教育、焦虑之间的内在联结，对于我们理解教育和焦虑的关系具有基础性作用。

### （一）焦虑和教育都是人的特殊存在方式

只有人才会有焦虑，焦虑是人特有的心理（精神）活动。心理学实验证实，动物在威胁情境下的"类焦虑反应"表明动物也有着一定的原始情绪，但动物的焦虑反应仅仅是出于本能的条件反射，这种条件反射构成了人类焦虑的前身，人在这种反应的基础上融入了自我反思，从而形成了更高阶的情绪——焦虑。动物存在而不自知，而人则能意识到自身的存在，这决定了动物意识不到自己的类焦虑反应，人则不同，人的焦虑情绪具有反思性的特征。只有人才会反思，只有人才会反思自身的存在，人就是不断反思自身存在的存在物。"人是存在与非存在的奇怪混合物，他的位置是在这对立的两极之间"[1]，焦虑正是人反思自我存在的必然结果。越是有精神追求的人越容易产生焦虑，焦虑在一定程度上代表着人对自我认识的程度。

康德说，教育使人成为人。只有人才需要教育，我们可以从两方面

---

[1] ［德］恩斯特·卡西尔：《人论》，甘阳译，上海译文出版社1985年版，第17页。

理解。其一，只有人才需要教育，这是由人的社会化生存所决定的。人类要想生存下去，不仅需要各种物质财富，更离不开一代代人积累下来的经验、知识、技能、文化、社会规则等创造物。教育是人类社会特有的一种自觉地、有目的地促进人的发展的活动[1]，不论是人的再生产还是社会的再生产，都离不开教育手段，教育使人类的精神文明能代代相承，绵延不断。没有教育，我们的社会就难以达到如此高的发展水平，社会的飞速发展又对教育提出了更高的要求。但同时，人又是不完善的，只有通过教育才能让人走向完满。其二，只有人才能进行教育，也只有人才能被教育。康德指出："人只有通过教育才能成为人，人是教育的产物"[2]，完整的人必然是接受过教育的人。赫尔巴特则提出"教育学以人的可塑性为前提"，这种可塑性就代表着人身上有着无数种发展的可能，但人的发展并不是自发的，而是需要在外力作用（尤其是教育）才能完成的，教育使人脱离蒙昧状态并进入意识清明的境地，使人成为有别于生物实体的社会实体。教育是有意识、有目的地引导人向着一定方向发展的活动，教育使人成为人，始终把人放在核心地位，真正的教育是从人和社会的需要出发，既赋予人从事社会生活的能力，也提升人的精神发展的水平，使人性在合乎自然规律和社会规律的总体框架下，不断向更高层次和更加完满的程度攀升[3]。

教育的核心问题是人的问题，人的问题的核心是生活意义的问题。教育对人生的关照首先是对生活意义的关照，教育必须开启人生意义的大门[4]。在现代社会，人基本上是通过教育来达成自己所追求的目标，或者更有利于自身的目的，教育对于个体的意义已不局限于增长知识、习得技能，教育也不仅仅是帮助个人谋生的手段，更是完整人生的一部分，尤其是在全民教育的当下，接受良好的教育、获得较为理想的发展

---

[1] 王道俊、郭文安主编：《教育学》（第七版），人民教育出版社2016年版，第15页。
[2] ［德］伊曼努尔·康德：《论教育学》，赵鹏、何兆武译，上海世纪出版集团、上海人民出版社2005年版，第5页。
[3] 王坤庆：《精神与教育——一种教育哲学视角的当代教育反思与建构》，上海教育出版社2002年版，第3页。
[4] 刘铁芳：《走向生活的教育哲学》，湖南师范大学出版社2005年版，第78页。

境界甚至成为现代人的基本追求。教育已经成为人生不可或缺的重要议题，成为现代社会中每一个体都可能涉及的议题，可以说，教育是人成为人的必要途径。然而，教育的筛选功能也会导致人产生焦虑[①]。因此，焦虑和教育的对象都是人，都是人的存在形式，人在焦虑中成长，也在教育中成长，教育和焦虑都是人成其所是的方式，在教育活动中的人也就必然会感知到焦虑。

（二）焦虑和教育都是人走向自我完善的方式

焦虑和教育指向人的整全发展，都是人走向自我完善的方式，二者有着相同的功能。人的发展就是人从出生到死亡期间生理和精神的有规律发展，人的发展就是人从不完善到完善的持续进步过程。人的发展就是人的个性、全面、自由的发展，是无止境的，我们可以从社会性发展和个性发展两方面来把握人的发展的实质。人的个性化发展与社会性发展是并行不悖的，二者是个性与共性、特殊与一般的差别：人的社会性要以人的个性化为前提，人的个性化又要遵循一定的社会性，人的发展既是社会化程度不断提升的过程，也是个性化不断丰富的过程，其中，教育和焦虑都是必不可少的手段。

教育促进人的社会化。人的本质是社会关系的总和，但人的社会性并非与生俱来的，而是后天习得的，人的社会化是教育的产物。所谓社会化，就是人学习和掌握特定的社会文化，从自然人转化为社会人的过程。具体而言，教育促进人的社会化体现在三个方面：个体观念的社会化、个体智力与能力的社会化、个体职业和身份的社会化。[②] 焦虑同样可以促进人的社会化。焦虑意味着威胁，它向个体传递危险的信号，从而让个体规避潜在的危险并寻求应对之法。而随着社会的发展，个体面临的不确定性日益增强，威胁的形式和程度都有了很大转变，焦虑成为个人应对威胁时的反应，它激发个人的行为动机，并改变自身态度和行

---

[①] 教育当然有着多种功能，筛选只是其中一种功能，但却是教育最重要的功能之一。在现代社会，一个人从事何种工作，很大程度上取决于所学专业和学历，这一过程离不开教育的重要作用。现代教育的层层筛选使人朝向不同的轨迹，由此形成了人的社会分层。

[②] 张淑清：《教育基本理论》，中国社会出版社2008年版，第32—34页。

为以应对威胁。由于人总是生活在社会之中，无处不在的威胁推动着个人寻求合作，这种联结使得人超越了个体的局限，社会成为了超越个体焦虑的方式。在这种焦虑体验中，人的社会性就得到充分的发展。

个性发展是指人的品质不断丰富、完善的过程，教育以人的个性化发展为目标，促进人的个性全面和谐的发展。人的个性化发展建立在生物、社会、精神本质的基础上，教育使人独立于外在物，成为具有个性的人。同理，焦虑是使人的个性完整的方式。焦虑威胁着人存在的意义，是对人的可能性的否定。严重的焦虑会威胁个体的人格，让人陷入自我的冲突之中。人们逃避焦虑的后果可能是失去自我，导致个性的贫乏、思维能力的减弱、自主能力的退化等，进而削弱个体与社会联结的能力，任何逃避焦虑的方式都会成为个体人格发展的阻碍。克尔凯郭尔指出，焦虑是人性完满的体现，它对人而言有着特定的教育功能，焦虑直指人的内心世界，让人更清醒地认识自我。克尔凯郭尔坚信，尽管焦虑给人带来不适，但它决不是痛苦，它是人的精神的体现，焦虑越多，人的个性越强大。只有确立应对焦虑的勇气，寻求超越焦虑的办法，个体才能把焦虑转化为人格发展的动力。换言之，焦虑是个体追寻个性化发展的动力，焦虑中就蕴含着发展的可能。

人的发展意味着人有朝着不同方向发展的可能，这种可能性与人的选择有关，而人在选择面前就会产生焦虑，焦虑就是人追求发展时的必然经历，因此，教育活动必然伴有焦虑，焦虑就是教育的一种本质属性。

## 二　教育：克服并超越生存焦虑的方式

从焦虑的人性基础来看，焦虑是人从不完善走向完善、从不成熟走向成熟过程中的必然体验，焦虑把人的真实自我暴露出来，让人感到不快的同时也获得了发展的动力。在人的存在的基础上，教育与焦虑形成了高度的关联，教育就是人克服并超越生存焦虑的方式，它赋予了人自我超越、自我实现的可能。

（一）教育引导人超越生存焦虑的必要性

尽管焦虑是人与生俱来的情绪，焦虑本身就包含着人的因素，它包括焦虑的来源以及人们对焦虑的感知。人们对焦虑的认识决定了应对焦虑的方式，而这种能力是后天形成的，教育的作用尤为重要。罗洛·梅指出，人们应对焦虑的方式包含两个阶段：察觉扩张和重新教育。在察觉扩张阶段，我们应当明确威胁的来源，以及受到威胁的价值，并察觉到自我与目标之间的冲突以及冲突的演化过程。在重新教育阶段，自我应当对目标作出明确的规划，并结合自身作出一定的价值选择，进而达成该目标。尽管罗洛·梅所指的"重新教育"是指所有人类意识活动总和的教育，但显然他看到了通过教育方式来引导人超越生存焦虑的必要性。逃避、转移、试图消除生存焦虑的方式都是不可取的，人的存在焦虑是本体性的，否定它就是否定人的存在本身，因此蒂里希才主张以"存在的勇气"为武器来对抗焦虑，鼓励人正视并超越焦虑，这就包含通过人为干预（即广义的教育）来超越生存焦虑的预设。从这一角度来看，教育是人超越生存焦虑的必要方式。

教育为人类超越生存焦虑提供了内在动力。借助教育，人类的身体和精神得到充分发展，在社会文化的涵养中不断超越自身的有限性，拓宽自身发展的可能性。人的焦虑体验中也蕴含着发展的契机，焦虑与自由、价值、选择、责任等人生主题息息相关，这是生存焦虑中的教育时机，如果引导得当，焦虑反倒能成为人的成长动力。人的生存总是建立在特定价值和意义的基础上，而焦虑则威胁到人作为存在者的价值本身，教育则为价值和意义的恢复与重建提供了方向和动力来源。只有在一定价值的指引下，人的生存才是有意义的，而人在有限的生命存在中实现了最大的价值和意义，才能让生命的意义得到升华，人才能触及自身存在的极限。但人的价值并非与生俱来的，而是教育的结果，只有教育才能引导人形成一定价值以及实现自身的价值。从这一意义来看，超越人的生存焦虑离不开教育的参与。

从个体生命历程来看，人在童年时期的焦虑体验对于成年后应对焦虑的方式有着基础性作用。弗洛伊德的研究指出，婴儿出生时与母体的分离是最重要的焦虑体验，它构成了个体成年后焦虑体验的来源。焦虑是危险到来的信号，为防止可能到来的伤害，成年人必须引导儿童确立初步的焦虑概念,在焦虑中学会自我保护,"由于我们不能让他在痛苦的经验中学习,所以要使他引起真实的焦虑,便不得不经由训练来教育"①。教育是引发儿童焦虑并促使其规避危险的手段,它也有助于引导儿童正视焦虑,防止真实的焦虑转变为神经性焦虑。同时,儿童时期的特殊性决定了以教育手段来超越生存焦虑的必要性和紧迫性。儿童的脆弱性、可塑性决定了他们更容易遭受焦虑的负面影响,与成人相比,情绪对尚未成熟的儿童影响更大②,因此,儿童成长的教育环境就有着特定的作用。儿童只有在充满安全、爱、和谐的教育场域中,才能与外部世界、与他人之间形成健康、有爱的关系,才能为成长过程中应对乃至超越焦虑奠定必要的勇气、信心及能力。从这一角度来看,教育(尤其是早期教育)活动对于人类超越生存焦虑起着基础性的心理建设作用。

(二)教育引导人超越生存焦虑的可能性

教育是人类超越生存焦虑的方式,但它是何以可能的,这取决于教育活动的意向性。教育对人的影响有独特的规律,它使人在充分肯定自我的基础上坚定存在的勇气,进而掌握超越生存焦虑的各项能力。对此,我们可以从宏观层面和具体层面来理解教育的这种功能。

从宏观层面来看,教育具有文化传承的作用,让人克服生存焦虑的负面作用。其一,教育使已消除的生存焦虑成为记忆延续下去。时至今日,原始时期人类对于生命延续的焦虑早已被消除,随着科学技术进步以及医疗卫生条件、生活环境的改善,人的自然生命被大大延长,人们更加关注生命质量,追求身心和谐健康。教育让人学会如何确立危机意识、学会与危险共存,学会在历史中形成的各种关于焦虑的经验和知识,当面对生命威胁时人们就能唤醒身体机能,从容面对生存焦虑。其二,教育使人辩证地看待生存焦虑的功能,掌握焦虑管理的能力。焦虑是本体性的,但应对焦虑的方式却是习得的,焦虑是可以被管理和控制的,教育则为人的焦虑

---

① [奥]弗洛伊德:《精神分析学引论·新论》,罗生译,百花洲文艺出版社1996年版,第366页。

② [德]O·F·博尔诺夫:《教育人类学》,李其龙等译,华东师范大学出版社1999年版,第44页。

管理提供了必要的训练。通过教育，人得以深入人性探索，加深对世界、对他人、对自我的认识，认识焦虑与自身存在的关系，并主动作出行为选择。其三，教育不仅能帮助人应对当下的生存焦虑，更能让人意识到可能出现的焦虑。焦虑意味着不确定的风险，人一旦确立了风险意识，就能在面对将要转化为危险的威胁时从容不迫，这离不开教育的作用，教育使人预测到未来的焦虑，进而促使人改变当下的行为。

从具体层面来看，教育促使人增强应对焦虑的能力。一方面，教育促使人在焦虑体验中提高对自我的认识。焦虑是一种负面的情绪，它威胁着人的存在所必需的价值，但它从反面也促使人不断完善自我的人性。不焦虑的人是不完整的，但只有教育才能促使人从容应对焦虑，因此，教育有助于人提高对焦虑的对象、功能、影响等方面的认识，在反思中发现真实的自我。人与动物的区别就在于人能对情绪作出反思，在反思中人得以认识焦虑的发生规律，从而恰如其分地把握焦虑的尺度；另一方面，教育有助于实现人与人的联结，使人在群体中超越生存焦虑。人并非孤立的存在，他总是存在于世界之中，需要在社会中生存。教育使人认识到群体和社会的重要性，克服个体的有限性，在共同生活中寻找超越生存焦虑的方法。

总之，焦虑与教育活动如影随形，教育活动中的人不可避免地会焦虑，这是与人的存在本身密不可分的。但教育活动又为人超越焦虑提供了机会，教育使人掌握智慧，引导人们不断思索自身的存在，不断超越自身的极限并追求更高的发展境界，在发现、肯定自我的同时，以存在的勇气去抗拒虚无感、无意义感的侵扰，这些方式尽管看似抽象，但却是长效且根本的。引导人在与焦虑共存的基础上超越焦虑的教育，才能让人真正成为完整的人、有尊严的人。

### 三 教育焦虑的概念

顾名思义，教育焦虑就是对教育活动的焦虑，教育作为一种人类活动是无法产生焦虑情绪的，焦虑只能是人的焦虑，教育焦虑就是人在教育参与中的一种情绪体验。从概念来看，教育焦虑由"教育"和"焦虑"合成而来，是焦虑在教育领域的特殊形态①，人一旦离开了教育活动，也就无所谓教育焦虑了。教育焦虑不同于一般意义上的焦虑，它的特殊性源自教育活动的特殊性，教育活动有目的、有意识地以人的发展为中心，因此教育焦虑既有作为一般意义的人的焦虑，也有教育活动的特性，它源于教育作为一项培养人的活动的不确定性。总之，教育焦虑就是人在教育活动中，由教育活动的不确定性所引发的对于未来的担忧、不安、紧张等体验。

（一）教育焦虑是教育活动中的人的焦虑

焦虑是人的焦虑，教育焦虑是教育中的人的一种存在方式。我们可以从教育中的人的存在形态来理解教育焦虑的内涵。存在主义哲学中的自由、选择、责任为我们理解教育焦虑的实质提供了一条思路。正如萨特所言，人是命定自由的，自由就是人的存在本身。教育中的人亦是如此，教育中的人是受到意识指引而不断丰富和完善的，其前提就是尊重人的自由②，人就是在这种高度自由的状态下进入了教育活动之中，生活在自由之中其实就是能够处于一个不断创造自我的过程之中③。教育引导人充分发展自身的能力并趋于完善，但它仅仅代表着一种方向和可能，其结果取决于教育参与者的行为选择，而这些选择又通向不同的轨迹，每作出一种选择都是对人生来自由的呼应。例如，家长送孩子去上补习班、学才艺、参加素质拓展活动等，其背后都遵循某种意图，但这种选择却又是有限的，在多种选择之间必须作出权衡与取舍，这便是自由的代价。自由越多，选择越多，类似的选择贯穿教育活动的始终，人们面临应接不暇的选择时，就不得不重新审视自由之于个体的意义，教育焦虑正是来自人是自由的这一事实。

选择意味着对确定性的追求，但这些选择是否增加了人们的确定性？答案是否定的，因为选择在产生确定性的同时也会制造不确定性。我们知道，教育使得人不断超越自身的局限，实现身体和心灵的确定性发展，

---

① 滕洋、刘艳妹：《家长教育焦虑：表征、成因与化解》，《浙江教育科学》2019年第6期。
② 石中英：《教育哲学导论》，北京师范大学出版社2004年版，第85页。
③ 金生鈜：《规训与教化》，教育科学出版社2004年版，第167页。

但教育本身就是不确定的,这由人的未完成性所决定:教育的起点是不确定的,有教无类就揭示了人人都可以被教育的原理,但每个人都是独一无二的个体,个体的天性禀赋各有不同;教育的过程是不确定的,正如博尔诺夫所言,人的发展具有延续性和非延续性之分,这决定了必须开展延续性教育和非延续性教育,也决定了教育活动是不确定的;教育的结果是不确定的,一方面,所谓人性完满是相对的,并不存在绝对的完满;另一方面,人在教育中可能获得成功,也可能失败,只有自我才能决定受教育后果。正因为教育充斥着不确定性,人们才会对教育许诺的确定性未来产生无限的担忧,而这种对不确定性的担忧就是教育焦虑。就教育焦虑而言,它与人在自由状态下的教育选择相关,这种选择呼唤着人对自身负责。"对于我们的人生,我们必须自己向自己负起责任,因此,我们也要充当这个人生的真正舵手,不让我们的生存等同于一个盲目的偶然"[1],尼采始终强调人对自己负责的重要性,唯有对自己负责,人才能真正成就自己而不是为外在力量所宰制的虚假自我。具备对自己负责的能力,人方能在教育中感知焦虑作为人的存在方式的真实面貌,在焦虑中感受萨特所言的命定自由。

总之,教育焦虑是与人密不可分的,人的发展离不开教育,教育使人获得发展的能力,它赋予人超越自身存在的能力,但焦虑的出现则让人意识到自身的有限性,意识到人仍是不完善的,这就是人存在于世界的命运。焦虑为教育中的人思索自身提供了契机,对焦虑的扬弃则是人发挥自身能动性、通向教育彼岸的必然选择。教育焦虑的存在就是让人在消极体验中通向更高的发展境界。理想的教育,就是让人在焦虑中发现自我,在接纳并超越焦虑的同时,成为更完满的存在。

**(二)教育焦虑是教育自身发展过程中的焦虑**

教育与焦虑是共生的,教育自诞生起就带有焦虑的特性,焦虑是教育存在的一种本质规定性[2],它使教育真正成为一种"成人"的活动。

---

[1] [德]弗里德里希·尼采:《作为教育家的叔本华》,周国平译,译林出版社2012年版,第3页。

[2] 教育现象是复杂的,它具备多种特性,焦虑是教育的一种特性。从焦虑的角度来认识教育现象,有助于我们重新认识教育和人的关系。

从社会意义来看，教育要培养德智体美劳全面发展的社会主义建设者和接班人，要培养为国家和社会作贡献的人才。从个人层面来看，教育要让人认识和成就自我，获得人性的完满。但教育并不全然按照理想状态来运行，它自身也可能存在某些弊病，它们威胁着教育的育人价值。正如罗洛·梅所言，焦虑是"因为某种价值受到威胁时所引发的不安，而这个价值则被个人视为是他存在的根本"[①]，焦虑体验是模糊且无特定对象的，常伴随着不确定性和无助感。人之所以焦虑，就在于人是一种会进行评价的动物，是一种会根据象征和意义来解释他的生活与世界，并将这些象征和意义与他作为一个自我的存在等同起来[②]。人之特殊性就在于，人不仅能存在，还能追问存在的意义，意义则体现为客体价值向主体的呈现，价值的缺失或价值的无意义状态会导致焦虑体验的发生，因而它在根本上是一个价值哲学命题。焦虑发生在主客体的相互嵌入结构中，是由于憧憬美好生活却无法得到而追问正当性的情绪体验，是个体在求真、向善、趋美失效之后的深刻体验[③]。从时间结构来看，焦虑往往发生在变动不居的过渡时代，当每一个体都面临着急遽变革所带来的不确定性时，焦虑才能以不可阻挡之势冲破私域的边界，成为一种弥散的社会情绪。当下人们之所以为教育而焦虑，就在于教育承载着人们对美好生活的价值期许，教育焦虑则是教育价值观偏离的标志，即教育的价值理性被工具理性所裹挟，它威胁着教育最根本的育人价值，让教育陷入由过度竞争所引发的内卷状态，把人视作实现特定目的的工具。

同时，教育焦虑也体现出教育本身的理想追求。焦虑是美好的理想与不完善的现实之间的冲突，它给教育参与者带来痛苦体验，也不断敲打着人们内心对于美好教育的信念。反过来，焦虑也促使人思索何为本真的教育，回到教育的原点去审视人的存在这一终极命题。正是有了这种反思，教育的理想和追求非但没有被焦虑摧毁，而是被不断强化成为

---

① ［美］罗洛·梅：《焦虑的意义》，朱侃如译，广西师范大学出版社2010年版，第172页。
② ［美］罗洛·梅：《心理学与人类困境》，郭本禹、方红译，中国人民大学出版社2010年版，第45页。
③ 晏辉：《现代性场域下生存焦虑的生成逻辑》，《探索与争鸣》2020年第3期。

更稳固、更坚实的信仰。正是在这种理想的驱动下，人们才能在困境中找寻希望，永不知足地超越当下教育的时空条件，谋划教育发展的新格局，促使他们思索教育之于个体的社会和精神意义，从而回到教育的原点去审视人的存在这一终极命题，向着更高层次的真善美趋近。应当承认，教育焦虑是由教育的有限性发展与无限性追求之间的张力所引发的，从教育发展的规律来看有着鲜明的阶段性。

（三）教育焦虑是指向未来的焦虑

教育不仅给予个体关于现实生存的相关知识技能，提升、扩展个体的现实生存适应能力，同时孕育个体生命的内在意向结构，孕育个体涌动着的生生不息的生命意义之源[1]。教育是一项指向未来的活动，而焦虑也是自我对未来的先行投入[2]，在未来这一向度上教育与焦虑有着内在一致性。因此，从人的生命历程来看，教育焦虑是与人的生存和发展都密不可分的议题，突出表现为未来与现实之间的冲突。一般而言，教育焦虑的发生需要满足三个条件：教育通向的未来是充满不确定性的，而这种不确定性或许会给自我带来威胁；自我对于未来是比较在意的；自我对于如何应对这种后果是不知所措的。具体阐述如下。

其一，未来是不确定的、未知的。教育赋予人之生命无限可能，而人的生命又可分为肉体和精神的双重属性，人不仅会追求有限的生命，还会追寻精神的崇高价值，肉体的有限性与精神的无限性之间的张力需要教育来调和，当这种调和难以平衡时，人就会在教育活动中生发焦虑感。如果自我对教育所能实现的未来全在自我的意料之中，那么自我就不会感到焦虑；如果未来的事态发展合乎心意，自我就会感到心满意足，生发踌躇满志、志得意满之感；如果事态不合心意，自我就会感到愤懑、悲痛、恐惧、绝望等情绪，甚至会选择听天由命或是自我放弃，而不会感到焦虑。同理，对教育活动中已发生的、已知的事物，人们是不会感

---

[1] 刘铁芳：《追寻生命的整全：个体成人的教育哲学阐释》，高等教育出版社2017年版，第439页。
[2] 张志平：《论"焦-虑"现象的本质及"焦虑时代"的焦虑管理》，《江海学刊》2011年第6期。

到焦虑的,引发焦虑的,不是我们正在经历的当下,恰恰是教育通向的未知的、不可预料的、充满不确定性的未来。

其二,自我的态度。仅仅有不确定性,教育活动还不足以引发人们的焦虑,教育的不确定性等同于人的发展所具备的可能性,教育可能让人成才,也可能招致失败,如果自我对结果抱无所谓或是超然的态度,或者全然感知不到教育的不利后果,即自我对教育的结果毫不在意,这一情形下的教育是无法引起焦虑的。对教育全不在意的人是不大有教育焦虑的,只有在那些渴望通过教育来实现某种目的的人身上,教育焦虑才显得如此突出。同理,焦虑必然是被感知的,只有自我对教育结果心怀期待,且认定结果会有违预期或对自己造成一定的威胁时,个体才会感知到教育焦虑。

其三,自我应对的无力感。一方面,自我对于如何防范教育活动的不确定性茫然无措,没有作好心理准备;另一方面,当这种教育的不确定性转化为威胁时(如学生因学习成绩不佳而受到同伴排斥乃至羞辱),自身无法采取有效措施来应对。如果自我对如何防范教育不利后果有所掌握,焦虑就不会产生,这一情况下,教育活动的可能性会被感知到,教育活动的不确定性就被确定性取代了。如果自我对教育活动的不确定后果坦然接受,它就不会对自我构成威胁,焦虑也就不会产生,也就无从谈起应对焦虑的措施了。不难看出,教育焦虑就是自我在教育参与中,对不确定因素所造成的威胁的感知与抵抗。这种抵抗之所以可能,就在于人在参与教育活动时总会产生既期望又失望的复杂心理,教育许诺的美好未来与现实之间形成了某种冲突,使个体在教育活动中永远处于不安定状态。未来的不确定性在威胁自我存在价值的同时,也给当下的人留下了渺小的希望,正是这种希望的存在,使得人始终保持着对教育的崇高信念,赋予教育永恒和无限的意义,在饱受心灵焦灼的同时坚定不移地投入教育活动中,在教育活动中实现"人的创造",通过教育来实现自身的价值。换言之,未来在让人茫然无措的同时,也教会人如何通过自己的努力去创造属于自己的未来,在教育中获得人生的无限可能。

# 第二章

# 焦虑时代的教育幻象

现代社会是过度理性的社会,理性成为主宰人心的上帝,这种倾向对人性、社会结构和文化生态产生了一定的负面影响。反映在教育领域,则体现为隐藏在教育繁荣景象背后愈演愈烈的教育焦虑现象,这就充分体现出人类理性的自负,越是想要掌控一切就越有可能适得其反。教育焦虑主要是与教育有着密切关系的人所产生的与人的发展和教育活动有密切关联的焦虑。从整体来看,与教育最直接相关的人物是家长、学生、教师这三类主体,由于他们的社会角色不同,特别是在与教育有关的活动中的地位和作用不一样,这三类群体的教育焦虑既存在一定的相关性却又呈现出各自不同的情形和特点,这是由他们所扮演的角色决定的。一般来说,家长、学生、教师等个体的教育焦虑在达到社会学意义上的一定规模后就会演变为群体性的教育焦虑,但这一过程并不是简单相加,而是在扩展、演化的过程中使得教育焦虑的指向更为清晰,其影响后果也不断泛化,最终表现为一种具有群体性病理特征的焦虑。可以说,尽管这三类主体在焦虑的形式、内容和程度上有差异,但却无质的差别。

## 第一节 密集型家庭教养方式的制式化

在现代社会,伴随社会竞争的加剧和生活节奏的加快,人们对自身发展和职业期望都比较高，而对于普通人来说，接受良好的教育并通过教育这一阶梯获得更高的收入和社会地位便成为基本追求，这就在根本上注定了教育竞争的普遍性甚至残酷性，所谓"不要让孩子输在起跑线上"的说法便是这种社会心态的典型照射。家庭作为孩子成长的摇篮，家长对孩子受教育的过分期待往往会演变成某种意义上的教育焦虑。

## 一　不合理的教育观念

家长不合理的教育观念具体表现为家长对自身教养责任、自身角色的认同，对孩子未来成就怀有诸多不切实际的认知，对家庭和孩子自身情况的把握不足，未能采取最适合的教育方式。

### （一）失败阴影下的教养责任

时至今日，"父母"一词不仅是生理意义上的，更是精神意义上的，其前提便在于履行相应的伦理责任，实际上，父母的抚育责任从决定成为父母的时刻就开始了。成为父母不仅意味着要把孩子抚养成人，更重要的是让孩子成长为掌握特定行为规范、符合主流社会期待、有着独立人格和丰富精神世界的个体，而这一目标离不开家庭、学校和社会的教育合力。其中，家庭的作用越来越突出，不仅表现在对孩子早期的照料和养育活动中，更表现为在教育活动过程中不可替代的作用。这种强调父母责任的观念为家庭教育设置了一个前提，即父母的教育观念、行为与孩子的学习和成长有着某种关联。而在社会舆论的推动下，孩子的成就与父母的教育参与之间形成了某种线性关系，父母是影响孩子教育的重要角色这一理念早已成为当代社会的共识，被调查的家长也认同家庭（或家长）是孩子人生的起跑线。从"孩子的成功就是父母的成功"等流行语中我们不难看出，孩子的身上体现着一个家庭在经济、教育、亲子关系等方面的综合能力，可以说，一个成功孩子的背后凝聚着家庭作为一个组织的教育付出。而孩子教育的成功无疑能让家长获得心理上的无限满足，尤其是孩子在学业上的优异表现更能让父母得到其他家长的认可，这种来自他者的肯定构成了家长自我认同的来源。

教养的前提假设在于，孩子的成长是有无限可能的，父母对孩子的成长有着举足轻重的影响，而这种影响是终身的①。从这一假设出发，我们不难推断出，一个孩子的成功并非偶然，而是凝聚着家长在教育方面的不懈投入，其基本逻辑在于：家长在孩子教育活动中投入得越多，就越有可能帮助孩子获得学业乃至人生的成功。孩子成功的背后凝聚着家庭对孩子倾注的关爱、持续的付出和科学的教育方法，而这种成功又会激励家长持续参与到孩子的学习过程中，最终提升家庭生活的幸福感。如此形成了"教育投入—孩子教育成功—家庭幸福"的链式关系，维系着教养责任的再生产。反之，如果没有给孩子提供足够的抚育支持，孩子就可能无法掌握未来生活所需的知识、技能，进而在竞争中处于不利地位乃至遭受失败，即所谓的"失败的孩子背后都有失败的家长"。而如果孩子在教育方面遭受失败，无论在名望、财富上取得多大的成就也无法弥补这一缺憾，无法获得预期的幸福感。在《教养的迷思：父母的教养能不能决定孩子的人格发展？》中，茱蒂就形象地描述了这一观念：假如你没有花足够有品质的时间在孩子身上（虽然孩子宁可花这个时间跟朋友在一起），你会觉得有罪恶感；假如你打小孩，虽然大类人猿打小类人猿已经几千万年了，但你会觉得有罪恶感；最糟糕的是，假如孩子到头来一事无成、不成材的话，你更觉得有罪恶感②。对孩子失败的恐惧又强化了父母教养的责任，责任意味着父母应当对孩子的教育和未来成就负责，大量研究也证实，家庭因素对孩子的学业成就有着显著影响。这一理念也可在中国教育史上找到依据，在儒家教育观念中，教育始于家庭，而父母则对孩子的教育有直接的责任，这种责任是宽泛且几乎没有边界的，"养不教，父之过"的观念就是一种广为接受的普遍伦理。在生活中我们也不难发现，不少家长都把为孩子教育而操心视作理所当然的事情，这一现象在儒家文化圈内尤为突出。

---

① 教养假设的直接理论基础来自精神分析和行为主义等心理学理论，强调先天因素（遗传）和后天环境（家长教养）对孩子身心发展的决定性作用（详见［美］茱蒂·哈里斯《教养的迷思：父母的教养能不能决定孩子的人格发展？》，洪兰、苏奕君译，台北：商周出版社2000年版）。

② ［美］茱蒂·哈里斯：《教养的迷思：父母的教养能不能决定孩子的人格发展？》，洪兰、苏奕君译，台北：商周出版社2000年版，第435页。

在父母看来，孩子是一个独立的个体，有自己的想法，能决定自己的未来，父母有义务也有责任引导孩子作出最适当的选择。但在孩子还不成熟的时候，父母应当介入孩子的选择当中，给予孩子更多的关注和指导，对孩子的付出是不计成本、不求回报的。由此可以看出，父母的教养责任尽管表现形式不一但却是不设上限的，深嵌于家长参与孩子教育活动的全过程，只要孩子还在接受学校教育，这种教养责任就将一直延续。在教育竞争日益激烈的大环境下，育儿文化不断强化父母的教养责任，也不断建构着父母对自身角色和教养责任的认知，使得孩子的学业成就乃至人生命运与家庭教养方式直接形成了因果关系。尽管并无直接证据表明家长的教育行为与孩子的人生历程有多大的相关性，但并不妨碍它成为一种当代流行的文化理念。其结果便是教养责任不断循环累积，使得家长背负着道德层面的负担，始终保持精神高度紧张的状态，不得不更为关注孩子教育的全过程，唯恐孩子的教育出现偏差，任何突发状况都将搅动他们脆弱的神经，让家长处在一种持续的焦虑之中。这种由过高的教养责任所引发的焦虑在家庭教育实践中表现为不合理的教育期望和教育行为。

（二）两难抉择中的陪伴行为

在当下，孩子的成长已成为家庭生活的重心，陪伴并参与到孩子的教育过程中俨然成为家庭教育活动的新伦理，涉及"陪伴"主题的日常叙事已渗透在家庭教育的全过程中。也就是说，陪伴已不仅是家长情感的自然流露，更是家长对孩子关爱、对教育重视的一大标志，对青年父母而言，即使再忙也要抽出时间陪伴孩子，陪伴式成长成为一种流行理念，标榜的是家长动态地参与到孩子教育活动中，在促进孩子成长的同时提升自身的教育能力。从以往的相关研究来看，父母参与到孩子教育活动中将会带来持续的影响。研究指出，在发达国家，相较于20世纪60年代，当前父母花在育儿方面的时间有显著提升[①]，父母以更积极的

---

[①] Giulia M. and Treas J., "Educational Gradients in Parents' Child Care Time Across Countries (1965 - 2012)", *Journal of Marriage and Family*, Vol. 25, No. 4, April 2016, p. 11.

态度参与到孩子的教育活动中。一方面,陪伴行为具备更多的教育意义。时至今日,陪伴已不仅是教养的一部分,陪伴本身就是一种教养方式,这一行为内部就蕴含着丰富的教化意蕴。家长们普遍信奉"陪伴是最好的教育"的观念,陪伴意味着父母的"在场"[①],在陪伴的同时家长既能教会孩子基本的知识、技能并使其养成好的习惯,还能培养与孩子的亲密关系。陪伴也是一种教养策略,是部分家长在家庭教育活动中为了弥补经济实力不足所作出的补偿措施,这种陪伴往往伴随着家长的牺牲,如为了孩子而选择放弃工作陪读。同时,陪伴也是一种家长成长的契机,父母也能从中学会如何成为合格的父母。正是这种互动赋予家庭教育动态生成的意蕴。另一方面,陪伴行为的科学化程度加深。陪伴需要家长的协同参与,父亲和母亲各自发挥不同的作用,在陪伴孩子方面的作用缺一不可,例如,父亲在陪伴孩子开展体能消耗大的户外活动时更有优势,而母亲在日常性的照料活动中更为细致。此外,陪伴过程需要集中精力,认真对待,给孩子正向的反馈。

在今天的社会里,我们几乎到处都可以看到,很多家长即使再忙,都会抽出时间陪伴孩子。有条件的家长会每天陪在孩子身边,而一些特殊的日子(如孩子生日、儿童节、春节等)则更需要仪式感,家长会专门带着孩子共同活动,如参与逛游乐场、参观博物馆、观看演出、外地旅游等具有象征意义的活动。倘若孩子参加重要活动,所有家庭成员都可能共同参加。但在快节奏的现代生活中,家长往往要兼顾家庭和工作,不可避免地会遭遇因工作繁忙而难以专门抽出时间陪伴孩子的情况,如何在有限的时间内平衡工作和陪伴孩子之间的关系,已成为困扰家长的一大难题。工作与陪伴时间的张力使得家长往往面临两难抉择,有时候为了陪伴孩子而不得不作出妥协,把陪伴孩子放在更重要的位置,这种身不由己的两难困境构成了家长焦虑的来源。

(三)家长主义下的潜能开发

在现代社会中,每个孩子都有着无限的发展可能,但孩子的成长是

---

[①] "在场"不仅意味着家长要花费更多时间和精力陪伴孩子,更要在这一过程中精神集中,给予孩子足够的关注,与孩子保持良好的互动关系。

只有一次机会的不可逆历程，一旦错过就无法补救。孩子的潜能需要在后天培养中得到激发，而其中最关键的因素就在于家长。家长不仅要为孩子的成长提供温馨的家庭环境、充分的物质条件、足够多的照料时间，更要在精神层面上满足孩子的各项需求，科学引导、教育和开发孩子的潜能，促进其知、情、意、行等多方面的发展。在孩子成长的不同阶段，要采取合适的教育方式，从心理、习惯、学习、交往等多方面着力培养，满足每一阶段的培养目标。而在一些关键时期（如青春期、升学阶段），更要抓住教育的最佳时期，有方向、有重点地发展孩子的特长。

孩子的潜能开发需要综合学校、社会、家庭等多方因素，而发挥核心作用的便是家长。在传统的学校教育活动中，家长通常发挥着辅助性作用，需要配合教师督促孩子完成学业。但在注重家长教育参与的"家长主义浪潮"[①]下，家长已成为孩子教育运作的核心，充当着资源整合、组织协调、沟通交流的关键他人，家长的角色是多样立体的，如资源整合的调度者、家校沟通的协调者、孩子学习的计划制订者和日常监督者等，家长凭借自身的经济资本、文化资本从教育的后台走向前台，成为孩子潜能激发的主导性角色。这对家长自身的素养（即家长教育能力）提出了更高的要求，需要家长具备必要的育儿知识、教育观念、经济和文化资本，采取适当的教养策略，营造和谐的亲子关系等。在现实中，家长应如何履行其教养责任，采取科学合理的方法引导并促进孩子的潜能开发，已成为困扰家长的新难题。

（四）比较中叠加的教育期望

今天，学历贬值，文凭通胀，大学生面临越来越大的就业压力，但即便如此，家长们对子女的未来教育仍然抱有较高的期待，期待孩子能通过接受高等教育来获得较好的生活条件甚至谋求更高的社会地位。家长对孩子的教育期待包括生活和学业两方面，前者属于宏大的长期愿景，

---

① "家长主义"由英国教育学家布朗提出，用以形容在教育竞争加剧的背景下，家长成为教育运作的核心的情况。家长主义一方面强调家长的个人选择，关注家长介入教育的民主性，另一方面也强调市场之于教育的重要性。家长主义弱化了教育的公共性，揭示了教育不平等的再生产以及这种再生产合法化的机制。

## 第二章 焦虑时代的教育幻象

后者则是直观的近期愿景，学业成就关涉未来生活的层次与品质，但需要注意的是，二者之间并无直接的因果关系。正如拉鲁描绘的那样，对孩子抱有较高的教育期望，这是家长的共性，研究也证实"无论处于什么社会地位，家长都会密切关注孩子的教育。工人阶级与中产阶级父母一样，都渴望孩子能学业有成"[1]。在家长群体内部，教育期望的差异体现在对"什么是符合预期的学业和未来成就"的理解上，在孩子的未来生活预期方面，家长基本都认同要"过得好"，尽管这一标准过于宽泛，但在子女未来的学业成就方面的期望却惊人的相似。部分家长则有着更明确的期待，如以考入"双一流"高校为目标，对于孩子所学专业、未来从事职业都有一定的预设。但相较之下，劳动阶层的家长对孩子的学业成就认识相对模糊，同样是期待孩子接受高等教育，但在选择学校层次、所学专业等具体的目标时就不甚明了，如有家长表示希望孩子能就读师范、医学等更有机会拿到"铁饭碗"的专业。中产阶层家长基于自身成长历程，能为孩子的学业和成长提供更为具体的支持，如在制订学习计划、辅导学习、提供教育资源、学习文艺技能等方面，他们更认同"赢在起跑线"，部分家长在孩子很小的时候就会采取一些教育措施，甚至还会选择胎教、早教等方式。而劳动阶层的家长能为孩子提供的教育支持就很有限，更多需要孩子自己把握，自己创造机会，期待孩子在学习行为上的自主性。

总体来看，不同阶层的家长对孩子的教育期待具有很强的趋同性：都注重孩子的学业成就，愿意竭尽所能投入孩子的学习活动之中，给予孩子很高的期待；都对孩子的未来生活有较高的预期，希望孩子能通过教育来获得较好的生活，并且拥有较好的生活质量。其差异在于标准的不同，有着更明确标准的家长更能给予直接的支持，更积极地参与到孩子的学习活动之中。当然，教育期待并非一成不变的，而是随着孩子的成长不断建构的，体现着一个家庭在教养方面的理念与行动。在现实中，

---

[1] ［美］安妮特·拉鲁：《不平等的童年：阶级、种族与家庭生活》（第2版），宋爽、张旭译，北京大学出版社2010年版，第197页。

面临越来越激烈的教育竞争,家长们很难保持理性的教育期望,而是身不由己地卷入攀比、竞争当中,盲目追逐大流,失去了对家庭和孩子情况的准确判断,给孩子设定超出其能力范围的目标。而这种层层加码的教育期望推动着家长采取不合理的教育行为,进而使得他们深陷对孩子教育的焦虑旋涡之中。

## 二 过度干预的教育活动

教育参与是指家长参与到孩子的学习和生活之中,其核心议题是孩子的学业成绩,但在现实中,家长的干预却是超出正常范围的,具体表现为家长在孩子的学习过程中投入高昂的代价,全面介入孩子学习的过程中,挤压了孩子的休闲时间。

### (一) 以爱之名的家庭资源投入

孩子的教养需要耗费大量的教育资源,这一点已成共识,为了孩子的教育,哪怕经济状况不好的家长也会优先满足孩子的教育消费,从而让孩子获得同等的教育机会[1]。而随着家庭少子化的加剧,孩子成为家庭生活的实质核心,导致了每个家庭能投入在孩子身上的教育资源更为聚集[2]。这种投入不仅牵涉父母的时间和精力,更承载着家庭对于孩子教育的殷切期盼,建立在深厚的情感基础之上,是父母"以爱之名"的全然呈现。家庭资源投入主要有以下三种。

其一,时间投入。尽管父母的工作需要占用大量的时间,但投入在孩子学习上的时间是固定的,只能在二者之间寻求平衡。中国教育追踪调查(CEPS)2013—2014年的数据显示,中国每个家庭中父母陪伴孩子的时间平均为3.2小时,这与国际趋势是基本吻合的[3]。而在孩子的

---

[1] Ying, G., "Consumption Patterns of Chinese Children", *Journal of Family and Economic Issues*, Vol. 24, No. 4, April 2003, p. 376.
[2] 根据布莱克的"资源稀释理论",决定家庭能给予孩子多少的资源因素在于家庭资源总量和孩子数量,孩子越多,能分配在单个孩子身上的资源就越少,进而影响孩子的教育获得。
[3] 《爱、金钱和孩子:育儿经济学》(格致出版社、上海人民出版社2019年版)指出,父母在孩子教育方面投入更多时间是近几十年来的大趋势,以荷兰为例,与1975年相比,2005年荷兰的母亲每周花在育儿上的时间多了4个小时,而父亲则多了3个小时。

日常学习和活动方面，父母都会提前预留出时间，尽可能地共同参与其中，有时候可能还要重新调整既定的活动。家长除教养孩子之外，还要投入大量时间工作，而在一些情况下，工作时间也要让位于孩子的学习时间，有的家长甚至选择陪读，陪读是一种牺牲自我来成就子女的现象。时间是一种稀缺的、不可再生的资源，与大量的时间投入相对应的是父母的"时间荒"，他们不得不在工作与教养孩子之间疲于奔命，增加了自身的负担，也引发了"打工人"和"父母"两种角色间的焦虑。

其二，金钱投入。教育消费已成为家庭沉重的负担，《2019 国内家庭子女教育投入调查》的数据显示，家庭子女教育年支出消费额主要集中在 12000—24000 元和 24000—36000 元两个范围，分别占 22.4% 和 21.7%。尽管教育消费占据家庭开支的比重较大，且门类众多（如购买课程、研学旅行、购买学习用具、购买学区房等），尽管价格不菲，但这些都不能阻挡家长旺盛的消费热情。与一般消费的不同之处在于，儿童教育消费是一种投资性的策略，目的在于让孩子获得知识、情感、交往能力等多方面的发展，在教育竞争中占据优势。不同类型的家庭都被卷入竞争性的儿童教育消费之中，在此基础上形成了一种指向教育成就的儿童消费文化。这种文化重塑了"好父母"的身份，一名合格的父母应当对孩子的教育负责，为孩子选择和购买有利于教育竞争的产品和服务。随着教育消费的常态化，儿童教育的起跑线不断前移，早期教育渐有低龄化、侧重智育的趋势，从几个月到 3 岁以下的幼儿都可能参与到语言开发、启蒙认知、肢体训练等早期教育之中，甚至胎教都受到不少家长的追捧。显然，这种高投入、高期望的教育消费的背后是家长群体性、结构性的起跑线焦虑，这种焦虑既有非理性的一面，即家长的消费很容易受外界因素的感染，演变为炫耀、攀比性的消费；又有理性的一面，教育消费实质是一种对自身阶层恐慌的补偿，在变动不居的现代社会，"教育改变命运"这一确定性命题遭受了不确定性话语的质疑，因此，金钱的确定性被看作抗拒不确定性因素的武器，消费（尤其是早期教育消费）更寄托着家长对孩子学习和成长的殷切期盼，与其说家庭渴望通过投入金钱来获得回报，倒不如说是渴望购买孩子的教育希望，渴望通过教育消费来缓解自身的焦虑。但现实却是，家庭教育消费行为中的攀比、炫耀使得家长更为焦虑，通过金钱获得的确定感很快被市场所制造的不确定性所冲散，以至于最终掉入消费主义陷阱，消费得越多，家长教育焦虑反而越严重。

其三，情感劳动投入。情感作为一种隐性因素，贯穿于父母教养参与的全过程。对家长而言，或许孩子一时难以领会家长的一片苦心，但这种行为却是必要的，作为父母应当不吝于表达对孩子的爱。不论是日常活动的参与，或是家庭的教育消费，家长都倾注了大量的情感因素，情感已成为一项专门的教养活动，家长的教养活动实质是一种情感劳动。情感不再隐藏在教养的背后，而是登上前台，被父母大大方方地表现出来。在爱的名义下，父母在孩子的教育活动中扮演着更为关键的角色，通过情感的调节、表达和扮演，让孩子能更直观地感受到父母的殷切期盼，理解父母的良苦用心，从而在更为和谐的亲子关系中发展自身的素养。但同时，情感投入是难以度量的，带有浓厚的个人色彩，决定着情感作为一种资源是难以把握和调控的。大量情感投入也隐藏着一些问题，即父母可能在过度关注孩子的同时忽视自我的情感，进而失去自我的情感主体性，不仅增加了父母的情感负担，也有引发孩子内疚的可能，造成情感内耗。

不可忽视的一点在于，尽管父母的投入被看作是无价的隐性成本，但他们以爱之名倾注的时间、金钱和情感并非无目的的，而是有着一定的成就预设，体现出家庭教育投入的精细化、算计化、功利化特征：如果孩子能取得既定的学业成就，则能为父母的投入带来正向的反馈，进而刺激父母进一步投入其中；反之，如果孩子不能取得预期的学业成就，那自身的投入就是无用乃至无意义的，将带来对自身角色的焦虑。同样，在教育参与中，家长也渴望获得孩子的反馈，这些反馈是鼓舞家长持续付出的动力，在现实中，一些负向的信息反馈（如孩子拒绝沟通）就会使得家长感到苦恼，甚至对自己的行为产生消极情绪，对于大量家庭教育资源投入能否得到预期回报产生深深的焦虑。

## 第二章　焦虑时代的教育幻象

（二）家长主导下的学习活动

焦虑的家长以一种更积极主动的姿态参与到孩子的学习之中：从空间来看，不仅在家中对孩子的学习严加管控，而且还和学校保持密切的联系，也会为孩子选择兴趣班等课外服务；从内容来看，不仅关注孩子的学习，也干涉孩子的娱乐、体育、交友等活动；从时间来看，不仅在孩子的早期学习阶段予以管控，也在升学、择业中高度参与甚至提前谋划。为了确保孩子获得预期的学业成就，规避可能遭遇的不确定性，家长们对孩子的学习给予无微不至的关注，如同时刻盘旋在孩子上空的直升机，一旦发现孩子遭遇了学习或生活的困难，便会俯冲下来为孩子解决，这种家长被称作"直升机父母"。

家长为孩子的学习活动制定了详细的计划。对于孩子的学习和成就，家长有着一定的期待与规划，并结合孩子的兴趣和学龄阶段制定学习方法。而在孩子的日常学习活动中，家长也成为重要的参与者，陪伴并与孩子共同完成学校布置的作业。学校的教学内容是有限的，需要家庭的补充，在一些比较灵活的课程如语文、历史、地理、科学、劳动等科目中更是如此。以手工课为例，孩子需要在家长的指导和帮助下才能完成一项手工创作，诸如此类的要求都离不开家长的直接参与，对家长的参与意识和参与能力有着较高的要求。在这里，家长参与不再是一项个体的、自发的教养实践，而是预示着家长作用的范围从家庭这一私人场域走向公共空间，它是对学校的体制性要求的回应，体现了家庭作为一个单位与学校之间达成的协作关系。因此，家长必须把感性的爱转化为对孩子的严格规划，放弃让孩子自然成长的教养观念，转而主动拥抱"鸡娃""牛娃"等观念，针对孩子的学习活动制订严密的计划，为孩子制定多项规则，将学习规划细分为每日的计划并严格执行，更有甚者将这种干预上升为对孩子的管控和监视。这一做法实则是家长试图通过控制孩子来朝着自己预定方向发展，以牺牲亲子关系为代价，换取对孩子学习和成长的确定性掌控。

在督促孩子学习的同时，家长也会不断提升自身的教育能力。家长扮演的角色不仅是抚养孩子的父母，更是类似于教师的角色，即家长将孩子看作认知的对象，在广泛学习教育知识、汲取成功经验的基础上，不断探索适合孩子的教育方式。这一现象也被称作"家庭教育学校化"，即以学校教育的内容和方式进行家庭教育①。在面对孩子的教育境况时，家长更倾向于从教师的角度出发来分析和寻找方法，给予直接的指导。而随着孩子进入更高学龄段，学业难度也随之提升，家长的已有知识和经验显得力不从心，这一情形不仅出现在一般家庭之中，具有较高文化水平、掌握一定专业技能的家长同样面临此种窘境，使得家长对自身能否胜任教育角色而产生担忧。事实上，面对孩子日益繁杂的学习内容，家长需要掌握更多的知识储备和指导技巧，因此，不仅要激活以往的教育经验，更要不断激活自身能力，跟上孩子学习和成长的步调。在这一过程中，家长和孩子被深度绑定在一起，共同参与到教育竞争当中。然而，家长毕竟不是专业教师，他们在深度参与孩子学习活动的同时也无形中增加了本不属于自己的任务量，在更加操心的同时也不自觉地为孩子的学习而紧张、焦虑。

（三）家长期望裹挟下的休闲活动

在传统教育形态下，孩子在放学后的时间是可以自由支配的，在完成学校布置的课后作业后就可以开展课外休闲娱乐活动，这部分的时间就是闲暇时间。若想在激烈的教育竞争中获得学业成功，就必须投入更多的时间和精力，掌握高效率学习的方法。珍惜时间成为家长信奉的教育理念，让孩子懂得时间的可贵、掌握时间管理的技巧就成为家长教养实践的重要主题，如为孩子制定详细的活动安排表、学习打卡、签订"合同"等。在日常的家庭活动中，家长会为孩子制定规则并严加执行，如规定玩游戏、看电视的时长，时间一到则必须停止，以此塑造孩子的时间观念。

孩子在家庭内可自由支配的时间很少，完整的时间被碎片化的时间所取代，有限的时间往往被学习和练习所挤占。实际上，除睡眠时间外，孩子在家庭中的大部分时间都是劳动时间，充斥着大量非正式的学习活

---

① 韩明安主编：《新语词大词典》，黑龙江人民出版社1991年版，第225页。

动,如练习书法、做家务等活动都可以被看作家庭教育的延伸,在这一过程中,孩子的活动被家长所支配,失去自主性。这一点同样体现在家长为孩子选择校外兴趣班时。家长在为孩子选择兴趣班的时候也会兼顾娱乐性和教育性,其中教育性无疑是被优先考虑的,那些能为孩子升学带来潜在帮助的兴趣班尤其受到家长的青睐。总之,报考兴趣班并非一时兴起,家长不仅会考虑孩子的喜好,也会结合学校教学内容和升学考试的要求,选择高性价比的兴趣班。兴趣班看似发展了孩子的综合素养,实则是带有一定目标指向的特定发展,有着工具理性的内核。尽管孩子在参加兴趣班的时候表现出疲惫、倦怠甚至不配合,家长仍会多方引导和要求孩子继续下去。此外,在节假日,家长还会带孩子去博物馆、科技馆、剧院、书店等场所游玩,或是前往游乐场、公园、景区等户外开展亲子活动,在这一过程中不仅能培养亲子间的融洽关系,也提供了现场学习的机会,孩子能够增长见识、开阔视野,获得多方面的提升。

不难看出,家长利用孩子的课外时间有意识地安排活动,在活动的主题、内容、时间等方面都有着一定的考量,休闲活动并非单纯的玩,而是受到一定的期待,体现着家长对孩子成长的规划,家长希望孩子能以"玩中学"的方式提前适应成人社会的规则,在休闲的时候增长见识,夯实所学知识,从而在未来的教育竞争中占据优势。这些活动安排体现的正是家长对孩子学业和成长的精心规划,这不仅占据了家长大量的时间和精力,也使得本应促进身心放松的休闲活动背负着沉重的教育期望,使得家长和孩子在这一过程中产生不和谐的体验,甚至可能引发亲子间的矛盾与冲突。反过来,我们也不难看出,孩子的学习活动本质上仍然是由成人主导的间接控制的教育实践,学习占据了本该用于游戏的闲暇时间,其结果便是闲暇活动越来越多地在制度化的环境下展开[1]。

### 三 不和谐的亲子互动

在快速变化的时代背景下,亲子关系大致经历了如下转变:第一,

---

[1] [英]艾伦·普劳特:《童年的未来——对儿童的跨学科研究》,华桦译,上海社会科学院出版社2014年版,第33页。

亲子关系从传统的孝亲规范下的社会交换道德契约转向强调内在于关系本身的亲子连带与感情满足[1]，情感从家庭生活的幕后走向台前，成为家庭成员间的联结纽带；第二，家长的教育责任被强化，更多地参与到孩子的教育活动中，与学校达成了高度的协作关系，且家长已成为影响孩子学业成就的关键性变量；第三，家长对孩子的期望更综合、全面，不再局限于智力发展，而是引导孩子向德智体美劳等多方面的发展。同时，在家庭教育活动中不再一味强调父母的权威，采用"权威+协商"的方式来引导孩子的行为，以更柔性的方式实现家长的教育期望。不难看出，当前家庭内的亲子互动仍然延续着传统的家长权威，即家长和孩子是一种非对称的关系。在这一过程中，不可避免地会发生亲子间的冲突，甚至会造成亲子间关系的冷漠，让家长焦虑的同时，也影响着家长和孩子的身心健康。

（一）管教与控制兼具

独特的文化、历史和教育现实决定了中国家庭的父母更倾向于以管教的姿态投入家庭教养实践之中。管教即一种以爱之名的约束，家长在管教的同时，也无形中传达出对孩子的教育期待，间接形塑着孩子的教育观念。家长普遍认同规范孩子行为的重要性，强调让其养成健康的生活方式，锤炼出良好的道德品行，且对具体目标有着较强的共识，如父母都希望孩子能遵守法律法规、举止文明、谈吐得体，同时还要具备诚实、友善、乐观、富有同情心等美好品质。同时，中产阶层父母在此之外还会关注孩子的内心世界，期望孩子能保持身心健康，获得多维度的发展。对父母而言，好孩子不仅是守规矩、听话懂事的乖巧孩子，更是有主见，富有创造力、好奇心，具备自主发展能力的孩子，不仅表现在孩子养成独立自主的能力，更表现在人格上的独立，对自己的兴趣与专长有清晰的认知，在学习方面形成较强的动机，对自己的未来有明确的规划，等等。

---

[1] 蓝佩嘉：《做父母、做阶级：亲职叙事、教养实作与阶级不平等》，《台湾社会学》2014年第27期。

在管教孩子的过程中,"控制"始终是绕不开的一个关键词,它意味着家长对孩子的行为表达出"行"或"不行"的确定性指令,强调家长对孩子行为的指导和约束,控制实则是家长意志在家庭教育实践中的投射,通常包裹在家长爱的外衣之下,让孩子难以拒绝。在孩子的早期教育阶段,这种管教方式占据多数;而当孩子进入高年级后,父母则更多地采用协商的方式,让孩子能真心接受父母的教育。在家庭教养中,家长更倾向于采取正面管教的方式,强化孩子的正向行为,而当孩子犯错误的时候,家长并不愿意诉诸暴力,而是采用说教的方式,让孩子意识到自己的错误,除非触碰父母的底线,否则很少会采取打骂、体罚的极端方式。对待孩子的失范行为,家长通常会给予较多的包容,以正面管教为主,只有在触及底线的时候才会严厉惩戒。在孩子的早期教育阶段,家长尽力为孩子营造温暖、有爱的教育环境和家庭环境,努力提供孩子成长所需的各种条件,随着孩子进入更高学龄阶段,家长面临的是有着越来越多自主想法的孩子,孩子的自主意识与家长的管控也逐渐产生间隙乃至冲突,使得家长为孩子的教育而担忧。

(二)协商与冲突并存

在家庭教育活动中,亲子关系是兼具管控与协商的,父母既要对孩子的行为加以约束,扮演权威的亲职角色,注重对孩子的管教,也要给予孩子充分的关爱,与孩子建立亲密、平等的关系,因此在教育实践中更注重采取温和的方式,以讲道理的形式与孩子沟通。当然,控制和协商之间,家长也会寻求平衡,这样既能在孩子心中树立权威的形象,又能和孩子保持平等的朋友关系,在规范孩子行为的同时也能给予孩子足够的自由。对孩子管得太多,孩子觉得受不了;管得太松,又容易放任自流,如何在教养实践中把握管教的度,对家长而言有着较高的要求。因此,家长往往需要有一定的角色分工以实现双方配合,即"一个唱白脸,一个扮红脸",做到宽严并济、管教并举。

在努力协商的同时,家长也会面临亲子间的冲突,这种冲突往往由亲子间的教育期望偏差所引起。亲子间的教育期望偏差意味着家长与孩子在教育观念、态度、行为选择等方面存在差异,这一差异进而影响亲子间的日常沟通交往，甚至引发亲子间的争吵①。在家长的殷切教育期望下，孩子必须非常努力地完成学业，努力扮演好自己的角色，但他们的诉求却难以真正被家长所接纳，使得双方的关系趋于紧张。

（三）温情与冷淡共存

加班对家长而言是常态，工作占据了大量的精力，能陪伴并辅导孩子学习的时间就更为有限了。对此，家长希望在与孩子相处的过程中补偿孩子的需求，如了解孩子的日常学习、交往、情感等方面的状况，但亲子共处的时间是有限的，家长可以通过一次对话来了解孩子的大致情况，却难以了解其中的细节。不恰当的方式则会带来截然相反的后果，如部分家长总是把学习这一主题放在亲子互动中，不免让孩子抗拒和抵触，孩子不仅会选择与家长争吵，还会以其他形式表达不满，其极端方式就是拒绝沟通，甚至产生心理鸿沟。

在家庭教育活动中，家长愿意主动与孩子交流沟通并多方了解孩子的状况，甚至通过牺牲自己的休息时间来补偿孩子，这使得亲子互动呈现出温情的一面。但在具体的相处过程中，却会面临由沟通不畅所引发的冲突，家长可能会面对孩子的抵触乃至冷淡态度，使得亲子互动又呈现出悲情的一面，家长想要走进孩子的内心世界，孩子却可能对此排斥甚至紧闭心门，使得家长为此而担忧、紧张。

家长的教育焦虑伴随着孩子的出生和成长而产生，主要体现为在孩子的未来成就与家长教育方式之间确立线性逻辑，对孩子的教育成就持有过高乃至不切实际的教育期望，过度干涉并试图掌控孩子的学习活动，将自身的意愿强加在孩子身上。家长焦虑的内容主要为赢在起跑线、比较学业成绩、担忧孩子未来成就等。其一，赢在起跑线。印度电影《起跑线》描述的中产家庭为了让孩子进入更好的学校所作出的种种努力，真实映照了家长为了帮助孩子赢在起跑线所引发的焦虑情绪。家长认为，孩子的教育符合"累积性因果循环"定理②：进入好的小学才能进入好

---

① 牛建林、齐亚强：《家庭教育期望的代际偏差、互动及影响》，《社会发展研究》2022年第3期。

② 该理论由经济学家缪尔达尔所提出，认为社会经济各因素之间存在着循环累积的因果关系，系统中的某种变化将会引发累积因果效应。

的中学,进而进入好的大学再到找到更好的工作,在上一学段的失败则可能导致下一学段的失败。出于对教育失败的恐慌,家长不得不把孩子的起跑线不断向前推,争相选择早教、胎教等服务,投入更为激烈的教育竞争之中。对此,我们可以用"养育"的概念加以解释:"养"和"育"在教育学的分析框架中是相对独立的主题,但现实中家庭的"育"已高度融入"养"的过程中,孩子的家庭教育活动远早于系统化的学校教育活动。这也意味着,家长的教育焦虑在养育孩子的过程中就被不断建构起来。其二,比较学业成绩。孩子的学习是家庭关注的焦点,学习态度、习惯和成绩是学习观念、过程和结果的呈现,学习态度是决定学习习惯的直接因素,而学习态度和习惯则最终影响学习成绩,三者之间有直接的关系。为了确保孩子在教育竞争中赢得胜利,家长不仅对孩子的日常学习严加督促,也会让孩子在学校和校外机构之间来回奔波,只为让孩子学得更多、学得更好。孩子的学习成绩是家长关注的焦点,对孩子学习成绩落后的担忧使得家长时刻处在焦虑不安之中。其三,担忧未来成就。家长所担忧的不仅在于当下的学习,而且还把眼光投射在孩子的未来发展之上,担心其未来的生活。在节奏加快、生活压力增大、竞争更为激烈的社会中,要想获得更好的生活,就必须在教育方面付出更多努力。为了避免教育失败的后果,家长不得不加大当下的教育投入,给孩子更多的学业负担,这使得焦虑情绪进一步蔓延。总之,不论哪个阶层的家长都对孩子的教育寄予厚望,都较为关注孩子的学业成长,但在多种因素的联动下,家长却陷入了深深的焦虑之中。

## 第二节　学校场域中的结构化学习竞争

今天很多学生所受的教育是这样的:在学校中的学习节奏高度紧张,几乎是处在一种无处不在的竞争氛围之中,日常活动被成人所支配,自主活动的时空条件极为有限。学生的日常活动受到家长和教师的掌控,他们打着"为你好"的旗号把自身的意志强加在孩子身上,用柔性的爱取代强制的要求，通过精心设计的计划主导学生的学习行为。这一事实也决定了学生在学校、家庭和校外的学习活动已经被高度组织化和结构化，其背后就体现着成人作为"看不见的手"的隐性力量，其结果便是学生面临严重的学习焦虑[1]。但值得注意的是，学生并非被动参与其中，而是积极构建着自身的学习体验，在遭遇外界施加的学习焦虑所带来的种种不快中也积极采取应对方式。

## 一　高度紧张的学习节奏

学生主要生活在由家庭、学校和同龄群体构成的三重社会之中，有着多重身份：在家庭中被称作"孩子"，强调其私人的情感因素；在学校被称作"学生"，强调其身份的制度因素；在同龄群体中被视作未成年人，强调其独立于成年人的群体性。在家校协作中，家庭和学校价值取向的共同性超过了差异性，共同构成了学生成长的多重世界，无论是从学校进入家庭或是从家庭进入学校，学生都能进行"顺畅的越界"。在这种时空转换中，学生很难察觉到学校与家庭在社会文化方面的界限[2]，这也导致他们在家庭和学校生活中共用一种身份，承受着来自成年人的控制。

### （一）学校生活中的时间管理

学校针对学生的学习时间、活动时间、睡觉时间有着精准的规定。"时间一直都是孩子们在学校参加各种娱乐活动时附加的一个约束因素。"[3] 在学校场域中，时间让学生的活动被精细分割为不同的模块，课余时间则可自行安排活动。我们不难发现，"时间"作为一项制度发明不断规范着学生在校的行为。学生在校的作息时间有着严格要求，且被分割为不同的版块，每一部分的时间都对应着相应的活动。通过对时间

---

[1] 当前学生的学习焦虑水平较高，这一点已得到调查结果的证实，如一项调查显示，46.3%的学生有重度学习焦虑〔详见李洋《减负背景下中小学生心理健康现状研究》，《牡丹江师范学院学报》（社会科学版）2019年第6期〕。

[2] 吴康宁：《教育社会学》，人民教育出版社1998年版，第223—227页。

[3] ［英］Catherine Burke、Ian Grosvenor：《我喜欢的学校——通过孩子们的心声反思当今教育》，祝莉丽、张娜译，中国轻工业出版社2006年版，第135页。

## 第二章　焦虑时代的教育幻象

制度的强化，学校无形中限定着学生的活动范围，并将渗透其中的价值理念传递给学生，使其能够"自愿"地参与其中，甚至化身为学校生活方式的主动维护者[①]。

学校的时间制度也界定了学生活动的空间范围。在此借用吉登斯的儿童一天活动时空模式图[②]，结合一所小学的作息时间表（详见表2-1）加以说明。正常来说，除放假之外，学生一天的活动基本遵循这种模式，循环游走于学校、家庭、社区三个场景之中，不同场景之间有着明确的功能划分且相对封闭，这与吉登斯所指的前后台区域有着一定的契合性。学校是学生最主要的活动场所，一天的活动可分为上午、中午、下午三个完整的时段，主要活动包括上课、早读、体育锻炼、眼保健操、吃饭、休息等。孩子在家中的时间可分为三个不连续的时段：从入夜到睡眠的时间、从学校回来的时间、外出玩耍并返回家的时间。在社区中，孩子

表2-1　　　　　　　××小学作息时间（冬季）

| 时段 | 时间 | 内容 | 时段 | 时间 | 内容 |
| --- | --- | --- | --- | --- | --- |
| 上午 | 8：00 | 开校门（值日教师到岗） | 中午 | 12：10—13：00 | 营养午餐 |
|  | 8：15 | 教师到岗 |  | 13：00—13：40 | 善习会 |
|  | 8：20—8：40 | 早读 | 下午 | 13：50—14：25 | 第五节课 |
|  | 8：45—9：20 | 第一节课 |  | 14：25—14：30 | 眼保健操 |
|  | 9：25—9：55 | 阳光体育锻炼 |  | 14：40—15：15 | 第六节课 |
|  | 10：00—10：35 | 第二节课 |  | 15：25—16：00 | 课后服务（第一节）|
|  | 10：35—10：50 | 眼保健操 |  | 16：10—16：45 | 课后服务（第二节）|
|  | 10：50—11：25 | 第三节课 |  | 16：55—17：30 | 课后服务（第三节）|
|  | 11：35—12：10 | 第四节课 |  |  |  |

---

① 陈亚凌：《"倒计时"制度：学校时间观念的批判性反思》，《教育理论与实践》2017年第16期。

② 在吉登斯的模式图中，儿童一天的活动轨迹分别为家庭、学校、电影院，在文中，本书则结合学生一天的活动安排，将该模型改为家庭、学校、社区三个场景。

可以和同伴玩耍，休闲娱乐。需要说明的是，尽管现实中学生并不总是严格遵循这些制度，也不尽然把这些场所的功能加以区分，如部分学生在课间也会埋头学习、在教室中吃饭和睡觉、在睡前挑灯夜读等，但整体来看，在什么场合干什么事仍然占据主流。

学校既是时空情境中的停留点，也是一个纪律组织，它有着明确的、与外界活动相分离的物理边界，学生在学校度过的这段时间，无论是在空间上，还是在时间上，都被严格地封锁起来，避免受到外面那些有可能打扰孩子学校生活的事物的影响[1]。在教室内，学生被要求在非必要情况下不得离开以课桌为中心的区域，且必须保持安静，这种体现严格规范性的规定为学生提供了前台区域，他们的言行举止都受制于以课堂秩序为名的规则。而在课堂之外的时间里，学生可以从规范的调控中挣脱出来，在操场、食堂、楼道等场所自行开展活动，但他们仍受到时间制度的约束，上课铃则标志着自由活动时间的结束，他们必须重新进入教室这一封闭空间。此外，学校以制度的形式实现了对学生身体的规训，不论是课间的规则（如不准东张西望、交头接耳）或是课间活动（如不得剧烈活动），还是纳入正式活动的早操、眼保健操、体育课等，都对学生身体的定位、姿态等有着明晰的规定。总之，学校借助制度形成了对学生的时间、空间和身体等方面的规范性要求。

（二）校外生活中的时间管理

在家庭生活中，家长也会精细安排孩子的学习活动。儿童的教育竞争本质上是时间管理效率和管理质量的竞争[2]，从中我们不难看出，家长试图对孩子的校外时间进行精细化管理来增强孩子对时间的掌控感，进而获得教育竞争的优势。在紧张的校园生活之外，家长也会在安排子女的家庭活动（如做家务、做作业）之余为其选择兴趣班。自"双减"政策执行以来，学校面向学生增设了各项活动课程，但总体来看质量不

---

[1] ［英］安东尼·吉登斯：《社会的构成：结构化理论大纲》，李康、李猛译，生活·读书·新知三联书店1998年版，第227页。

[2] 雷望红：《中国城乡母职形象何以分化——"教育家庭化"中的城市"虎妈"与农村"猫妈"》，《探索与争鸣》2020年第10期。

高，因此有条件的家庭仍会为孩子报兴趣班。加上现有的升学体系对学生考查的多样性，具有特长的学生能在竞争中获得优势，这为兴趣班赋予了强大的工具性价值。在家长看来，兴趣班能发展孩子的能力，无疑有助于孩子在升学考试中占据优势，因此，那些具有直接效用的兴趣班最受家长青睐，如英语、编程、数学等。学生则可以在遵循父母意愿的前提下选择自己感兴趣的兴趣班，兴趣班的内容有趣、形式活泼，更能激发学生的参与意愿，无疑更受到他们的喜爱。当然，最重要的原因在于，兴趣班很少布置作业，课业压力较小，为学生在紧张的学习之外提供了难得的避风港。

总之，学生在校内、校外的活动安排都被严密的时间表所主导，他们必须在有限的时间内完成各项学习任务，在教育竞争日益激烈的当下，家长、教师都会给他们施加一定的压力，因此，不论他们如何努力仍会感到时间不够用。在现实中，这种高度紧张的时间管理模式也引发了学生对于学习的焦虑。

## 二 主动内卷的学习竞争

与学校、家庭、社会共同施加的结构化压力相对应的是，学生的学习呈现出内卷的趋势：学生被卷入激烈的学习竞争之中，把大量的时间和精力都放在学习形式（如增加学习时间、加大学习强度）的提升上，但这些做法并未带来实质性的提升，相反，过度学习增加了学生的负担，造成了劳动的无意义损耗，也放大了学生学习的焦虑。内卷式学习竞争具体有如下表现形式。

（一）争分夺秒

时间是有限的，但只要利用得当，有限的时间就能发挥出更大的作用。诸如"时间就像海绵里的水，只要愿意挤，总还是有的""一寸光阴一寸金，寸金难买寸光阴"等名言警句无不在警示着学生，时间一去不复返，一旦错过便不再来，为了实现教育所许诺的美好未来，就必须心甘情愿地付出当下的时间。其背后的逻辑便在于，时间是一种可控的成本，只有提高利用效率，才能获得理想的目标，当下的教育时间不断形塑着未来的图景,而现在的付出都是为了未来的回报。反之,现在的不努力可能导致未来的教育失败,这种对失败的恐惧则促使着学生用倒计时的方式重新规划时间(当然家长和老师也会参与其中,帮助学生制订最为高效的学习计划),通过科学管理时间来实现效用的最大化。在学校中,学生在执行时间表之余也会自己安排学习活动,如在课间,除玩耍和活动外,一些学生会选择补觉或是室外活动,而另一些学生则会利用课间学习。在晚自习结束后,也有部分学生还会"挑灯夜战",利用睡觉前的时间复习当天学习的功课。这种惜时如金的学习方式往往成为引发其他学生恐慌的来源。

(二)对竞争的过度迷恋

正如帕森斯所言,社会生活全部领域(包括教育)的分配原则都遵循着竞争的逻辑,时至今日,竞争作为一种机制嵌入教育领域的结构之中,现代教育的制度建构、组织运作、人际交往、教学策略等无不建立在竞争的基础上,并形成了以竞争为价值导向的发展模式。竞争不仅规范着教育的日常活动,也激发和维持着个体向学的动力,可以说,现代教育就是一种竞争导向的活动。在内卷式学习中,竞争的作用被过度拔高了,成为学生自我肯定、自我认同的方式,学生的自我价值建立在与他者的竞争乃至对立的基础上。在学习活动中,过度的竞争模糊了个体自我与他者的认知边界,激化了他者与自我的紧张关系,甚至造成了非此即彼的二元对立局面,同伴成为具有潜在威胁的他者。因此,教育成功的标志转变为战胜他人,把自我的成功建立在他人失败的基础上,把个体的成功看作教育的成功。学生投入了一场看不见硝烟的战斗中,他们更关注的是超过他人而非自身的进步,把学习的价值等同于获得第一名和赢得他人的赞许等外在目标,甚至为了超过他人而采取"兵不厌诈"的手段等。这种竞争关系体现的是教育主体间的逆向依存关系,不仅助长了利己主义,更让学生陷入无形的恐惧之中,进一步增强了对竞争的路径依赖。

(三)不断叠加的目标

在学习竞争中的目标是不断叠加的,但它却是在学生与家长、教师、同伴等角色的互动中不断建构的。一方面，不断激发学生内心对成功的渴求，如果说学习就是为了获得更大的效益，那么成功则被定义为更高效地获取学习效果，成功就是永不满足。只有在学习的赛道上获得成功才能赢得认可，进而获得自我满足和幸福，以此形成了"竞争成功＝认同＝幸福"的价值体系。在这一逻辑下，学生的内卷式学习就成了他们的自发选择，通过竞争的成就来持续产生新的学习动机。另一方面，肯定性的话语激励，通过"你可以"来促进学生的潜力开发。看似内卷式学习成为学生自由选择的结果，学生积极主动投身于学习之中，不断寻求实现更高的目标，突破自身的极限。举例而言，学生考了很高的分数，但家长认为还能考得更好，他们关注的不是孩子考高分，而是为什么不能考满分。在家长的影响下，学生也认为自己可以学得更扎实，考得更完美。这种肯定性话语下的竞争掩盖了"被自愿"的事实，在学习内卷化的背后是规训与控制的精细化、隐秘化，学生仍未摆脱被成人主导的命运，以至于陷入虚假的自我之中，主动参与到竞争之中。其结果便是学习维持着一种虚假的繁荣：看似每个学生的努力学习使得成绩都有所提高，但整体成绩的上升并未对排名有所改变，只是增加了学习的难度。在学校中，教师会给每个学生很好的评价，看似每个学生的在校表现都很好，却隐藏了学生在学习中遇到的真实问题。

尽管内卷式学习让学生处在一种永不知足、不断挣扎的境况中，但这却是家长和教师乐于看见的，其中表现好的学生则被冠以"懂事""上进""优秀"等标签，被树立为榜样，而越是优秀的学生就越被卷入其中，无形中形成了一种"卷"文化，被戏谑地表达为"只要卷不死，就往死里卷"，这一情形在学生群体间常有发生。卷到极致的学生也被称作"卷王"，即内卷式学习的胜出者。当一个人表现得非常努力学习的时候，就会带动身边的人更加努力学习，从而带动群体努力学习，但只有一个人能在这场竞争中获胜，这一个体也就是"卷王"。然而在成功的背后，却是超量的重复性训练、家庭的学习投入以及自身的焦虑，成为"卷王"也预示着，只有在这场竞争中时刻紧绷神经、持续投入才能获得最终的胜利，只能成功不能失败。

### （四）挣扎中的自我强迫

在高度紧张的学习活动中，学生面临着各种负面情绪，如在课堂提问时学生害怕回答错误而不敢与老师、同学交流，在考试前感受到莫名的恐惧，过于关注老师、同学、家长等对自己的评价而感到焦虑等。学生被笼罩在紧张、焦虑的氛围中，这种焦虑源于对学业成就的过度担忧和恐惧，尤其是在优质教育资源不足、教育竞争加剧的现实情形下，学生的焦虑情绪更为突出。但即便如此，他们也不愿从中退出，而是选择调整自我的心理感受，即自我强迫。根据弗洛伊德的理论，学习强迫是学生的一种心理防卫机制，源于自我对本我的压抑，当学生为了减轻学习焦虑引发的负面后果时，就会在心理层面作出调整，明知内卷式的学习会给自己压力，但在激烈的教育竞争面前，却不得不强迫自己继续"带病"学习，为了升入理想的学校而进行高强度的学习，为了追赶难以企及的目标而继续努力。这种强迫自己学习的做法充其量不过是对焦虑的逃避，无益于学习焦虑的缓解，反而会加重学生自身的身心负担，引发更严重的焦虑情绪。

在学校、家庭和社会的综合作用下，学习的压力被集中在学生身上，学生因作业、排名、成绩、升学等担忧不已，唯恐达不到家长和教师的期待。为了应对如新冠疫情等突发形势引发的新的不确定因素和为了在升学和就业竞争中占据优势，学生不得不重新调整自己的规划，为学习而付出更多精力，即使感知到疲倦、焦虑、惶恐、担忧等消极情绪，也不愿从竞争中退出，而是选择加大投入，强迫自己去克服消极情绪。学生看似主动拥抱内卷，实则是屈从于外界权威而不得不如此的无奈，反映出学生作为学习主体的主体性弱化和失语。在激烈的教育竞争中，学生看似能够自由选择的背后是家长、教师等成人的隐性控制，他们的学习背负着太多来自外在的负担，如社会层面的焦虑情绪、家长和教师的高度期望、家长的过多参与等因素。当然，学生身上也有引发焦虑的内部因素，表现为对学业成就的期望，对通过学习来获得他人认同的渴望，对自我价值的定位等。一般而言，学习焦虑是由外界因素和内部因素共同作用的，其中，家长、教师等主体无疑是关键的外部力量，在他们的主导下，学生只得被动地开展学习活动，一旦脱离了家长和教师的引导和约束，就有陷入茫然乃至停止自我发展的可能。而当他们发现自己的努力并未得到家长、教师、同伴等主体的认可时，就有可能产生对自身价值的怀疑乃至否定，这无疑是一种存在意义上的焦虑。但我们也应看到，学习焦虑在给学生带来负面体验的同时，也让他们得以在审视自我的基础上寻求解释和应对的方式，抵御来自外界施加的焦虑情绪。

### 三 学习焦虑的日常抵抗

学生是能动的行动者，在承受着来自家长、教师的结构化活动安排的同时，也在日常学习和生活中对此加以解释和应对。也就是说，学生在学习活动中感受到焦虑、迷茫、恐惧等情绪的同时也会产生积极的反思，当这种反思达到一定程度时，就会转化为变革行动，推动自身超越焦虑情绪的消极影响。斯科特在《弱者的武器》中提出了"日常抵抗"的概念，用以描述底层群众对上层阶级的抵抗。与激进的公开抵抗不同，日常抵抗通常是非正式、隐蔽的并且以关注实际的物质获取为主[1]。日常抵抗措施是弱者的武器，和其他的象征性抗争手段一起，使得底层群众能以表面顺从的形式继续从事抗争实践。以此来审视学生对结构化情境的态度便不难发现，尽管焦虑情绪在学生群体中时有发生，但学生在对待焦虑的具体行为上却有着明显的分化，或是顺从，或是反抗。因此，而当学生以自嘲的口吻表达"躺平""摆烂""划水""摸鱼"等意愿的时候，并不意味着自我放弃，而是试图在过度的教育竞争中追求消极的自由，抵抗内卷化对个体的规训乃至异化，其背后隐藏着对教育本真价值的诉求，本质上是一种建立在批判与反思基础上的软性抵抗。概言之，学生对学习焦虑的日常抵抗措施大致可分为显性抵抗和隐性抵抗两方面。

#### （一）显性抵抗策略

显性抵抗是指学生在外界施加的压力面前公开表达的抵抗，以直接

---

[1] [美]詹姆斯·C. 斯科特：《弱者的武器》，郑广怀、张敏、何江穗译，译林出版社2011年版，第39页。

的形式表达自己的不合作、不顺从态度。具体而言，又可分为三种形式：争辩、协商、"摆烂"。

第一，争辩。当学生在与父母、教师之间存在意见分歧时，会通过争辩的形式明确表达自己的观点和诉求，且在适当的时机使用情感策略，从而实现"动之以情，晓之以理"地说服他们的目的。争辩是亲子、师生间沟通的重要方式，但争辩能否达到预期目标却主要取决于家长和教师的态度。对于开明包容、善于沟通的家长和教师而言，争辩往往是他们所赞同的方式，也能取得较好的结果；而对于缺乏沟通技巧、注重权威的家长和教师而言，争辩所发挥的作用很有限，甚至可能会激化矛盾，引发亲子、师生间的冲突。

第二，协商。协商是指学生通过谈判的方式与家长、教师达成一致意见。协商并不是要坚持己见，而是在自己与家长、与教师之间达成平衡，为此，学生往往需要一定的技巧，且要作出的适当妥协和让步，以此让家长和教师满意。在现实中，学生往往会用讨价还价的方式来与父母、家长开展协商，在顺从他们期望的同时也实现自己的主张。

第三，"摆烂"。"摆烂"即对事情的后果持无所谓的态度，表现出自我放弃的姿态，从而让自己摆脱被定义、被批评和被要求的处境。"摆烂"并非完全放弃抵抗，而是通过宣泄负面情绪的方式来表达自身的不合作、不妥协态度，这一做法常发生在学生和家长、教师进行争辩和协商无果之后，身处外界的高度期待与现实的学习困境之间，他们不得不放低姿态，以"摆烂"的极端方式来倒逼家长和教师改变做法。但这种直接对抗很容易招致家长和教师的强制措施，甚至激化彼此间的冲突与对立，也无助于焦虑的缓解。这种表达也不过是一种内心情绪的发泄，目的仍是情绪的调整。

（二）隐性抵抗策略

隐性抵抗是指学生并不直接质疑家长、教师的权威，也对其行为转变不抱期望，而是在表面顺从的背后继续执行自己的计划。具体而言，包括敷衍、阳奉阴违、"吐槽"三种形式。

第一，敷衍。部分学生在迫于家长和教师的权威而采取某种行动时，会想办法维持表面的顺从，秉持"能拖就拖，拖不了就敷衍"的态度，从而在面对自己不认同的情况时保持自主性。

第二，阳奉阴违。由于敷衍了事有被发现的风险，甚至可能引发家长和教师的批评，因此，学生们会为自己的违反行为寻找正当的借口，看似顺从实则在做别的事情，这种方式就是阳奉阴违。在与家长、教师的相处中，学生们早已总结出多种形式主义策略，如在自习的时候会有同学"打掩护"以防老师突然出现，在家线上学习的时候挂着QQ在线聊天，借小组作业的形式找同学玩，等等。对于这种"说一套做一套"的方式，部分学生会获得一定程度的成就感，因为它不仅能在不与家长和老师起冲突的前提下做自己的事情，还能在一定程度上感受到专属于自己的自由。

第三，"吐槽"。"吐槽"即在他人背后说一些不好的话，通常发生在学生之间的小圈子里。通常"吐槽"可分为线下和线上两种方式，除日常聚会外，学生们会使用QQ群、微信群等表达不满，"吐槽"的对象包括老师、父母乃至身边的同学，主题不限但大多是针对学校和家庭中的烦心事，如抱怨老师的要求苛刻、讲课拖堂、作业繁多、考试难度大等。"吐槽"是学生负面情绪的宣泄和释放，以此表达出对现实不满却又无力改变的复杂情感。通常，"吐槽"有着明晰的边界，学生们往往有着清晰的"自己人"和"外人"意识，如家长、教师和关系一般的同学都被纳入外人的范畴，关系亲近、值得信赖的才是自己人。"吐槽"是一种应对学习焦虑的方式，在和同伴共同"吐槽"的过程中学生得以交流信息、宣泄负面情绪、寻求安慰等，从而重新确立对学习的信心，从容面对学习和生活中的焦虑情绪。

我们也应看到，学生是有着自主意识的能动者，他们并非被动承受结构性情境中的学习焦虑，而是进行了一定的抗拒和调整。不论是采取显性或隐性的抵抗策略，学生们都试图应对外界（家庭、学校、社会）施加的过多压力，在表达个人诉求的同时试图与自我达成和解，在抵抗外部权威的同时重获自我的主导权。尽管这种抵抗更多地具有形式意义，并不能从根本上改变高度结构化的学习情境，也难以从激烈的教育竞争中摆脱焦虑的困扰,但它却传达出一种自发的抵抗精神:在教育焦虑盛行的当下,学生渴望以主动的姿态抵御教育对自身的异化,寻求本真自我的回归。学生群体在形成"卷"文化这一亚文化形态的同时,也会通过"反卷"文化来传达出他们追寻学习主体性的意愿。于是,我们常常能在现实中看到看似矛盾却又有其内在逻辑的现象:在卷与反卷之间徘徊是当代学生学习的常态,"卷又卷不动,躺又躺不平"这一流行语就高度概括了他们既挣扎又难以逃脱的焦虑情绪。因此,在与成人的"控制—反抗"的辩证性互动中,学生才得以不断在学习活动中产生焦虑体验的同时尝试反抗焦虑。

总之,学生的学习焦虑源于对学习过程和结果的体察,表现为担心学习结果达不到家长、教师的预期而对自我价值产生怀疑的情绪反应。从学生的学习轨迹中,我们不难看出家长和教师对其学习行为的主导。家长的教育期望不断推高学生对学习结果的期待,家长的介入使得学生失去对学习过程的掌控,以至于他们从学习的主动者变为服从者;在学校这一制度化场域中,学生接受着有计划、有目的的保护、塑造和监督,他们的日常活动都必须在结构化、组织化的时空中进行,在校时间被分割为不同的单元,教师则在相应的时间单元内组织并督促学生的学习和活动;在学校生活之外,家长热衷于把孩子送到校外机构中参与各种兴趣班,这种热情有增无减,家长侧重孩子在艺术、体育、美术等方面的发展以获得升学竞争的优势,用兴趣训练来占据孩子的闲暇时间。可见,在当前的教育关系中,家长、教师与学生的关系仍然有不平等的一面,真正平等的亲子关系、师生关系在当下的教育实践中仍难以真正实现。

## 第三节 教师角色过载引发的认同危机

教师的教育焦虑与其身处制度化情境的事实直接相关。人总是生活在一定制度空间中的,既生产着制度,也受制度约束,可以说,人本身就是制度化的人,"制度人"假说就很好地概括了人的这种处境,它被

第二章 焦虑时代的教育幻象

用于指代在某种社会状态下,内在需求并创造制度且能遵守制度的人①。具体到教师身上我们便不难发现,在制度化情境中,正式制度(包括法律、法规、管理制度等)和非正式制度(包括习俗、文化、道德等)都对教师的角色、行为和价值观等作出了严格的约束,教师的言行举止都必须符合情感、理智、法律、文化等多方面的内在规约。在现实中,教师工作的场域包括学校、家庭和社会三方面,它们背后都有着自身的规则,潜在约束着教师的工作,三重场域的叠加也间接导致了教师身不由己的局面②:教师既要面临来自上级部门的管束,也要面临来自家长、社会群体的问责;既要从事大量本职工作,又要周旋于各种非本职工作之间;既要承受外界较高的期待,又要付出相应的努力。可以说,教师职业的特殊性决定了其工作对制度有着较高的依赖。制度成为理解教师教育焦虑的切入点,教师的焦虑就内生于教育系统之中,与其承担的多重角色相关,教师教育焦虑实则是由教师对其自身角色认同危机所引发的一种心理状态。在学校这一制度化场域中,教师最显著的角色便是教育者,在完成教学、管理、教研等本职工作的同时也要推动执行教育改革的相关措施,教育改革所引发的不确定性使得教师的职业体验被焦虑所裹挟,这一点在当下如火如荼的"双减"政策中尤为突出,"双减"政策在缓解教师部分焦虑情绪的同时又增加了新的焦虑形式。综合来看,教师的焦虑表现在教育工作和对自身角色的认知两方面。

### 一 职业焦虑

时至今日,教师已成为一个高压职业,教师既是学校教育的主体,也是教育改革的推进者,承受着多方面的工作压力,如教学、管理、教研、家校沟通等,教师职业压力具备复杂性、综合性、长期性等特征。在现实中,教师的职业压力会影响自身的身心健康,教师会产生对自己能否从事好教育工作的担忧,产生对教师职业的焦虑。

---

① 曲中林:《"制度人"与教师专业发展的制度化依赖》,《大学教育科学》2013 年第 3 期。
② 实际上,对教师而言,学校、家庭和社会之间的边界越来越模糊,随着在线教学方式的推广,教师工作逐渐从已有的时空条件中脱域,呈现出灵活多变的特征。

(一) 工作量过载

教师的工作时间是教师花在学校的工作时间，包括教学时间和非教学时间，具体包括备课、教学、批改作业、赛课、教研、班级管理等工作内容。除日常的教学、管理工作外，教师还需要开展教研活动，承担着社会角色的任务等。教师在"双减"政策执行后还需要承担作业辅导、看护托管和素质拓展等多样化的工作，其初衷是让孩子能在完成作业后回家，解决孩子放学后无人照看的问题。在访谈中，"忙"和"累"成为教师的共识，教师工作时间长、工作任务重、工作压力大，教师往往处于超负荷工作的状态，如一项2018年的调查显示，上海教师的每周工作时间为45.3小时，远超38.8小时的国际平均水平[1]。"忙"和"累"精准概括了教师职业体验的消极面向。

一方面，教师工作量增大。"双减"政策导致教师的在校工作时间延长，且工作时间不固定，如学生分批次放学，教师必须安排好托管的学生，学生回家了教师才能下班。尽管政策层面规定学校可以为教师实行弹性上下班制度，如早上有课的老师可以把上下班时间提前，而上午没课的老师可以延长课后服务时间。但这一方案在实际中往往难以真正落实，在学校教师数量有限又难以引进校外志愿服务教师的情况下，教师不得不从事更多的工作。此外，教师工作时间的密度增大，教师在单位时间内要完成的任务量增大。由于面临着不同任务之间的转换，完整的时间被分割为不同的模块，使得教师很难抽出完整的时间来完成某一任务，教师在感到时间匮乏的同时，却又难以自主掌控时间，从而产生对时间的焦虑。

另一方面，教师的隐形工作增多。在教师正式的工作之外，还存在大量的非正式工作，这些非正式工作广泛分布于教师的教学生活之中。在教学方面，除课堂讲授外，教师还要提前备课、批改作业、参与教学研讨、撰写教学反思等，繁重的教学任务让教师很难抽出时间来休息。

---

[1] OECD, TALIS 2018 Results (Volume I): Teachers and School Leaders as Lifelong Learners, https://doi.org/10.1787/1d0bc92a-en, 2019-06-19.

为了完成教学目标，教师必须投入大量的时间钻研教学方法、写教案、做课件等，这些都是教师隐性的工作投入。此外，班级管理也耗费教师大量的精力。不论是学生在校的学习、生活和交往活动，或是班级卫生、纪律、文体活动等，都离不开教师的管理，这些都让教师心力交瘁。教师的隐形工作来源广，且常隐藏在教师的教育理想信念、晋升愿望等之后。在现实中，教师常用奋斗、努力等自我激励的方式来合理化这些额外负担，从而自愿接受这种安排。然而，教师的隐形工作并未得到应有的认可，常被忽视乃至误解。此外，在部分学校的课后服务中，教师所得报酬与其付出不相匹配（甚至有教师从事大量的无偿劳动），无形中挫伤了教师工作的积极性，也加大了教师的负担，让教师感受到焦虑不安。

（二）教学难度大

在教学活动中，教师由于对学生情况、教学过程、教学情境等要素的不确定性而产生的担忧就是教学焦虑。课堂教学的关键在于教师，"双减"政策则进一步强化了教师在课堂教学中的重要性，同时也凸显了当前课堂教学中的不足。传统的课堂教学活动，教师只要掌握学科知识、学科教学法就能开展课堂教学工作，为确保教学质量，教师通常会布置大量与教材配套的作业，通过重复性训练的方式巩固和提升学生的学习效果。这种教学方式为教师提供了可复制的模板，掩盖了部分教师教学能力薄弱的短板。此外，校外学科培训超前超量教学，甚至大有取代课堂教学之势，导致学生学习进度、效果参差不齐，课堂教学的实际效果并不如意。为此，需要教师在已有经验的基础上适时作出调整，努力钻研、提高教学能力，在不增加学生负担的前提下提高教学效果。面对上级教育部门和学校的要求，教师需要投入较多精力来钻研和改变教学方式，但这一过程注定是缓慢而艰辛的，部分教师对传统教学方式存在路径依赖，难以在短时间内适应新要求。在现有的教育评价机制下，学生普遍面临着升学的压力，培养学生的综合素质难以真正落实，因此，分数优先还是素养优先就成为教师在教学活动中的两难抉择。

在"双减"政策实施前，学生不仅要在学校完成学习任务，部分学生还会选择课外补习。"双减"政策后教师通过题海战术来提高学生学习成绩的方法不再适用,减少课后作业可能引发家长的担心,认为不利于学生巩固成绩和应对考试。如何在不增加学生作业量和学业时间的前提下确保教学成效,提高作业质量,已上升到和教学同等重要的地位,成为教师应努力钻研的任务。但问题在于,作业的重要性并未得到应有的承认,教师的职前教育和职后培训中都未具体到布置作业这一环节,因此,教师大多直接借用现成的作业作为教学辅助工具。"双减"政策提出要减少作业的同时,把作业纳入教研体系,设计符合学生年龄特点和学习规律、体现素质教育导向的基础性作业,这要求教师投入更多的精力来钻研作业,在减少机械重复、以考察记忆为主的作业的同时,注重与审美、探究、体验、创新相关的作业设计,结合学生的学习进度和学习要求,精心选择难度适合的作业内容,以此配合课堂教学。在现实中,学生作业量减少的同时,教师的工作任务反而增加了,因为作业是教师了解学生学习状况的窗口,能帮助学生查缺补漏,但现在的作业已不再由教师完全把控,看似要批改的作业有所减少,但教师却要花费更多精力辅导学生学习,增加了教师的工作任务,那些弹性的个性化作业更是对教师的教学能力提出了更多的要求,使得教师面临着因缺乏安全感而产生的焦虑。

此外,教师从事课后服务的质量还有待提高。如果教师局限于在课后辅导作业,长此以往课后辅导则有可能变成自习课,学生则会出现审美疲劳,从而影响课后服务的质量。"双减"政策的新要求促使教师不断提升个人在教学、管理、教研、沟通等方面的综合能力,在减负和提质之间达成平衡,这一目标无疑让教师感到更大的压力,也更容易让教师感受到焦虑。

(三)家校沟通难

"双减"政策出台后,学生的学业负担有所减轻,家庭负担也有所减轻,家长焦虑情绪有所缓解,也有部分家长对"双减"政策实施后孩子的学业成绩表示担忧,对于学校提供的教育服务质量不免心生顾虑。从本质上来看,学校提供的教育服务是面向普通大众的均质性服务,难以满足家长和学生对个性化教育的需求,学校与家庭之间的供需关系失衡，进一步引发了家长对学校的担忧。面对家长的担忧与焦虑，教师必须花费更多时间和精力与家长沟通，从而顺利推进教学工作。

"双减"政策导致家长获得校外教育资源的途径被限制，对于习惯性依靠课外辅导和作业来提高孩子学习成绩的家长而言，无疑增加了其教育焦虑。因此，家长提高了对学校教育的期待，并把这种期待转化成对教师的要求，希望把校外培训机构的规划延续到学校教育当中，这实际上是家长教育思路在学校的延伸。为了确保孩子在教育竞争中获得优势，家长必然会干预学校教学活动，促使教师提高学习内容的难度，这种关系实质是家长主导下的不平等家校合作，使得教师处在被动的位置，甚至家长还会干涉教师的教学工作。此外，家长还会对教师的班级管理提出要求，如要求给自己的孩子安排较好的座位，给孩子更多关照，了解孩子在校学习情况等。通过组成家委会，家长们与学校教师之间保持着更紧密的联系，时不时会督促教师向家长通知孩子在校的学习情况。为了应对家长的诘问，教师不得不在教学、管理工作中更加谨慎小心，尽力维持与家长之间的和谐关系。家长的高度参与在一定程度上损害了教师的教育自主权，增加了教师的负担，更进一步引发了教师的焦虑。

"双减"政策要求降低考试频率和考试难度，但这并不能减少教师的工作量。相反，在评价标准不变的情况下，教师对学生学习状况的掌握程度下降，加大了教学活动的难度。此外，"双减"政策规定学校不得公布学生的考试成绩、排名等信息，导致家长不了解孩子的在校学习情况，由于看不到成绩而焦虑，这种焦虑又会传递给教师，实际上，家长仍会想方设法打探孩子的考试成绩，甚至家长之间会私底下互相询问，使得教师必须抽出更多时间来应对家长的咨询，即使工作繁忙也无法逃脱。

## 二 角色焦虑

角色焦虑是教师在教育工作中思索自身存在意义的产物，它是教师在践行其多重角色的过程中所产生的无法释怀的、难以排解的生活体验。这种焦虑来源于人生意义的迷失和对未来的担忧，反映出教师的角色认同危机[1]。角色焦虑就是教师角色认同所引发的一种消极情绪体验。

(一) 教师角色失衡

教师对其自身角色的定位和认同决定着教师投入的程度。在现实中，教师往往身兼多重角色：既要从事教学管理工作，还要开展教研任务；既要处理好本职工作，又要从事社会活动；既要努力工作，又要照顾家庭。教师的角色是复杂的，集主流价值观的推介者、学习的指导者、学生的引导者和研究者等身份于一身[2]。角色的同一性能让教师保持良好的身心状态，而角色失衡与冲突则是教师负担的重要诱因[3]，使得教师背负着沉重的身体和心理负担，同时也可能导致教师对职业角色的认同失衡，焦虑、迷茫、痛苦等情绪由此而生。教师主要面临以下三种矛盾。其一，教学工作与自身发展的矛盾。为了能真正落实减负要求、提高教学质量，教师必须刻苦钻研教材教法，努力提升自身教学能力，而教学之外的集体备课、教研、赛课等活动都会消耗教师大量的精力。一些非必要的工作占据了教师的主要精力，挤占了本该用于备课、教研、教学反思等活动的时间，也无形中压缩了教师自我发展的空间。在繁忙的教学工作中，教师的专业角色与教研者角色之间难以达成平衡。其二，学校工作与工作外角色的矛盾。除教育工作外，教师在教育系统中还承担着一定的社会角色，社会不同主体对教师角色都有着潜在的期盼，这种期盼也制约着教师的行为，导致教师需处理与各种角色相适应的任务。一项调查表明，教师从事教育教学工作的时间仅占其工作总时间的1/5，教师大量的时间耗费在城市创先争优、街道社区事务、教育宣传等与本职工作无关的任务上[4]。大量非本职工作弱化了教师作为教育工作者的身份，而这正是教师角色之所以成立的基础。其三，本职工作与家庭角

---

[1] 余宏亮：《教师角色焦虑三维透视》，《全球教育展望》2016年第7期。
[2] 黄书光、王伦信、袁文辉：《中国基础教育改革的文化使命》，教育科学出版社2001年版，第76—77页。
[3] 陈德云：《教师压力分析及解决策略》，《外国教育研究》2002年第12期。
[4] 张小菊、管明悦：《如何实现小学教师工作量的减负增效——基于某小学教师40天工作时间的实地调查》，《全球教育展望》2019年第6期。

色的矛盾。教师工作时间的延长、工作任务的加重模糊了工作时间与休闲时间、工作场域与家庭场域的边界，教师在家庭场域中仍要承受工作情境中的规范性要求，教师的劳动时间大为延长。教师承受着由于角色过载所带来的沉重负担，有的教师下班后还要在家中办公，为了应对学生的突发事件，教师必须24小时随时待命，这让教师每时每刻都处在精神紧绷的状态中，这无形中激化了职业角色和家庭生活之间的冲突。在生活中，教师也扮演着多样化的角色（如朋友、父母、子女等），有着复杂的社会关系，若长期在非工作时间工作，则会影响其正常的交往活动，导致其社会关系受损，这会成为家庭矛盾的诱因，产生如亲子关系疏离、夫妻关系淡漠、子女照看不周等问题。

总之，教师的多重角色决定了教师面临着多样化的期待，而社会对教师角色的过高期待以及附着在每种角色身上的任务使得教师背负着沉重的负担（包括本职工作和非本职工作），这其实是一种"角色超载"现象，教师需要同时扮演多个角色，当他们在有限的时间内要完成多项任务时就会面临着角色超载问题，从而影响教师对自身角色的认同，甚至影响教师的自我存在感和价值感。

（二）精神内耗凸显

过多的工作负担也给教师造成了较大的心理压力，教师的心理健康问题不容小觑，一项调查表明，教师心理普遍处于亚健康状态，存在不同程度的发展性和适应性问题[1]。这种心理健康问题的突出表现就是精神内耗（又称心理内耗）。所谓精神内耗，是指个人把有限的心理资源耗费在平复由各种杂念引发的情绪波动上，难以集中精力做建设性的事情。

精神内耗有如下特点。其一，对自己有着高要求，时刻怀疑自我。现代社会中，社会对教师职业的期待越来越高，赋予教师较高的道德与

---

[1] 俞国良、靳娟娟：《新时代中小学教师的心理健康问题及其应对》，《今日教育》2021年第9期。

行为标准，甚至把教师看作无所不能的教育者，这种期待也在无形中强化了教师对自身的角色期待。在现实中，教师往往对自己有着严苛的要求，渴望获得他人的认可，因此，在遭遇挫折时教师有着更强烈的反应，这种理想与现实的落差给教师自身带来了沉重的心理负担。其二，高敏感性，对外部刺激有着强烈的反应。外界的一点风吹草动便会让教师坐立难安，感受到强烈的不安感。内心仿佛充斥着两种截然不同的声音，在不断地拉扯、冲突中，教师进而产生巨大的情感张力，各种复杂情绪（如压抑、紧张、失望、愧疚等）交织在一起，造成了莫名的疲倦感。其三，无端想象，对负面后果过分担心。表现为控制不住自己胡思乱想，沉浸在自己虚构的世界中，把小概率事件看作会带来负面后果的必然事件，编织了大量无意义的幻想，把主要精力耗费在空想之上。尽管教师对自己的状况有着较为清晰的认识，在痛苦、焦虑、愧疚的同时却并未采取实质性的改变策略，处于被动的地位。

教师的精神内耗直接源于沉重的负担，这些负担又源于教师在制度化情境中承担的多重角色，社会对教师职业的过高期待、非教学工作挤占自我发展的空间、"双减"政策对教师的新要求、多种角色之间的错位等都是引发教师精神内耗的源头。此外，教育主管部门频繁的监督、检查、评比活动也加重了教师的负担，让教师忙于处理各种琐事，陷入无意义的匆忙之中，甚至用外在的忙碌来掩盖内心的焦虑。但需要说明的是，引发教师精神内耗的负担往往是假性负担，即教师感觉自身工作有负担，但这种负担并一定不真实存在，而是由教师主观感受所引发的负担，本质上是教师对自身所处境况的错误判断。工作负担有客观因素也有主观因素。客观而言，教师的工作量过载是一个不争的事实，但每一个个体对过量负担的标准却各有差异，它的消极影响也较为有限。但问题在于，外界的负担有多种来源，且形式多样，在全民教育焦虑的大环境下，教师就很容易产生负担过重的想象，这种想象阻碍了他们对外界负担的准确认知。也就是说，教师的不当认知放大了假性负担的危害，使得教师陷入无意义的自我消耗之中。精神内耗是焦虑的一种外部表现，它进一步加重了教师的心理负担，让教师感到身心俱疲却难以挣脱，这种疲倦更多表现为精神层面的过度透支，即在过度焦虑后丧失了进一步行动的意识和能力，严重的甚至可能动摇教师的价值基础，威胁其教育信念，最终引发本体性焦虑。长此以往，精神内耗将成为教师生理、心理疾病的诱因甚至导致精神萎靡、情感衰竭、职业倦怠等问题。

# 第三章

# 当代教育异化的潜在风险

焦虑有正常与过度之分,正常的教育焦虑能让个体激发自身的潜能,但过度的焦虑则会让教育主体处在痛苦之中,并导致心理和生理的不良反应,这一状况也被称作焦虑性神经症(简称焦虑症)。"作为一种消极情绪的'焦虑症'长期存在或积累是有害的,不仅使躯体产生生理障碍,还容易引起精神障碍,如广泛性焦虑、强迫障碍等,从而导致心理、行为出现异常,如精力涣散、思想混乱、消沉绝望等病症。"[①] 同理,当教育焦虑从个体感知拓展到群体现象时,就更易展现出消极的向度,呈现出病理性的特征,不仅会无视个体的感受,甚至会演变成一种广泛蔓延的群体性教育焦虑症。笔者认为,无论是个体还是群体意义上的过度教育焦虑,都反映了当前时代教育的普遍病症。教育焦虑对个体发展、教育事业的消极影响是多方面的,既加重了包括家长、学生、教师等主体的身心负担,也破坏了教育生态的整体平衡,使得教育发展陷入内卷化困境,而在更为普遍的意义上,它引发了教育主体的异化风险。

## 第一节 焦虑主体的自我损耗

在个体意义上,过度的教育焦虑使得家长、学生、教师等主体产生

---

[①] [美]大卫·伯恩斯:《焦虑情绪调节手册:改变生活的全新心理疗法》,李迎潮、李孟潮、徐维东译,学林出版社2009年版,第173页。

生理和心理的不适，也进一步挤压了他们的自主空间，使得个体陷入迷茫无措的境地。理解这一点，可以从家庭生活、学生成长、教师工作体验三方面加以分析。

### 一　家长以爱之名的情感规训

在国家、社会、市场等多方因素的裹挟下，家庭被不同程度地卷入子女的教育竞争之中，父母深度参与到学习的过程中，对子女的未来成就寄予厚望并倾注大量教育资源，但高投入并不意味着能获得预期的回报，相反，过于积极的教育行为会成为焦虑情绪的诱因。家长过度的教育焦虑加重了家庭的经济负担，打破了家庭成员之间的情感平衡，为代际、代内的家庭关系蒙上了阴影，进而降低家庭幸福感。在现实中，家长这种忘我的爱有可能遭到子女的抗拒与疏离，甚至成为引爆家庭矛盾的导火索，使得家长的角色带有一定的悲情色彩。

（一）降低家庭生活的幸福感

在现代社会中，家长已成为影响子女学业成就的重要他人。在这一转变过程中，孩子的教育成为家长关注的焦点，也无形中成为家庭生活的核心议题，孩子学习的任何动态都有可能引发家长的过度紧张，可以说，孩子的教育牵动着家长敏感的神经。一项针对中产阶层家长的调查显示，70%的家长认为过度的教育焦虑会威胁自身的身心健康，降低幸福感。[①]

一方面，家长过度的教育焦虑让整个家庭背负着沉重的生存压力。家长在家庭教育活动中扮演着多重角色：既要照料孩子的日常生活，也要陪伴、督促子女学习；既要为孩子的学习制定长远规划，也要具体参与到孩子学习活动的执行之中。为了实现预期目标，家长就必须激活并整合家庭的教育资源，举全家之力参与到孩子的教育竞争之中，在这一过程中，孩子的教育支出已成为家庭消费的重要内容，甚至教育消费已

---

① 韩海棠：《中产阶层家长的教育焦虑：现状、问题与原因》，硕士学位论文，华中科技大学，2018年，第39页。

独立成为一个优先级较高的消费项目。尽管家庭收入在持续增长,但远跟不上家庭教育支出的增长速度,《广州社会综合调查(2019)》和《广州社会综合调查(2016)》的数据显示,从2014年到2018年,广州城市居民家庭平均教育总支出从7967.24元增长到14976.51元,增幅为87.98%,位居所有消费项目之首。在教育市场上,围绕着孩子的成长有着复杂多样的消费项目,如早教、教辅、托管、择校、留学等,尽管它们价格不菲但颇受家长追捧。家长愿意为孩子的教育竭尽所能地消费,就在于它是一种购买希望的投资行为,被赋予获得物质财富、提升阶层地位、赢得竞争等多重意义。尽管教育消费并不一定能让孩子获得更高的学业成就,但却能让家长通过孩子学业提升、升入理想学校等成果来获得心理慰藉,从而缓解在社会生活中的生存焦虑。为了让孩子达到预期的学业成就,家长宁可自己辛苦一点也不愿让孩子输在起跑线上,宁可选择超出自己承受能力的教育消费,甚至不惜降低自己的生活标准乃至挤占其他的家庭消费形式。长此以往,家庭的日常生活步调将被孩子教育所裹挟,家庭生活质量将持续下降,家庭成员的幸福感也会受到波及,甚至影响家庭的生育意愿。

另一方面,过度的教育焦虑让家长承受着巨大的心理压力。持续的教育焦虑会损害家长的身心健康,家长在巨细靡遗地操心孩子学业的同时,家长也承受着来自社会、学校和家庭的多重压力,在生理上感受到疲惫、失眠、头晕、喘不过气、乏力等状况的同时,也会在心理上感受到焦躁、烦闷、坐立不安、易怒等情绪,甚至可能有莫名的情绪失控等状况。在与他人的比较中,家长不自觉地会产生相对落后的恐慌,孩子学习成绩与预期目标的落差也会引发家长的焦虑。然而,这些情绪却往往难以向他人言说,多数时候只能自我消化、自我排解,长此以往,家长的焦虑情绪更为郁结,严重的焦虑甚至会影响正常的工作和家庭生活。如电视剧《小别离》中的董文洁,不惜倾其所有购买天价学区房,为孩子报考各种辅导班,甚至为了孩子的学习而搁置自己的工作与未来。可以说,患有教育焦虑症的家长因为与孩子的教育深度绑定而失去对自我的认同,这其实是家长存在意义危机的一种表现。家长全身心投入孩子教育竞争的同时，却又不免会因过于沉重的负担而感到心力交瘁，不仅会打乱正常的生活、工作节奏，甚至还有可能引发严重的人格障碍。过度的教育焦虑可能成为生理和心理疾病的来源。

家长对孩子教育的过度焦虑使得他们总是处在时间匮乏之中，疲于奔命却所获甚微，时间仿佛在加速地溜走，自己所能体验到的时间却越来越少。即便如此，哪怕再疲惫不堪的家长也不愿从中退出，呈现出既痛苦又无奈的纠结心理。而在与孩子的互动中，他们也能深深地感受到无力：自己为孩子付出的心血非但没有得到孩子的认可和反馈，还可能激起孩子的抵触，甚至在亲子之间制造了裂隙，原本应当给自身带来幸福的爱却成为家庭生活中沉重的枷锁，为家庭生活蒙上了阴影。

（二）制造亲子关系中的隔阂

孩子的教育寄托着家长的期望，也在一定程度上成为家长生活的希望。在充满不确定性的社会生活中，孩子的教育能给予家长莫大的安慰，寄托着家长转移生活焦虑、改善当前生存处境的期许。因此，家长们在爱的名义下深度介入孩子教育活动之中，竭尽所能为孩子的教育竞争提供必要的条件，甚至进入忘我的状态，使得家长这一角色背负着沉重的负担。对此，弗洛姆就曾指出，"'忘我'是精神病的一种征兆……忘我背后隐藏着一种很强的常常是自己意识不到的自私性"[1]。这其实也是家长主体性迷失的表现，家长在孩子教育活动中的忘我投入实则是他们被生存焦虑和教育焦虑共同裹挟下的无奈选择，他们不仅压抑着本我的真实需要，也可能成为孩子成长的阻碍。爱孩子而不知如何去表达爱，想要教育好孩子却不知如何教育，反映出亲子双方缺乏有效的沟通与理解，家长与孩子之间仿佛有着看不见的隔阂，这是典型的"中国式家庭"普遍存在的问题。家长和孩子对亲子关系有着截然相反的理解。在家长看来，自己的一番好心并未得到孩子的理解，明明自己为孩子付出了这么多的心血，甚至还要作出很多孩子看不见的牺牲，但孩子却还是让自己不省心，甚至还和自己作对。《小欢喜》中的"虎妈"董文洁就在得知

---

[1] ［美］艾里希·弗洛姆：《爱的艺术》，李健鸣译，上海译文出版社2011年版，第57页。

孩子在学校打架后情绪失控，说到"我不是你妈，你没错，我错了，我吃饱了撑的，我为什么要生你，我就不该生你"，这种既无奈又无力的感觉戳中了当代家长的内心痛处。在孩子眼中，家长的爱只不过是一种变相的控制，使得家庭氛围紧张压抑，家长冠冕堂皇地说着"为你好"却从来不考虑自己真正想要什么、喜欢什么，不过是把他们的意愿强加在自己身上。在这种关系中，家长的高度权威对应着孩子的服从，家庭教育活动中的亲子关系充斥着隐形的内在冲突：一方面，孩子可能在家长的权威下选择放弃自我的意愿，听从家长的命令；另一方面，孩子可能用假装顺从实则我行我素的方式来间接传达出自己的不满，甚至抗拒有效的对话。但无论何种方式都足以证明，越是焦虑的家长越难以与孩子进行有效的亲子沟通，甚至打着"为你好"的旗号来监管、控制孩子的学习活动，压抑孩子的本真自我，造成了家庭的悲剧。

每个孩子都承载着家庭的殷切期盼。在焦虑情绪裹挟下的家长对"鸡娃"教育方式的普遍拥护态度就反映出家长对孩子成就的过高期望，但在这一过程中，孩子自身成为被动的学习者，他们的真实诉求被家长忽视了，他们的心声被淹没在家长强制性的话语中，甚至部分孩子在沟通无果后选择封闭自己的内心，拒绝和家长沟通。因此，我们时常能在现实中看到家长和孩子之间隔着一道难以逾越的鸿沟，家长费尽心力想要让孩子按照自己预设的方向发展，但孩子却总是怀着不信任、排斥的心理，本应是最亲密的人却形同陌路，这不能不说是一种"亲密的悲哀"。

（三）引发家庭成员间的矛盾

过度的教育焦虑也可能成为引发家庭矛盾的来源，对此，我们可以从代际和代内两方面来理解。

代际矛盾主要体现在父辈和祖辈的育儿理念冲突上。在家庭教育活动中，家庭成员形成了分工协作的共同养育模式，即由母亲扮演总揽全局的角色，父亲和祖父母等家庭成员担任辅助性角色。在代际分工上，形成了"严母慈祖"的育儿分工模式。母亲更多负责社会性抚育职责，主导育儿行为的决策权，祖父母则更多承担照料孩子日常生活的责任，自觉承担一些分内之事，在孩子母亲精力不足的情况下发挥兜底的作用。

然而，在实践中祖父母与父辈（尤其是母亲）会由于育儿理念而产生冲突，祖辈从经验中得来的育儿知识在当下仅仅具备符号象征的意义，与母亲所接受的科学育儿的知识体系之间产生了天然的冲突。在大多数情况下，为了减少因育儿理念而引发的冲突，祖父母不得不更少地干预家庭育儿事务，选择与母亲维持"事务上合作但情感上疏离"的"友好而疏远"的关系[①]。然而，这一避让的做法无益于改善代际沟通，祖辈既难以在参与育儿活动中获得预期的情感慰藉，又难以真正对孩子母亲的教养行为产生认同与理解。久而久之，祖父母就在家庭育儿结构中处于边缘位置，进而产生一些心理不适。祖辈的这种妥协实则是家庭教育话语权的下移，即父母（尤其是母亲）占据家庭教育活动的主导地位，遵循科学、精准、高效等原则。有时候，焦虑的父母态度也会十分强硬，让祖辈感受到在家庭关系中的失语，甚至发出"不中用"的感慨。而对于家庭生活中的孩子而言，家长对子女学习的深度介入压缩了孩子的自主空间，使得他们往往生活在紧张的氛围中，严重时甚至会产生抑郁、恐惧等情绪。

在家庭教育的代内分工（也可看作性别分工）上，父亲更多作为一个辅助者的身份参与其中，但父亲的角色是灵活的，他可以扮演孩子的玩伴或是照料者，但并无制度化的规定，父亲扮演的角色在某种程度上也可以被孩子的母亲、祖父母、兄弟姐妹或其他角色所替代。从性别分工来看，父亲在家庭内部辅助母亲完成各项家庭教育活动，如电视剧《虎妈猫爸》就用"虎妈""猫爸"来形容当今家庭抚育的"严母慈父"的性别分工："虎妈"是强势的、具有攻击性的，时常因为孩子的教育而火急火燎、殚精竭虑；"猫爸"则是服从的、温顺的，时常在孩子面前表现出温柔体贴的一面，这种父母亲的新形象是传统家庭性别分工的现代变体。但在家庭之外，父亲仍主要扮演"养家人"的角色，是家庭谋生的主力。其原因在于，教育孩子仍被看作一件家庭内部的事务，

---

① 肖索未：《"严母慈祖"：儿童抚育中的代际合作与权力关系》，《社会学研究》2014年第6期。

"男主外、女主内"的传统性别分工模式在家庭育儿行为中仍然适用。尽管父亲会在孩子的教育方面对母亲表达妥协和迁就,但长此以往,家庭亲子关系的稳定结构也有可能走向失衡,甚至可能导致家庭的破碎。同时,这一性别分工模式也隐藏着一个不容忽视的问题,即在现有的性别分工模式下,父亲在孩子教育中的缺位现象仍然普遍,"影子爸爸""丧偶式育儿"现象仍不时发生。以当下流行的公式"焦虑的母亲＋缺席的父亲＝有问题的孩子"来说,家长教育焦虑的性别差异导致家庭关系难以达成代内、代际的平衡,感受到父亲缺位的母亲会把情感寄托在孩子身上,用令人窒息的爱和焦虑裹挟孩子,对孩子的身心成长产生不利影响。

孩子的教育需要家庭成员的共同参与,但在过度教育焦虑的社会氛围中,家长很难在教育观念和行为上采取最优方式,这也使得家庭内部的代内关系、代际关系面临多重风险,一旦受到外界因素的刺激,就会演变成家庭成员之间的摩擦甚至上升为难以调和的冲突。

## 二 学生自主发展的透支内耗

学生德智体美劳全面发展是新时代教育的价值定位,然而愈演愈烈的教育焦虑则让学生背负着沉重的负担,学习行为有着浓厚的功利性色彩。这一现象体现出教育的工具价值取代本体价值,关注教育所产生的短期利益而非长远利益,忽视了学生自身的长远发展和可持续性发展,使得本应促进学生全面发展的教育阻碍了学生的自主发展。

(一)学生学习的主体性缺失

主体性是个人自主性、能动性、创造性的体现,教育即培养人的主体性的活动,对人之主体性的承认是教育活动的前提,人的主体性是教育的最高价值,唤醒和发展人的主体性是教育的目的,教育活动也是主体自主建构的实践活动。学生是教育活动中能动的、独立的主体,然而在现实中他们却面临着来自家庭、学校、社会等多方面的压力:家庭生活、学校生活被家长和教师所支配,自由活动的范围很有限;缺乏对自我时间的掌控,在有限的闲暇时间里开展的活动受到成年人的严格监督,且有着较强的目的性；娱乐活动需遵循成人的规则，休闲活动需要兼顾娱乐性和教育性。在成年人的控制下，学生群体有着较强的学习焦虑情绪，恰恰体现出主体性的匮乏与消弭。

从家庭教育活动中，我们得以明晰教育焦虑如何导致学生主体性的缺失。尽管现代社会的教育理念主张建立民主、平等的亲子关系，培养具有独立发展能力的孩子，但在传统文化的影响下，这种关系往往难以真正实现。现代教育理论把自主性发展看作儿童成长的重要标志，但儿童自主性增强的同时也会不断瓦解成年人的权威。在家庭教育活动中，家长面对的是越来越独立于自我的孩子，而这一局面通常是家长不愿看到的。针对此种情况，家长则通过情感策略来影响孩子的学习观念和行为，塑造符合社会和家庭期待的"完美孩子"，家长和孩子的关系是天然不对等。正如一项研究指出，家长的情感力量也可能演变成养育中的情感绑架，家长与孩子之间根深蒂固的非对称关系制约着孩子的主体性发展[1]。家长往往以柔性的情感关系来传达出对孩子殷切的教育期望，而不是沿袭传统的训斥、体罚等形式来管教孩子，其结果便是孩子的学习受到家长的全方位的控制，尽管这种控制不再以强制的形式出现，却更广泛而深刻，从而限制了孩子的主体性发展。孩子的学习被赋予了超过其发展意义之外的象征意义，甚至成为家庭资本的象征，成为家长炫耀的资本，孩子仿佛成为家长精心打造的艺术品，成为他们的占有物。《小舍得》中的颜子悠就是一个典型案例，他在家庭聚会背诵圆周率、被现场抽查英语等，而他的父母则能博得满堂喝彩。然而，在这个舞台上展示的并非孩子，而是父母的财富、社会地位和声望，这种"凡尔赛"式的表演只能满足家长的虚荣心，掩饰他们在社会生活中难以排遣的生存焦虑，他们越是想要通过展示孩子来获得外在的认可，就越有可能戳伤孩子的痛处，忽视孩子的真实处境。在一场场华丽演出的背后，是孩子的无声悲剧，他们如舞台上的演员一般，上演着固定的人生剧本，自己的学习、生活等都在由成人构成的观众面前一览无余，任由他人评

---

[1] 王芳：《〈小舍得〉："鸡娃"时代的主体性发展困境》，《学术月刊》2021年第11期。

头论足。对学习结果的担忧促使孩子加大学习投入,以此表达对家长和教师的顺从,但这种顺从要以压抑自我的意愿为代价,孩子越是努力学习,就越感觉失去对自我的掌控。

(二)学生发展的持续性降低

在日益激烈的教育竞争中,家长和教师为学生勾勒出美妙的前景,用"考上大学就好了"等说辞来激励孩子奋发向学,以此来提高孩子对当下困境的忍耐度。在这一话语中,似乎考入更高一级的学校就能从当下的困境中解脱,当下的问题会随着学龄阶段的上升而自然消失,他们在对学生表达未来生活的美好想象的同时,也试图掩盖当前学习中的真实问题。然而,"学海无边",学习注定是一条没有尽头的赛道,学生从出生开始便被卷入激烈的教育竞争之中,在幼升小、小升初、中考、高考乃至考研、就业等关键环节都有可能被分流,而被筛选则意味着竞争的失败。因此,"上岸"一词就被发明并用来形容学生在某一阶段学业竞争中胜出,但它只能给学生带来片刻的欢愉,在短暂的快乐背后仍然是大量重复的学习投入。"上岸"是学生群体中的一种亚文化,"岸"对应着"海",分别意味着稳定的环境和不稳定的环境,"上岸"则指从痛苦的地方进入充满光明和幸福的地方,通常被学生用来形容考上心仪的学校、找到满意的工作等。但它更像一个遥不可及的美梦,学习是一条看不见尽头的赛道,从升学到就业,只有拼尽全力才能在残酷的竞争中获得胜利,而这种学业竞争似乎永无止境。未来的美好生活触不可及,学习过程中的不确定性却如梦魇般不断侵扰,注定让学生难以喘息,学生的心灵处于持续的躁动与不安之中。

应当看到,结构化情境中学生的学习方式总体是由外在力量驱动的,家长和教师是影响其学习结果的关键他者。家长在担心投入大量教育资源但子女的学习达不到自身的预期时就会产生求而不得的焦虑,这种焦虑心态进而投射在子女身上并使得他们加大学习投入。教师则通过掌控焦虑情绪的程度来主导学生的学习过程,使得学生维持一定程度的焦虑水平。在这种非对称的关系中,学生自主学习的步调被打乱,逐渐成为学习的服从者,被动参与到由家长和教师所主导的活动中,进而形成对外界力量的路径依赖。随着学生进入更高学龄阶段，学习活动对学生自主性的要求就会越来越高，一旦外界的监督停下来，他们的学习节奏就会放慢，甚至有陷入停滞状态的可能。这一状况的持续将进一步削弱学生学习的主体性，透支其自主发展的潜能，甚至引发他们对学习的强烈排斥。在过度的焦虑情绪下，学习成为一种非人格化的生命体验，本该促进学生个性发展的学习却成为束缚他们成长的异己之物，学习提升的代价是个体意义的迷失。

### 三 教师职业身份的意义枯竭

教师既是教育的主导者也是教育改革的基层承担者，在发挥自身基础职能的同时，也承受着来自教学不确定性的后果，在实践中往往表现为教师承受过多的负担。这种负担是外界施加与自我反思共同构成的，对教师的身心健康造成了损害，长此以往，这种消极体验将进一步弱化教师在教育工作中的自主权，甚至成为他们职业倦怠的来源。

（一）阻碍教师履行教育自主权

在学校这一制度化的情境内，教师工作有着明确的规定，教师的职能发挥则受到外界力量的多重规约。在现实中，家长、教育管理者、社会公众都已成为影响教师工作发挥的关键他者。家长出于对子女学业成就的过高期待，对教师的教育工作怀着较高的期待，进而影响教师教育工作的展开。家长甚至还会干预如班级选举、教学进度、校园活动安排等具体的活动，把干预当作参与，把过度干预当作充分参与，从而干扰了学校正常的教学秩序。这一做法实则是把对孩子教育的焦虑转移到对教师的苛刻要求上，给教师增添了无谓的负担。社会舆论也是造成教师负担的来源。传统文化中的教师往往处在道德的高位，社会给予教师过高的期待，而这种期待也无形中监督并制约着教师的行动，一旦教师有逾矩的举动便会招致非议，甚至给教师带来道德层面的巨大压力。教育行政部门和学校管理者对教师的具体工作发挥着指导和规范的作用，也在无形中主导着教师工作的方向，干预着教师具体的教育行为。如校长听课、家长观课、赛课等方式也有可能干扰课堂教学的自主性，教师打卡、网络签到、课堂监控等措施都让教师的工作置身于"全景敞视"之中。这些做法让教师的工作呈现出身不由己的态势，尽管其本意在于防止教师偷懒、懈怠、散漫等行为，但却在无形中强化了对教师的规训，使得教师难以发挥其工作的自主性。

这一转变体现的正是教师教育自主权的缺失。自主权是教师主体性的体现，教师作为教育主体有自主开展教学、管理、教研、评价等活动的权利，这些权利是教师在学校情境中发挥其基本职能的前提。然而在现实中，这种自主权的边界在外界因素的干预下变得日益模糊，教师行使职权受到外界较多的限制，使得教师无力掌控自己的教学工作，正如柯里柯夫所描述的那样："教师的教学困境，来自教师遇到自尊或幸福的威胁超过其解决问题能力的时候，这种感知的不愉快、消极与苦恼等负面情绪的体验，可能造成教师产生愤怒、不安、紧张、焦虑等反应。"[1] 教师教育焦虑既是其自主权缺失的消极产物，又反过来强化了这一结果，使得教师感受到深深的无奈与无力，在强大的制度性因素面前无力反抗也无处逃离。长此以往，教师习惯于被外界力量所规约，自身的主体性被弱化乃至消解，甚至引发多种生理和心理层面上的病症。

(二) 不利于教师职业身份认同

对自身角色的认同是教师建构起教学活动的前提，教师能面对并处理复杂的关系，就必须清晰地意识到：他是谁，他是怎样一个人，他以何种方式为人处世、教书育人[2]。作为专业的教师身份是教师对自身角色的辨识和确认，它使得教师能顺利进入教育情境之中，而在其职业生涯中，教师总会不断追问教师职业的意义，反思"成为一名教师意味着什么""我能否成为一名合格的教师""我要成为教学能手还是教育专家"等问题，这种反思是教师之所以为教师的必要前提。教师是有着自我意识的能动个体，在教育实践中，教师不断建构着自身的身份认同，遵循着外界对教师的应然角色期许。教师若能与外界期待保持一致，就

---

[1] Kyriacou, C., "Teacher Stress: Directions for Future Research", *Educational Review*, Vol. 53, No. 1, January 2010, p. 35.

[2] 叶澜：《教师角色与教师发展新探》，教育科学出版社 2001 年版，第 37 页。

会形成角色的同一性,反之则会引发角色冲突。在功利主义思想的影响下,家长普遍对孩子的考试、升学、择校等焦虑不已,担心孩子输在起跑线上,在孩子的教育上寄托了过多的期待。"双减"政策强调坚守学校教育的主阵地,培训机构或取消或转型,使得家长把对孩子学业和成就的期待转移到学校和教师之上。外界过高的不合理期待、竞争激烈的工作环境、高强度的工作节奏使得教师身心状态堪忧,不仅表现为身体机能的损耗,还表现为人际交往、家庭生活、社会生活等方面的不适,以及心理上的情感枯竭、价值失落、非人性化等症状,使得教师深陷焦虑之中。

焦虑是一种消极的情绪体验,是教师在自身职业工作中既觉察到潜在威胁又无力掌握和改变当下局面的体验,它之所以产生,就在于教师赋予当下和未来的教学工作以消极意义,这种体验进而导致教师个体的无力感和无助感,导致教师角色的割裂感。这种情绪若没有及时调适,就会动摇教师对专业自主的信念,使得教师产生对教学工作的排斥和抗拒,长此以往,将引发教师对自身职业身份的认同危机。随着教育改革的推进,外界对教师角色的定位与期待也越来越高,教师被赋予了多重角色,因此,在外界施加的层层压力下,教师的工作与生活的边界被打破。教师需要确立角色的自我同一性来提升工作的意义感和自我认同感,而现实却是教师时常感受到难以释怀、排遣的焦虑情绪,产生对未来的担忧和对自身存在意义的迷茫,随之而来的便是对自己能否胜任教师职业的焦虑。

(三)加剧教师的职业倦怠心理

自古以来,教师便是一个受人尊重的职业,而在社会大众眼中,教师职业似乎是一个假期多、社会声望较高、收入稳定的"铁饭碗",然而教师这一职业却有其独有的职业体验。尽管假期多,但平常的工作节奏很快,很难抽出自主掌控的时间,且在日常本职工作外还有大量事务性工作要处理,教师的隐形工作是难以估量的,过度劳动的现象普遍存在。加上教师对学生在校学习情况有着较高的责任,使得教师背负着沉重的心理负担,在教学、管理工作中不得不谨小慎微甚至畏首畏尾,难以真正践行其专业自主权。与此同时，家长、教育管理者、社会大众等多方的要求与期待使得教师的教育自主权受限，难以发挥其应有的职能，在外部力量的"微观管理"下，教师只能表现出对规则的顺从。在繁忙的学校事务压力下，工作占据着生活的主要部分，使得教师不得不在多重角色之间寻求融合，从而建构起教师职业的认同感并提升工作的意义感。在职业体验中，教师承受着沉重的负担，感受着来自工作和自身角色认同所引发的焦虑情绪，他们的真实生存处境与理想之间有着较大落差，以至于部分教师用自嘲为"打工人"的方式表达出对现有工作的不满，"打工人"一词实则是教师对自身存在价值的焦虑，反映出教师不满现状却又无力改变的复杂心态。

"教师苦""教师累""教师不值得"已成为教师的共识，他们时常感受到莫名的被放大的疲倦感。然而在现实中，部分教师的现实困境却往往被忽视了，他们的诉求难以得到预期的回应，在向外求助无果的情况下，他们只能向内寻求心理慰藉，或是失去教学热情进而加入"佛系"群体，或是选择逃离教师岗位。相似的情况也发生在其他国家和地区，如一项针对美国教师的调查显示，37%的教师有离职意愿，即使没有离职意愿的教师也面临着身体和心理的健康问题[1]。已有研究证实，焦虑程度越高的教师，其工作倦怠的程度就越高。在现实中，尽管部分教师会对自身角色产生认同危机，甚至有过离职的念想，但大多数情况下并未转化为行动，而是在积极调适、释放负面情绪后继续投入教育工作中，甚至有些教师坚持"带病工作"，即教师在焦虑情绪并未得到有效缓解的情况下选择以自我强迫的方式来转移内心的冲突。但现实在于，除了教师这一职业并无更合适的选择，以至于他们不得不压抑内心的离职意愿，在去与留之间寻求心理平衡，这种消极情绪若得不到及时纾解，长此以往可能演化为心理疾病。应对这些复杂的挑战，需要教师积极调适内心的焦虑情绪，化解角色冲突，改善自身的职业体验，重新激发对

---

[1] [美]Stephen Noonoo：《过度工作、焦虑与心理健康危机如何引发全美教师离职潮》，龚思量译，https：//m.thepaper.cn/rss_newsDetail_18223914。

教育工作的热情与理想。

## 第二节 教育发展的"内卷化"困境

"内卷化"是当下的流行词,被广泛应用于分析各种社会现象,当人们在谈及内卷时,往往将它看作自身不满情绪的表达,而不一定对应具体的现象,可以说,"万物皆可卷"就是这一心态的真实写照。围绕着内卷化的讨论不绝于耳,使得它成为理解当下社会现实的一个关键词。聚焦于教育学领域,内卷化大多被用来形容特定的负面发展阶段,内卷化与"破卷"是对立存在的,教育发展就是在内卷化与破卷的循环中实现的。需要说明的是,内卷和焦虑是共生的,焦虑的时代也是内卷的时代,内卷无疑是焦虑的来源之一,过度的焦虑会影响个体的身心机能发挥,使得他们陷入无意义的内耗困境中,加剧内卷化的程度。本书意在指出,过度的教育焦虑弱化了教育主体的主体性,降低了教育系统的内部活性,使得教育发展陷入瓶颈期,即内卷化困境。

### 一 "内卷化"释义

概念的明晰是研究论点的基础。通过剖析"内卷化"概念的演绎历程,我们才能在准确把握其概念的基础上判断内卷化现象与教育之间的关联,从而判断当前教育发展是否陷入内卷化困境。

(一)内卷化的概念演绎

作为一个舶来的概念,"内卷化"肇始于康德,经由戈登威泽、格尔兹、黄宗智、杜赞奇等学者的引介,已成为在人类学、经济学、政治学、社会学、教育学等相关学科领域广泛使用的学术概念。从基本内涵来看,内卷化是指系统在外部扩张条件受到严格限定的条件下,内部不断精细化和复杂化的过程[1],它有着特定的范畴、所指和意义边界。真

---

[1] 刘世定、邱泽奇:《"内卷化"概念辨析》,《社会学研究》2004年第5期。

真正把内卷化引入学术研究领域的是格尔兹，在他看来，劳动的持续性投入并未带来农业生产的实质提升，结果是组织上的细化和复杂，农业生产止步不前。真正推动"内卷化"概念泛化的关键人物是黄宗智，他借用了经济学中的边际报酬递减原理重新解释了内卷化，在《长江三角洲小农家庭与乡村发展》中指出"内卷的要旨在于单位土地上劳动投入的高度密集和单位劳动的边际报酬减少"，内卷（过密化）即一种"无发展的增长"[1]。显然，内卷型增长揭示了一种特定的发展现象，这是黄宗智的一大创新，但却与格尔兹的"内卷化"概念相背离，因为后者的农业内卷化与劳动边际生产率无关。此后，"内卷化"概念经历不同阶段的演变，早已超脱了原初范畴和使用语境，上升为一种理论分析的范式和视角，成为可用来分析、诠释、解决相关社会现象和问题的开放性概念。

大众传播缩小了内卷化的外延，内卷化可被用来概括与过度、非理性的竞争相关的社会现象，它夹杂着倾轧内耗、画地为牢的向"内"封闭的隐喻，以及被动卷入、挣脱无望的情感表达。从字面意思到学术概念再到大众话语，内卷化经历了指称对象泛化、内涵不断丰富的转变，它的隐含意义在于：竞争的白热化导致竞争的无序化；过度精益求精带来无意义的重复；大众身不由己地被裹挟到无处不在的竞争中[2]。内卷化的出圈则反映了一个时代的焦虑，它切中了人的当代困境：内卷性竞争让人疲于奔命、身心俱疲却无法找到存在的意义，无意义、荒诞、焦虑、苦闷、迷茫等情绪日趋常态化，成为当代人无法逃避的命运。正因为内卷化有着丰富的隐喻，其话语在传播过程中更侧重于情感宣泄，却往往遮蔽乃至忽略了事件的本真面貌，以集体狂欢的形式解构了原本严肃的学术话语，成为"常被人们使用的概括"[3]。"只要卷不死，就往死里卷"就精准概括出人们对内卷化既爱又恨的复杂情绪：竞争的广泛存

---

[1] 黄宗智：《长江三角洲小农家庭与乡村发展》，中华书局2000年版，第75页。
[2] 刘心萌：《要奋斗，别内卷》，https://mp.weixin.qq.com/s/a-tI49qg_da5wwAl5M-NeA。
[3] 黄宗智：《小农经济理论与"内卷化"及"去内卷化"》，《开放时代》2020年第4期。

在决定了人无法真正摆脱内卷化情境,在主动参与内卷性竞争的同时又渴望去除内卷的危害。正因为内卷化被用来形容一切需要反思的议题,以至于有学者感叹道:"对于'内卷'的泛用本身却已经不是一个学术事件,而是一个准社会学与准传播学事件。"[1]

回顾"内卷化"概念的演绎历程不难发现,其内涵是动态生成、不断注入时代特征的,在理论应用的过程中不断突破原初的边界,在持续丰富和完善的同时成为一个可以用来分析和解释不同层次和领域现象的新概念,这决定了它具备顽强的理论生命力和丰富的解释力。不容忽视的事实在于,内卷化已融入个体的日常生活结构之中,它始终是一个与"增长""发展"相关的命题,揭示了一种向外无意义突破、向内自我消耗的双重发展困境。以内卷化来审视当前教育发展的困境,有助于我们理解过度教育焦虑的可能后果。

(二)内卷化与教育的契合

作为一个流行词的内卷化被广泛应用于社会现象的分析,实际上也在表明,内卷化在出圈的同时也有被泛用乃至误用的可能,这与它的内涵演变是同时存在的。在现实中,并非任何现象都能用内卷化来形容,内卷化的使用是有前提条件的:我们必须有相对明确的标准来说明,为何一种特定领域内的技术增长是纯粹的量的增长;我们要有相对明确的标准来判断,特定领域内的资源投入是否已经出现了边际效用递减的效果;我们必须能够肯定,对于在内卷化的领域内的从业者来说,在该领域内进行技术升级的客观可行性已经被封闭;我们必须能够肯定,的确存在着某种与内卷化相对立的非内卷化的产业升级进路,否则,内卷化这一标签就会因为应用范围太宽泛而失去自己的语用价值[2]。以上标准为我们判断内卷化命题的真伪提供了参照依据,下面将逐一对照此四点标准,进而判断当前教育发展是否面临着内卷化情境。

从第一点来看,当前的教育发展存在着质与量的失衡。近年来,中

---

[1] 徐英瑾:《数字拜物教:"内卷化"的本质》,《探索与争鸣》2021年第3期。
[2] 徐英瑾:《数字拜物教:"内卷化"的本质》,《探索与争鸣》2021年第3期。

国教育事业发展取得了重大成就，在基本实现义务教育普及的基础上实现县域教育基本均衡，人们的教育需求正在从"有学上"转向"上好学"，教育发展也正经历从"量"到"高质量"的转变。但我们也应看到，教育发展不平衡、不充分的事实成为教育高质量发展的桎梏，教育发展的区域、层次、校际、学科等维度的不均衡与人们对优质教育资源的需求不匹配，优质教育资源仍是有限的，这是引发教育焦虑的一个基本前提。从第二点来看，边际效益递减显著，甚至出现了零和竞争的现象：竞争总量有限，因此竞争者都处在一个相对封闭的空间内，自我的胜利建立在他人失败的基础上。从升学情况中便可管窥一二。《2021年全国教育事业发展统计公报》显示，中国小学阶段招生1782.58万人、毕业1718.03万人，初中阶段招生1705.44万人、毕业1587.15万人，高中阶段招生904.95万人、毕业780.23万人，普通本科招生444.60万人。以此推算，仅有24.9%的学生能从小学读到大学本科，绝大多数学生都在各级升学考试中被分流了。在当前阶段，被分流的学生往往被视作学业竞争的失败者。同时，从初中升入高中的比例是大致不变的，为了争夺有限的名额，学生必须投入更多的精力在学习上，但个体的努力并不总是带来预期的结果，部分学生终究难以逃脱被筛选和淘汰的命运。从第三点来看，学生的学习被约束在内向、逼促、孤立的学习情境中，与外部的社会生活相隔绝，把有限的精力倾注在大量的重复性练习之中，看似掌握了学习技巧，但却并未得到实质的提升，学习的过程也充满着痛苦、恐惧、焦虑等消极的情绪体验。"内卷""躺平""985废物""小镇做题家""丧""凡尔赛文学""孔乙己文学"等流行语的出圈就是一个信号，尽管当事人可以用这些带有戏谑意味的词来表达自身的不妥协意愿，以此来缓解教育焦虑，但背后却是对无力改变现状的无奈。如果不认真对待这一现象，则焦虑所引发的负面后果将会被进一步放大，如果没有采取根本性的措施，则该现象将难以得到实质性的扭转。从第四点来看，内卷化与反内卷化是同步的，这一点在教育改革中得到了呈现：尽管学生负担过重的现象长期存在，但国家也在不遗余力地推动减负政策，与"双减"政策同时期的教育评价改革、中高考改革、职业教育立法、家庭教育立法等改革措施都潜在地包含反内卷化的意图，试图通过改革现有要素、创新教育发展方式，从而推动教育高质量发展。内卷化的困境中就蕴含着超越内卷化的机遇，而它建立在人们反思人、反思教育的基础上，有赖于人们的积极行动。

综上所述，我们可以断定当前教育发展陷入了内卷化阶段，这是与中国当前经济、政治、社会发展水平相适应的，也是教育发展进入瓶颈期的必然结果，教育的不平衡、不充分发展与人们对优质教育需求之间的结构性矛盾决定了教育发展的内卷化困境不可避免。但乐观地看，随着教育改革的稳步推进，随着教育发展方式从过去以规模扩张、空间拓展为特征的外延式发展向以提高质量、优化结构为核心的内涵式发展转变，教育发展将超越内卷化困境并且进入新的发展阶段，直到内卷化现象的再次出现。

(三) 内卷化：教育生态的新困境

顾名思义，教育内卷化就是将内卷化概念推演到教育领域，用以指代一种特殊的内卷化现象，即过度教育竞争行为。在教育体系内通过增加教学劳动投入、加重学业负担、施加更多压力的方式并未带来学习效果的提升，相反却造成了劳动的无意义损耗，放大了学生学习的焦虑感，也加剧了家校矛盾。愈演愈烈的非理性教育竞争压缩了人的生存空间，在内卷化情境中，教育成为阻碍了人个性发展的异己因素。辩证地看，内卷化揭示了人作为教育主体的困顿，但它在给个体造成困扰的同时又展示了成长的希望，正是这种希望促使着人们采取去内卷化的积极行动。

其一，内卷化是教育自身发展面临瓶颈的信号[1]。社会生态的整体变革是教育内卷化现象发生的外部诱因，这决定了教育内卷化通常出现在社会急剧变革的转型时期，当社会发展到一定程度后既无法维持现有的平衡又缺乏增长的动力时，教育内卷化现象就会出现。同时，内卷化揭示了教育自身的危机，只有创新教育发展模式才能从根本上摆脱内卷化的负面影响，推动教育发展进入新阶段。可以说，教育内卷化和教育

---

[1] 庞守兴、李书肖：《内卷化：教育的瓶颈描述》，《高教发展与评估》2010年第6期。

发展是共生共在的，教育发展就是在"内卷—去内卷—再内卷"的循环中不断走向更高的水平。

其二，教育内卷化意味着教育的自我封闭与活性的缺失，也抑制了教育生态的活性。教育内卷化是教育偏离其本真价值取向的表现，它意味着教育自身的无意义重复和自我损耗。受制于传统的惯性作用，教育在原有的轨道停滞不前，且这一现象很难从根本上得以扭转。内卷化的危害还表现在对教育生态的破坏上，内卷化的持续导致教育陷入了内生动力不足和外部支持缺乏的双重困境，致使教育生态走向自我封闭，出现"熵减"的局面，其内部要素的活性被抑制，系统内部出现功能性障碍。除非新的要素打破现有的平衡关系，否则教育的机制创新将无从发生。

其三，教育内卷化是自反性的，内卷和反内卷的反思是同步的。个体的内卷化体验中也隐藏着反内卷的动力，人们在体验教育内卷化伴生的焦虑、迷茫、恐惧等消极情感的同时也会产生积极的反思，当这种反思上升到群体或系统的层面时就会转化为变革现状的积极行动，推动主体超越内卷化的消极影响。内卷化现象是对教育发展所作出的长期性和总体性的描述，只有结合具体的时间阶段，反思教育发展模式，我们才能作出教育发展是否进入内卷化阶段的判断。在现实中，教育主体往往都是无意识地参与到教育内卷化形态的建构中。

## 二 教育发展内卷化的表征

从教育内在发展规律来看，教育内卷化现象出现在教育发展的不同阶段，当教育自身陷入"无发展的增长"困境时内卷化情境就会出现，它是教育周期性发展困境的体现。时至今日，教育内卷化已成为个体在教育情境中的日常体验，揭示了当代教育的深层困境：在个体意义上，这种无休止的内耗增加了学生的学业负担，强化了学习过程中的焦虑、迷茫、痛苦等情绪，使其陷入越努力越内卷的怪圈，内卷化最终成为一种自我选择的结果；在群体意义上，所有主体都不同程度地卷入内卷化情境中，赋予教育内卷化的"类"特征，且个体禀赋、社会阶层、文化观念等差异决定了不同主体对教育内卷化的回应各有不同。教育内卷化现象发生的前提在于教育资源的有限性,它是教育焦虑的一种后果,也间接强化了主体对教育竞争的依赖性,增加劳而无功的潜在后果,抑制教育创新。

(一)强化对教育竞争的依赖性

通过竞争来实现利益增殖和自我价值,这一点早已成为现代社会的共识,竞争已构成自我实现的一种方式。现代社会泛在的竞争也引发了自我与他者认知边界的变动,在这一逻辑下,个体只有通过与他者的持续竞争才能实现自我的价值,在超越他者的同时才能实现自我的肯定,这也决定了现代意义的竞争是他者导向的,个人的能力和价值无法被自己证明,而是需要他者的印证[①]。自我价值的证成建立在与他者的竞争乃至对立的基础上。竞争等同于对立,竞争往往以对立的形式出现,也客观上造成了对立的局面,自我的价值要通过他者来实现,进而塑造了一种"唯我"的肯定模式。这种建立在理性算计基础上的竞争也把他者推向了敌对面,在不断拓展的认知想象中个体不得不面对来自他者的多重威胁,尽管这威胁大多以风险的形式表现出来,它能否发生也仅仅是一种可能性而非必然性,但却能动摇人之存在的根基,让人处在莫名的不安之中。

在教育活动中,过度的竞争模糊了个体自我与他者的认知边界,激化了他者与自我的紧张关系,甚至造成了非此即彼的二元对立局面:同伴成了具有潜在威胁的他者。因此,教育成功的标志转变为战胜他人,把自我的成功建立在他人失败的基础上,把个体的成功看作教育的成功。以学生的学习为例,家长和学生投入了一场看不见硝烟的战斗中,他们更关注的是超过他人而非自身的进步,把学习的价值等同于获得"第一名"、赢得他人的赞许等外在目标。这种竞争关系体现的是教育主体间的逆向依存关系,不仅助长了利己主义,更让学生陷入无形的恐惧之中,进一步增强了对竞争的路径依赖。在竞争与理性认知的互相证成中,个

---

① 周志强:《当"内卷"遇到"奥利给"》,《社会科学报》2021年1月7日第6版。

体的教育内卷体验嵌入教育日常活动的结构中且不断被深化。

竞争总是以显性或潜在的形式存在，随着竞争的泛化，教育竞争早已超越了社会、文化、时间、空间等边界，成为教育主体的集体无意识行为。一方面，这种竞争是盲目无序的，在一定程度上符合"剧场效应"。当部分人选择抢跑时，即使不明所以的人也会采取相同的行动，唯恐在教育竞争中处于下风。尽管这种竞争造成了家长、学生和教师身心俱疲的局面，但没有人愿意主动退出，这种情况甚至倒逼他们加大教育投入。显然，这种教育竞争违背了教育的应有规律，打破了正常的教学秩序，相关主体付出了更大的代价却并未带来效果的提升，看似学生学业水平、学校教学质量都有所提升，实则是教育的画地为牢，在一片虚假繁荣的背后是人的价值失落，其结果便是教育越来越卷。另一方面，竞争成为教育主体寻求自我同一性的方式，但过度竞争却引发了新的认同危机。现代性既造成了人的个体化、原子化，又把自我认同的重要性提到了一个全新的高度，它在赋予个体自由、彰显个体价值的同时，也将个体抛掷于广袤无垠的客观世界中，漂泊无根成为当代人的共同命运，无处不在的风险让个体无所遁形，存在的无意义性、荒诞性、虚无性凸显了人的生存危机。在变动不居的社会中，旧的价值秩序解体，新的价值体系尚未形成，个体不得不孤独地面对未来的不确定性，陷入了自我认同的危机之中。为了消除无意义感并寻求安全感，为避免成为群体的他者，即使再不情愿的家长也会"主动"投入教育竞争中，采取"鸡娃""牛娃"的教养方式。

在这种竞争模式下，竞争的行为遮蔽了竞争的意义。家长执着于让其孩子在教育竞争中拔得头筹，在无形之中把自身的意志强加在孩子身上，且为自身的行为作出正当的解释。这种教育竞争行为用群体价值掩盖了个体选择的多样性，实则是对教育中人之价值的忽视，客观上培养了"无思考的主体"。

（二）增加劳而无功的潜在后果

囚徒困境生动形象地刻画了教育内卷化的困境。在同等情况下，学生出于自身利益或对他人不信任的考虑，往往会选择对自己最有利的行为，如出于赢在起跑线上的考虑，学生选择周末、暑假等休息时间参加各种课外培训，当家长和学生都持这一观念时，学习就转变为循环累积的过度竞争。从个体角度来看，偷跑、抢跑是一种基于理性算计的利己行为，但它并未给个体带来胜利，而是造成起跑线的前移，个体的理性选择造就了群体非理性的结果。以此观之，教育内卷化无疑符合零和博弈甚至负和博弈，在加大教育投入的同时激化主体的对立，只会造成两败俱伤的局面。

内卷化造成了自我与世界的分离，教育系统内部呈现画地为牢的自我封闭现象。家长和孩子把注意力倾注在学业成绩方面，思维上局限于智育的框架内，忽视了德智体美劳五育融合发展的丰富性。在时间维度上，家长更关注孩子当下的学习而非综合素养发展，为此不惜通过减少孩子当下的休息时间来投入学习之中，把学习看作孩子的首要乃至唯一任务，整个家庭围绕着孩子的学习而运作。对孩子而言，在不断加速的内卷化竞争中，自我的学习体验被成绩分数的齐一化外观所裹挟，自我的反思被淹没在无意义的重复行为之中，学习主体成为实现目标的工具，失去了自我的完整性。稳定的、确定的、一致的自我让位于多变的、非确定的、混乱的自我，外在的东西被看作本质的东西，把他者的价值认同为自我的价值，如渴望通过努力学习来获得他人的赞扬，通过考取好成绩获得他人的崇拜，把超过他人看作学习的动力等，把自我的价值建立在他人肯定的基础上。这也导致了学习者自我与世界的分离，外部的自我淹没了内在的自我，学生不仅服从于所谓的"正确"价值，更有可能失去批判意识，在高强度的重复性学习的同时又失却了探寻学习本真意义的冲动，这样的学习活动只会造成生命的自我损耗。

同时，内卷化也不断激化自我与他人、自我与对象的对立。教育具有社会分层、促进阶层流动的功能，而内卷则是教育发挥筛选功能的代价[1]，突出了竞争作为一种机制的隐形力量。过度竞争造就了内卷化的局面，而竞争越激烈，内卷化程度越高，反过来又加剧了竞争的紧张程

---

[1] 李锋亮：《"内卷"是教育发挥筛选功能的成本》，《中国科学报》2021年5月25日第5版。

度,如此形成了"竞争—内卷—加剧竞争"的恶性循环,病理性的教育内卷化就是在这种模式中不断被建构的。对学生而言,他者成为自我潜在的威胁,被排斥在个体的学习活动之外,丛林法则得到了新的应用。缺乏信任、沟通、合作反倒成为教育竞争的常态,个体宛如汪洋中的孤岛,"最熟悉的陌生人"就映照出内卷化情境中针锋相对、非此即彼的紧张态势。相应地,他者提供的边界感消失,主体不仅在学习过程中失去了自我成长的契机,难以感知教育世界的丰富性和差异性,更让自身降格为生产性的生命,进而陷入内在的自我逼迫之中①。在这种病态的制度化教育竞争中,每个人都是受害者,个体看似获得了成长的机会,实则陷入无解的内耗之中。

(三) 抑制教育创新的真正发生

内卷化是一种没有创新形式的资源叠加状态,持续的资源投入并不能带来实质性的转变,只能推动内部的精致,呈现出虚假的繁荣。格尔茨研究的爪哇岛农业生产就是一个例子,大量劳动力被投入水稻种植业之中,产生了劳动力填充型农业,这种人力资源的叠加投入并未带来显著的增长,也并非现代意义下的劳动密集型产业。以校外培训市场为例,我们得以对此种现象加以阐述。

经过多年发展,中国形成了内容精分、渠道下沉、规模庞大的培训市场。其一,培训内容不断精细化,培训包括语文、数学、英语等传统学科,但近几年已被细分为更具体的内容,如语文包括写作、阅读、国学等版块。英语则包括口语、听力、写作、阅读等版块。这些学科培训看似内容丰富,实际上仍以训练学生的做题能力为核心,关注的是学生的学业成绩而非综合能力。其二,培训形式多样化,校外培训的形式大多从传统的班级授课形式演变而来,包括小班授课、一对一授课、在线授课、住家教师等多种形式,看似能为学生提供多样化的服务,实则仍是课堂教学的变体,与素质教育的要求所差甚远。其三,管理的精细化。

---

① 关巍:《他者的消失与自我的毁灭——韩炳哲论资本宰制下数字化时代的人类命运》,《马克思主义与现实》2022 年第 6 期。

第三章 当代教育异化的潜在风险

培训机构已形成了一套专业化的管理方式，这实际上是学校管理模式的延伸，培训的整个过程都建立在一套以专业化、规范化、科学化为主导的话语体系之上。显然，在资本的运作下，校外培训机构已发展出由精细化的内容、定制化的形式、模式化的管理所构成的经营方式。但不可忽视的是，校外培训的无序发展并未对学生全面发展带来实质性的作用，相反，它使学业负担从校内转移到校外，制造和放大了人们的教育焦虑。

内卷化是事物发展的停滞阶段，它抑制了创新的真正发生，因此，"破卷"的一个目标也就是创新发展模式。正如农业发展的内卷化困境那样，当新的技术、方法、理念等（如杂交水稻）出现后，农业生产实现了从传统小农经济向现代农业经营方式的转变。教育发展亦如此，只有通过创新理念、变革方法、优化要素配置等途径，教育发展才能真正超越现有的内卷化困境，向着高质量教育体系不断迈进。

（四）滋生教育生态恶化的风险

公共性是教育的基本属性，人人都享有公平的教育机会，教育与每一个体息息相关。然而，在家庭的干预下，孩子的学业成就与家庭的关注程度与教养方式之间有着密切的联系，对孩子教育的高投入能帮助孩子在学业成就中取得累积优势，这一观念无形中强化了教育的"私有"逻辑，家庭越来越成为影响孩子教育的关键要素。社会对结果的重视使得家长不得不在孩子教育上各显神通，不惜在规则之外的灰色地带延续竞争。更为严重的是，这种过度的教育竞争打破了原有教育秩序的稳定性，加剧了相关主体对教育的不信任感，制造了更多的不确定性。长此以往将阻碍教育公平的真正实现，激化区域、城乡、校际、学段间教育资源的不均衡问题，加剧教育发展的马太效应。区域间的教育差距被放大，优质均衡发展只能成为停留在纸面上的理念。优势家庭能通过多种方式帮助孩子取得竞争优势，而底层家庭则只能累积劣势[①]，甚至出现子承父业，"工人之子恒为工"的现象。在这种竞争模式中，受惠的只

---

① "累积劣势"即个体在生命历程中由于遭遇多种劣势而出现阶层下滑的情况。这一概念在1968年由莫顿提出，用以形容群体内部、群体之间随时间推移而出现不平等日益加剧的现象。

是少部分重点学校、优等生，他们的成功却是以大多数学校、学生的失败为代价的。在这一过程中，主体被外在的虚假自我所主宰，越是投入竞争中，就越感到无力掌控过程，竞争在主体的心灵中制造了填不满的空洞。

教育焦虑影响着良好教育生态的构建[①]。在宏观层面上，教育焦虑使得教育生态走向自我封闭、原地打转的境况，内部要素的活性被抑制，系统内部出现功能性障碍，在学校、家庭、社会等子系统内都呈现出各种弊病。教育生态的多方面恶化也将导致主体性困境，培养病态的人，他们可被冠以"单向度的人""精致的利己主义者""空心病患者"等称谓。这种内卷型竞争模式所带来的发展也只能是有限的、片面的、虚假的发展，必然是难以持续的，与新时代教育发展的方向与目标背道而驰。

## 第三节 教育异化的新形式

教育焦虑不仅是外在因素作用的结果，也是教育主体主动选择的产物，映射出人的价值失落。从教育的初衷而言，教育焦虑在某种程度上凸显了异化效应[②]。马克思的劳动批判为我们理解这一现象提供了思考的角度，劳动者创造的产品成为支配劳动者的异己力量，这一情形同样适用于病理性的教育焦虑情境中。过度的教育竞争消解了教育的丰富性，学习者并未真正成为学习的掌控者，相反，他们成了被竞争推着踽踽独行的单向度人，无法占有自我的本质。在教育场域中，教育主体因为过度劳动而产生极度的倦怠却又无法从中挣脱，甚至在意识到它的危害并对此持消极乃至否定态度的同时，却仍有可能在内心寻求合理化的辩解，在这种无意识的行为中逐步走向自我异化的迷途。"自我异化"是异化的新形式，为我们审视当代教育的深层次困境提供

---

[①] 马可：《"双减"背景下如何应对教育焦虑》，《人民教育》2022年第8期。
[②] 蒋典阳、鲁文：《教育焦虑何以产生：教育价值、社会流动与家庭参与》，《教育探索》2021年第5期。

了一个新视角。

## 一 自愿过劳：绩效主体的确立

被焦虑情绪所裹挟的家长、学生、教师等教育主体身不由己地投入教育竞争之中，这实际就是一种"自愿过度劳动"行为。自愿过劳成为理解教育主体深陷教育焦虑困境的一个切入点。

（一）从规训社会转向功绩社会

进入现代社会，劳动并未带来人的生命的延伸，相反，它使生命被抑制甚至萎缩成重复性的活动。对此，哲学家韩炳哲敏锐地察觉到，"现代社会是劳动社会，在这种社会中，人类被降格为劳动的动物，也因此丧失了产生上述（英雄主义）行动的一切可能性……现代人类却被动地陷入一种去个性化的生命过程之中。思想也被简化为大脑的计算功能。一切活动生命的形式，无论是生产抑或行动，都被降格到劳动的层面"[1]。在他看来，人类社会正在从规训社会进入功绩社会，包括项目计划、自发行动和内在动机在内的绩效命令成为社会运行的绝对律令，并通过自我实现的方式加速了个体化的进程。规训社会来源于福柯的生命政治学，在福柯那里，规训社会借助规训制度使得个体放弃自我，压抑自我的欲望，遵循制度的规范来开展自身的行为。规训社会蕴含着否定性的禁令，主体在肉体上服从规训权力所指定的规范的同时，也要在内心服从规训权力所营造的理念。在规训社会，主导话语为强制性、否定性的"你应当"，所塑造的个体是规训主体。

功绩社会没有福柯所指的全景敞视主义的监控，个体不再被外在的强迫所规训，而是被自诩为自由意志的自我所强迫。自由无疑是现代社会的一项伟大发明，它让个人从外在的束缚中得到解放，个人看似不需要受到外在规则的制约，但却以隐秘的形式延续着规训，其方式便是表征为数字的绩效。功绩社会并不需要规定主体的具体行为，但却以鼓吹"成就自我"的形式推动着主体投入自我积极生产的过程中。"做自己"

---

[1] ［德］韩炳哲：《倦怠社会》，王一力译，中信出版社2019年版，第28页。

就是一个虚假的口号,它让主体将外界的命令内化为自我的需要,使得规训合理化为自由的选择,因为"做自己是把自己加载于自己身上"[①]。这里的"自己"受到外在意识的制约,"做自己"实则是"做成功的自己",而它的标准则是由外部制定的。绩效社会通过"你能够"的肯定性话语来激励主体为实现绩效而努力工作,不断追求效率的最大化,在这一过程中,个体与他人被分化为相对立的竞争关系。而为了在竞争中获胜,个体必须加大劳动投入,甚至牺牲必要的休闲时间,因为只有劳动才能实现自我价值从而维持自身的稳固地位。但这种以获得绩效为目标的竞争是一种内耗的竞争,而推动人们选择竞争的恰恰是焦虑,也就是说,持续的焦虑将产生内耗的结果。对此,社会学家海因茨·布德指出:"这种竞争能量的总动员却付出了它的社会代价……从被淘汰和被忽视者的角度来看,一种平等相处的基本原则遭到了破坏。"[②] 在绩效至上的管理架构中,焦虑成为个体成长的方式,因此,最焦虑的人不是被淘汰的人,而是担心自己将要被淘汰的人,焦虑使得他们笃信:越是焦虑,越要消耗自己,从而获得更高的绩效。这种通过自我消耗来获得绩效的方式并不能排解人们的焦虑,因为新创造的绩效将会成为人们焦虑的新来源[③]。也正是在这种焦虑、内耗、绩效的循环中,人才成为绩效主体。

在规训社会,人们面对的是否定性话语的规训,服从于他者的权力,所反思的是如何反抗外在权力的规训。在功绩社会,人们面对的是肯定性话语所许诺的自由,对立的关系从外在的敌我对立转变为内在的自我对立,引发焦虑不安、倦怠不堪等问题。功绩社会塑造了目光聚焦于自我的主体,在这里,主体的建构指向主体的存在方式。责任、自由、竞争被看作个体自我建构的方式。人是自由的,但这种自由建立在对自己负责的基础上,因此,个体的自由就是"能对自己负责的自由"。社会

---

[①] [德] 韩炳哲:《他者的消失》,吴琼译,中信出版社2019年版,第101页。
[②] [德] 海因茨·布德:《焦虑的社会》,吴宁译,北京大学出版社2020年版,第87页。
[③] 这一点也可在齐美尔的货币哲学中找到相同之处,货币和绩效一样,成为一切价值的表现形式,激发了人们的欲望,但却让人迷失在对货币的追求中,从而感受到生命的萎靡。

主张个体"为自己而活"的价值理念，而个体的生存价值则需要通过竞争来实现，这种竞争也就是对绩效的追求，在教育场域中则表征为学生的考试成绩、升学率等量化指标。自由推动着个体不断提升效能，但却永远无法获得停歇，因为目标是无止境的，个体只有不断和自己竞争才能超越自我，这注定是一条没有终点的赛道，生活中的任何事务都可被用来竞争，教育更是被竞争所裹挟。在规训社会，自由意味着摆脱强迫，而在功绩社会，自由成为强迫的源头，强迫伪装成自由的形式实现了对人们更普遍、更深刻的强迫。在现实中，人们追逐着新的目标而开展积极行动，以为这种行为能获得自由，殊不知"功绩之上的主体自认为是自由的，实际上却是一个奴仆"[①]。人们仍摆脱不了被规训的命运，因为功绩社会本质上不过是规训社会的一种变体。功绩社会通过量化的绩效考核实现了对个体的控制和强迫，但这种强迫却是以自我实现的形式所呈现的，是精神性的自我管理。因此，功绩社会呈现出自相矛盾的景观，在"鸡汤""打鸡血""兴奋剂"等表达盛行的同时，个体却又陷入无边的倦怠之中，人们越是努力工作就越会陷入焦虑不安的境地。更为严重的是，功绩主体过度追求绩效的做法可能导致反抗的消失，规训社会中的他者消失了，原有的反抗对象不再清楚可辨，人们只能感受到莫名的焦虑与恐惧。在获得自由的同时，人们却陷入了更精致的规训之中，甚至丧失了反抗的意识与能力，只能听任外界力量的欺骗，心甘情愿地强迫自己，还以为这就是自己真实的想法。在这一情况下，"取代外部强迫的，是自诩为自由意志的自我强迫"[②]。

（二）无聊与倦怠

在功绩社会的运行制度下，人的主体性地位被撼动，人的存在需要用功绩来评判和呈现，人成为功绩的代理人，受制于由数字构成的绩效指标。在社会领域，人类自身活动被机器所绑定，陷入了无限的重复之中，而为了追求效率，人们不得不向内施加压力，不断发掘自身的潜力，

---

[①] ［德］韩炳哲：《精神政治学》，关玉红译，中信出版社2019年版，第28页。
[②] ［德］韩炳哲：《暴力拓扑学》，安尼、马琰译，中信出版社2019年版，第14页。

自我在极度的积极劳动中变得筋疲力尽，最终走向精神的空虚与匮乏，无聊和倦怠就是其中的典型。海德格尔赋予"无聊"生存论的意义，在无聊中"此在和存在者没有任何有意义的关联，一种完全的无所谓袭攫存在者"①。也就是说，深度无聊是一种适当的退却，它暗含着主体的抗拒，只有放弃过度的积极行动，个体才能克服自我的分裂并寻求自身主体性的复归。深度无聊让个体不必在把自身降格为劳动动物或保持过度活跃的状态中作出非此即彼的选择，而是沉思自身的存在并探寻一种彰显个体主体性存在的新生活方式。总之，深度无聊是一种人类精神适度放松的状态，是一种健康的无聊。然而，在功绩社会的加速发展中，过度劳动越来越多地以自愿的形式出现，深度无聊出现的可能性越来越低，随之而来的则是主体日益凸显的精神病态。

功绩社会中个体的生命被无聊所占据，自身的活动倒退为动物性的活动，也由此产生了倦怠，但这种倦怠不是暂时的，而是持续性的。暂时的倦怠可以通过休闲来缓解，但持续性的倦怠意味着人的自身生命"被简化成一种生物机能过程，生命变得赤裸，褪去了一切装饰和叙事"②，这一情形恰如尼采在一百多年前所预言的那般，人倒退为动物，成为失去生命意志的"末人"。过度的积极生活使得人们处在存在性倦怠之中，这种分裂的倦怠感割裂了个体与群体之间的联系，持续消耗着个体的心力，并使得个体逐渐失去对自我的控制。由此，韩炳哲提出"根本性疲倦"作为回应，它是"一种引向对话、关注以及和解的倦怠"③，本质上是一种对过度劳动的省思与抵抗。根本性倦怠是一种消极、否定的倦怠，却能矫正过度劳动所引发的倦怠，在这种体验中，个体得以把目光从自我转向外部世界，重新修复与他者的内在关联，创造一个自我得以喘息的休闲空间。但随着社会发展不断加速，人们越来越生活在一个由不确定性包围的世界中，这一基本事实决定了根本性倦怠

---

① ［德］韩炳哲：《时间的味道》，包向飞、徐基太译，重庆大学出版社2017年版，第169页。
② ［德］韩炳哲：《倦怠社会》，王一力译，中信出版社2019年版，第86页。
③ ［德］韩炳哲：《倦怠社会》，王一力译，中信出版社2019年版，第55页。

难以真正实现,它更像是一个美好的愿望,人们尽管对此满怀憧憬,却不得不在生存性倦怠中挣扎。

(三)过度劳动的自我建构

早在一百多年前,马克思就曾描绘过一个充满剥削和异化的世界:资本家通过雇佣劳动实现了对劳动者的隐性支配与剥削,在这种劳动关系下,劳动者的自觉劳动沦为了异化劳动。在韩炳哲看来,这种剥削方式是"他者剥削",因为劳动被商品化,看似是资本家通过报酬来交换劳动者的劳动,实则是他者的资本家披着合法化的外皮来剥削劳动者的剩余价值,在这种他者剥削关系中,劳动者与资本家是对立的关系。然而在功绩社会中,剥削不再以异化和去现实化的方式进行,而是与自由和自我实现有关。剥削的形式并非传统的被动劳动,而是建立在主体积极、主动投身于竞争活动的基础上,以更隐蔽也更泛在的形式存在于各种劳动关系之中,在这里"没有作为剥削者的他者,而是自我心甘情愿地压榨自身,基于一种完善自我的信念"①。剥削者和被剥削者合为一体,并心甘情愿地压榨自身,剥削成为主体自我选择、自我实现的结果,掩盖了劳动主体间的矛盾。其中,绩效就成为关键要素,绩效激发了主体的欲望,使得个体永不知足,渴望获得更多绩效,为此劳动者不得不尽全力工作,通过绩效来获得外界的认同。他者剥削为我们解释教师、学生自愿过度劳动现象提供了一种可能路径。

自愿过度劳动作为一种社会现象广泛存在于不同领域,近年来广为热议的"996""打工人""过劳族"等名词就生动诠释了这一困境。在教育领域该现象也频频发生,如教师为了拼教学、拼教研而长期处于高强度工作之中,身心健康遭受损害;学生为了升学而拼尽全力学习,往往要减少休闲的时间;家长为了孩子的学业而操心不已,耗费心力为孩子规划学业,监督孩子的学习活动;甚至在学校外的机构中,机构员工为了业绩也不得不想方设法吸引家庭购买其教育产品。可以说,"很烦很累"这一表达就生动地概括了这一事实:尽管身处其中的相关主体感

---

① [德]韩炳哲:《倦怠社会》,王一力译,中信出版社2019年版,第94页。

觉到难以言说的累，却无法从中挣脱，因此感到无可奈何的烦闷、焦虑。这种现象是建立在绩效的基础上的：对学生而言，学业成绩能帮助其升入更好的学校，在下一阶段的竞争中累积优势，从而创造更好的未来生活；对家长而言，子女的学业成就建立在家庭的资源禀赋基础上，子女的学业成功不仅能让孩子在社会生活中获得阶层优势，更能为家庭增添光彩，孩子的学业成功也是父母最大的成就；对教师而言，自身的教学、教研以及学生的成绩、升学状况等都与自身发展直接挂钩，不仅决定着收入状况，也是获得他人认可与尊重、实现自身意义的重要方式。正因如此，他们才心甘情愿地投入教育竞争之中，压抑自身的抵触情绪，甚至在遭受挫折的时候也倾向于从自己身上找原因，认为是自己"做得不够好""还不够努力"所引发的，从而选择加大投入，最终掉入自愿过劳的陷阱之中。

因此，教育主体的自愿过劳行为看似是自我选择，实则用"选择"来掩盖了他们"被自愿"的事实。也就是说，他们在激烈的教育竞争中不得不作出此种选择，不然就要面临被淘汰的命运，在自身反抗无果的情况下只能选择妥协，最终实现过度劳动的合理化。当这种行为从个体上升到群体时，就形成了一种结构性的力量，用群体的力量压抑个体的意识，使得个体成为与群体保持一致的"沉默的大多数"。同时，群体为个体展示赢得教育竞争的丰厚奖励，使得个体相信，只有通过持续的努力才能从中获得回报，才能赢得他人的认同，进而获得幸福感，从而形成"赢得竞争＝成功＝认同＝幸福"的价值链条。在这一逻辑下，学习者的过度学习就成为"主动选择"的结果，但竞争是残酷的、充斥着不确定性的，稍有不慎就可能前功尽弃，这种对失败的焦虑与恐惧促使个体不断投入对确定性的寻求之中，由此形成了自我内驱的内卷化竞争模式。同时，个体对成功的渴望也得到了前所未有的激发，今天的人们已不再像前现代社会时期那样含蓄地表达欲望，而是被鼓励大胆地表达。如果说学习的目的在于获得更大的效益，那么成功则被定义为更高效地获取工作效果，成功就是获得更高的绩效。在加速主义的驱动下，成就＝工作÷时间，因此，提升速度或节省时间就直接与获得竞争优势有关①。以学生为例，要想在激烈的教育竞争中取得先机，就必须提高学习效率，把绩效奖励看作激励自我学习的源动力，但这种绩效主义的学习方式却不可避免地造成了主体的过度疲劳和自我倦怠。此种情况同样发生在教师、家长等相关教育主体身上。

不难看出，教育主体的自愿过劳行为勾勒出规训与控制的精细化、隐秘化、体系化趋势，其结果便是教育主体陷入虚假的自我，主动建构自我压迫的教育竞争情境。这其中就体现着教育焦虑作为主导性因素的作用：教育焦虑的持续，使得个体陷入茫然和恐惧的情绪中，这也为外界的控制创造了契机，从而用结构化的绩效设计让个体参与到教育竞争中，竞争所制造的紧迫感、焦虑感无不裹挟和逼迫着个体投入教育活动之中，让他们不得喘息，因为一旦停下来就会有退步甚至被淘汰的可能，因此他们必须全力以赴从而获得更高绩效（包括考试、升学、竞赛等形式）。个体在努力的同时也无形中确立了对外界力量的服从，以为这种方式能缓解焦虑情绪，减少不确定性所带来的损害，殊不知却制造了新的焦虑来源。人们越是努力，想要通过绩效来获得外界的肯定，就越要努力投入教育活动中，竭尽全力发掘自身的潜力。这种努力的背后是越来越失控的自我，只能徒劳地自我消耗，甚至陷入存在的无聊与疲倦之中。可悲的是，造成这一现象的源头之一却是自身的积极行动，也就是说，人们亲手为自己建造了一个牢笼，造成自我与他人、与世界的分离，即自己造成了自己的异化。

在焦虑情绪的裹挟下，学生积极的学习、教师自发的努力工作、家长主动的教育行动催生了全新的异化形式——自我异化，自我异化仍未超脱异化的本质，"是一种毁灭性的自我异化，即由自我而生出的异化。这一自我异化恰恰发生于自我完善和自我实现的过程中"②。可见，焦虑披着合法的外衣，把学习者培养成类似于现代"劳动动物"的绩效主体，他们既是主动建构者又是被动承受者。学习活动造成了学习者时间、

---

① ［德］哈特穆特·罗萨：《新异化的诞生：社会加速批判理论大纲》，郑作彧译，上海人民出版社2018年版，第33页。

② ［德］韩炳哲：《他者的消失》，吴琼译，中信出版社2019年版，第58页。

空间和心灵等维度的贫困,学生的时间和空间被压缩、限制在特定范围内,失去了向外拓展的可能性。同时,学习成为获得认可、实现自我价值的方式,在一定程度上与项飙所说的"意义贫困"不谋而合,这并不意味着学生的学习没有意义,而是他们渴望通过学习来直接实现某种意义,这实际上反映出学习主体性缺失后的意义虚无。正因如此,我们才能看到如此分裂的现象,学生学业提升的代价却是对生命的摧残、虚无感的蔓延和幸福的减损。

**二 异化的新形式:自我异化**

异化一直是西方社会思想中的经典概念,在新的时代背景中,异化概念得到了拓展。法兰克福学派的批判理论家罗萨认为,加速社会中人的异化突出表现为"自愿做不想做的事情",耶吉则把它解释为个人受到外在的、虚假的欲求所摆布,"刻意而为""非本真"地处世。这种异化有别于传统的异化形态,不再表现为外界的强迫,而是与人的自由、自我规定相关,因而是一种新的异化形式。在耶吉看来,"无关系的关系"是异化的核心特征,即对自身和这个世界的无关系[1],一种残缺的关系。在教育焦虑情境中就充分体现着这一关系:学生被裹挟到激烈的教育竞争中,却还要表现为"自愿"地加入,在家长、教师所限定的场景中扮演自己"应有"的角色,呈现出虚假的自我。学生本是教育的主体,但这种病理性的竞争消解了他们学习的自主权,学生与学习的实质性联系被打破,进而导致了价值的缺失,在现实中表征为丧失力量与丧失意义两方面。

(一)残缺的关系:非本真地处世

耶吉重新审视并激活了"异化"概念,将它看作一个诊断现代社会的批判性概念。在她看来,异化可被用来解释人与世界的关系,即"无关系的关系",亦即"一种相对于真正的关系——合作性的或者对自我的关系,

---

[1] Rahel Jaeggi, *Alienation*, New York: Columbia University Press, 2016, p. 3.

它们都构成了人的本真天性——而言有缺陷的、被扰乱的关系"[1]。异化本身是一种残缺的、不完整的关系,异化的人或物与我们并非毫无关联,正如齐美尔所描述的陌生人那样,那些与我们有着一定联系的人或物才会与我们相异化。正是这种残缺的关系使得人们无法掌握自己的状态,当主体与曾经有联系的人或物相分离时,就难以与他人、世界、制度等建立新的关系,进而感到无能为力。异化的世界是一个不属于自己的世界,个体失去了对自我生存状况的体验,成为"自己世界的陌生人"。然而,这一状况却是人自身创造的,异化是自由的消极产物,它干扰了个体占有自我和世界的可能性。异化是个体力量外在化的阻碍,而非异化则意味着全面且充分地实现自我,经由占有自我的方式来重建自我与世界的关系。耶吉将异化刻画为"无关系的关系"而非"无关系",而正常的生活中个体能占有自我与世界,在这一过程中建立与自我、与世界的关系,只是这种关系会遭受破坏、阻挠,异化就揭示了这一后果,被异化的个体也就是在占有自我、世界的过程中所产生的消极后果,因此,异化就是个人的积极活动所创造的,个体既是异化的创造者又是受害者。

在异化状态下,人们处于非本真地处世状态,失去对自我的掌控。在教育实践中这种现象也广泛存在。以儿童的学习为例,家长和教师都不遗余力地向学生传授最科学、最高效的学习方式,试图让他们在有限的时间内掌握尽可能多的知识,学生则以自愿付出的高强度学习作为回应。然而,这一景象也不过是"看上去很美好",家长和教师用"爱""都是为了你好"这样的说辞来干预学生的学习行为,解构了学生的学习自主性,学生与学习的内在关系被外界力量所消解,呈现出名不副实的非本质联系,在表面和谐的背后则是软性、隐秘的规训。在这一情形下,学习成为学生的异己之物,投入学习的精力越多,自身的无力感就越强烈。针对此现象,波兹曼在《娱乐至死》中早已作出了预见性的分析,电视节目把教育性看作自身的一大卖点,在给儿童轻松愉悦的学习

---

[1] Rahel Jaeggi, *Alienation*, New York: Columbia University Press, 2016, p. 9.

体验的同时，也在无形中影响着儿童接受节目所传递的观念，也就是说，电视通过控制人们的时间、注意力和认知习惯获得了控制人们教育的权力，它已成为教育的异己之物。这一观点在审视今天的教育问题时仍能表现出其清明的智慧，在学习主体性消解后，学生就只能按照外界的规范来扮演自己"应然"的角色，缺乏与学习的实质性关联，因此，"无关系"的缺陷就会被强化。

（二）抵抗性的消失：丧失力量与丧失意义

耶吉认为，"有缺陷的关系"的直接影响表现在两方面——"丧失力量"和"丧失意义"。"丧失力量"即失去了改变外部世界的行动力量，成为被他者所支配的客体。学生自身的不完善性、未完成性是"丧失力量"的内在根源，这一基本事实决定着他们容易受到各种外在因素的影响，如现实中家长往往会干预孩子的选择，尽管这一做法有着合理的一面，但有时候也能看出家长的强制性力量。而在学校场域中，教师则会根据课纲安排来设计教学活动，即使在面对自己不喜欢的教学活动安排时，学生也通常不会直接表达，而是通过自我调适的方式来接受教师的安排。久而久之，学生在学习过程中就会感受到深深的无力，只能被动接受这些规则但却无力改变现状。"丧失意义"即由于无法从行动中获取感情支持而产生的痛苦、迷茫，表现出价值的虚无和失落。对学生来说，最大的意义丧失莫过于因过于激烈的教育竞争而产生的无意义感，内卷式学习并没有带来其承诺的成功，反而让学生时刻感受到莫名的恐惧。学习活动隐藏着"去个性化"的风险，因为要想在学习竞争中获胜，学生就必须克服自身消极的情绪，积极践行所谓"科学"的学习方法，而其标准却是深受绩效主义影响的，学生在学习方式上呈现出越来越多的共性。对家长而言，最大的意义丧失便在于对孩子学习的失望。然而，家长把孩子的成功简化为学业成绩，家庭教育措施也有着高度的趋同性。在这一情形下，人在外在力量的支配下而无法自主地活动，不由自主地失去个性，最终成为不完整的非本真存在。在现实中，尽管他们能意识到这一现象对个体的危害，却不知如何转化为积极行动，只能采取犬儒主义式的自我欺骗来掩饰自己的迷茫、抑郁、无聊等情绪，用

"佛系""糊弄""摸鱼"等自嘲话语来解构异化，在消极抵抗的同时逃避自身的责任，既对教育活动持悲观态度又拒绝作出任何改变。

"丧失力量"与"丧失意义"的对立面是"掌握力量"和"获得意义"。"掌握力量"是"获得意义"的前提，而"获得意义"是个体生活得以展开的基础，一旦失去意义，个体则将陷入对生存状态的无意识状态，从而屈从于外界力量。也就是说，家长、学生和教师并不总是在教育活动中感到强烈的无意义感，而是太想为自身的行为寻找某种特定的意义，以此来确立自身行为的合法性，如家长把自己对孩子的付出归结于爱与责任，教师把自己的劳动归结于教育理想、信念，尽管这种做法能让他们获得心理的慰藉，但却是治标不治本的，因为这种意义是外在的而非内生的，体现的是个体对外在价值的被动接受。可以说，"丧失力量"和"丧失意义"精准切中了教育活动中学生、家长和教师促遏的生存处境，当他们无法掌握自主的力量、获得认同的价值时，就会向外寻求认同，选择依附于外在主体力量所制定的规则，进而形成一种支配性的关系。内卷化使得学生、家长、教师"自愿"参与到建构、推动这一关系之中，淡化了他们的反抗意愿，掩盖了从属关系的规训本质。正因为如此，内卷式竞争才成为看似建立在个体自由和理性基础上实则颇具异化色彩的教育选择。

（三）被支配的关系：对权威的服从

在缺乏对自我的主导力量的情况下，个体不得不服从于权威的支配，受到外在力量的控制。异化作为一种支配性的关系，往往是由人们的理性所建构和维持的，一旦接受了外在力量的支配，就不可避免地走向被压迫、被贬抑的命运。在现实中，这种支配与被支配的关系往往是由双方共同确立的。学生在学习和成长过程中受到成人文化的支配，不论是学校、家庭、社区还是校外培训机构的各种学习活动都体现着成人的"在场"。随着学龄阶段的提升，他们越来越习惯于教师、家长所制定的规则，为了让他们满意而选择顺从。但成人也同样服从于外在的权威，教师的工作有着显性或隐性的规约，他们需要表现出符合教师角色期待的行为；家长同样在情感、理智、法律的层面需要服从于外在的权威，从而扮演好符合外界期待的家长角色。可见，这种支配关系已经渗透在教育主体的全部活动中，既框定了他们行动的范围，明确了行动的方向，也成为他们所要完成的任务。不可否认，在这种病态的教育竞争中，学生、家长、教师也能感受到一定的快乐，但这种快乐却是一种建立在欲望得到满足的基础上的幻象。徐凯文曾提出"空心病"这一概念，用来形容当代学生内心的空洞，它指出了一种病理现象：我们太容易把外在的目标当作自己的目标，把外在的观念当作自己的观念，把外在的欲望当作自己的欲望，从而扮演着被期许、被界定的角色，这种观念被合理化为一种集体无意识。显然，这一境况有着复杂而微妙的作用机理，隐藏在日常教育活动中，正因如此，我们才难以从支配性关系中窥见异化的存在。

　　需要说明的是，教育焦虑是否与异化之间存在必然的关系，这一点尚无定论，有待进一步考证，本书也不过从学理推断出发，对教育焦虑的可能后果作出合理猜想，并对教育异化这一经典主题作出适当的探讨。正如罗萨所言："异化批判理论长久以来正确地指出，有些异化形式是不可避免的，甚至在所有人的生活当中，有时候异化形式还是人们想要的。任何想把异化斩草除根的理论或政策，都必然是危险的且潜在的是极权的。"① 教育焦虑所引发的异化风险并不全然带来坏的结果，它也可能蕴含进步的意义，它是教育活动在反思过程中趋向更高发展境界过程中的一种遭遇。在这一意义上，结合现代社会人的异化形式的转变来审视教育焦虑对教育中"人"的影响，有助于我们在坚守人在教育中的主体性的基础上，深度发掘受教育者的开放性、未完成性和发展可能性，从而引导教育走向健康、可持续的发展道路，这是回归教育育人价值的应有之义。

---

　　① ［德］哈特穆特·罗萨：《新异化的诞生：社会加速批判理论大纲》，郑作彧译，上海人民出版社2018年版，第5—6页。

# 第四章

# 当代教育困境的衍生逻辑

如前所述,在人类社会的不同历史时期,作为客观事实的教育焦虑有着不同的表现形式和影响程度,可以说每个时代在一定意义上都是教育焦虑的时代。但现代社会赋予教育焦虑全新的时代内涵,改变了教育焦虑的再生产方式,使得教育焦虑的影响达到了前所未有的程度。当今社会几乎普遍存在的教育焦虑现象不仅加剧了人们的不安全感,更构成了人们对现代生活最直观的体验,教育焦虑就是现代性的产物,它构成当代人的现代性体验的一部分。教育焦虑与社会环境之间有着复杂的作用机理:焦虑社会为教育焦虑赋予了新的时代意义,为教育焦虑的再生产提供了新动力,让它的影响达到了一个前所未有的程度;教育焦虑的持续扩散又进一步放大了人们的不安全感,助长了风险的累积重叠,扩大了传播范围。在这种交织运动中,教育焦虑真正超脱了个别的、偶发性的、模糊性的主观感受,成为内嵌于现代生活体验的群体性教育病症。理解教育焦虑现象的形成和演变历程,需要将它置于特定的历史、文化、现实情境之中,本章试图结合对现代性这一时代母题的分析,从观念、教育、家庭、市场、社会等多方面出发探寻教育焦虑的生成机理。

## 第一节 功利主义教育观盛行

从认识论角度来看,功利主义教育观是教育焦虑产生的思想根源。

在这里需要区分两种功利主义,一种是在学术意义上以边沁、密尔等为代表的功利主义思想,主张以行为效果来判断道德;另一种是在社会意义上包括急功近利、唯利是图、享乐拜金等在内的功利主义。前者是中立的理论流派,而后者则通常是消极的社会思想,前者为后者提供了理论依据和行动指导。功利主义思想影响着当代社会中人们的思想观念和行为,反映在教育领域,就突出表现为功利主义教育观。需要注意的是,这里的功利主义教育观并非教育思想流派,而是功利主义思潮弥漫在教育领域所产生的一种教育价值取向的偏离和错位。功利主义教育观隐藏在教育思想、制度和实践中,实则是教育的工具理性凌驾于价值理性之上,致使人们的观念和行为偏离教育的规律,忽视育人的本质,功利主义教育观引发了教育焦虑[①]。

## 一 功利主义教育观的产生

功利主义教育观是历史的产物,是功利主义思想在教育领域中的呈现,且它一旦出现就会在特定时期内持续存在。中国教育史上不乏功利主义观念,如宋代《劝学诗》中"书中自有千钟粟,书中自有黄金屋,书中自有颜如玉"的说法就传达出人们对教育的实用主义看法,这与当代功利主义思想不谋而合。在科举时代,受教育水平是衡量个体收入和社会地位的重要因素,因此,教育成为个人改变命运的重要途径,承载着过多的外在价值。在中华人民共和国成立后的很长一段时间内,高学历人才都可被分配到体制内,成为国家干部,更加强化了教育与个人收入、身份乃至命运的线性逻辑。市场经济时代,高素质人才的稀缺使得教育有着较高的回报率,教育受到人们的追捧,就在于它具备一定的社会功能,能帮助人们实现特定的目的。随着社会经济发展水平的提升,通过教育来实现阶层上升的空间正在缩小,阶层固化、教育不公平引发了人们对"教育改变命运"的担忧,也进一步引发了"教育无用论"和"教育万能论"的对立。前者认为教育无益于现实目标的获取,因而是

---

① 崔保师、邓友超、万作芳等:《扭转教育功利化倾向》,《教育研究》2020年第8期。

## 第四章 当代教育困境的衍生逻辑

无用的,而后者则强调人可以通过教育来实现自我的任何目标,但实际上两者都是功利主义的表现,因为二者都把是否"有用"看作衡量教育价值的标准,实际上强化了教育的工具性价值,而此处的"有用"往往是可操作和量化的。

功利主义教育观是功利主义思想在教育领域的表现。作为社会子系统的教育不可避免地受到社会政治、经济、文化等外在因素的影响,在传统的教育视域里,教育的作用主要是通过培养人为社会服务,它在社会与人之间起着纽带、中介作用①。当代社会的泛功利化思想无疑影响着人们对于教育的理解。一种思想之所以能广泛传播,就在于它迎合了部分人的需要,为其行为提供了合理依据,功利主义的存在有其合理性,就在于它肯定了人性中的自利,它所主张的趋利避害、通过个人经验来判断行为好坏与人们的日常经验有着一定的适切性,使得功利主义在现代社会迅速扩展开来。当然,功利主义的这些倾向看似合理实则放大了人的自私自利,因为在日常生活中,人们往往把自发追求个人的现实利益看作应当追求的价值目标,把"实然"看作"应然",把个体的行为理解成群体的行为。现代社会价值体系的变动也是引发功利主义思想的源头,在前现代社会向现代社会转变的过程中,原有的价值体系崩坏、新的价值体系尚未确立,从而出现了价值的真空期,表现为价值取向的多元。各种价值取向的涌现和争鸣,表明这是一个充满希望和焦虑的时代,价值的多元并未给人带来真正的自由,看似为人提供了更多的选择,但却让人陷入对特定价值的盲目追求之中,其中最为突出的便是对物质的追求。在现代社会,与物质条件极大丰富对应的是人的物欲膨胀,个体陷入了对金钱的盲目崇拜,正如齐美尔所批判的,金钱使得那些本应是目标的东西降格为手段,金钱取代上帝成为当代人的偶像。这种唯利是图的思想反映在教育领域,就表现为教育与金钱挂钩,成为获得物质利益的手段,如把学习是否有助于考得高分、获取证书、找到好工作看作最重要的因素,过于突出教育的工具价值。

---

① 王道俊、郭文安主编:《主体教育论》,人民教育出版社2005年版,第7页。

功利主义教育观的背后实则是当代人的生存焦虑，在生存处境难以改善的前提下，人们不得不把一些不切实际的希望寄托在教育身上，使得人们的教育行为带有浓厚的功利主义色彩。功利主义教育观是特定时期的产物，对应着教育发展不平衡、不充分的阶段，优质教育资源的不足与人们对教育资源供给的高期待之间的固有矛盾是功利主义教育观产生的事实前提，功利主义教育观则进一步强化了这种不平衡关系，加剧了人们的教育焦虑。

## 二 功利主义教育观影响下的教育焦虑

为什么当下的人们对教育如此焦虑？其原因就在于教育承载的价值面临着功利主义思想的侵扰。在此背景下，一切教育活动都与物质奖赏制度建立了联系，一切教育活动背后都存在一套量化的评价体系[1]，教育领域已沦为以争夺更多绩效为导向的"功绩竞技场"，教育焦虑就在这种功绩竞争中不断累积放大。

首先，功利主义教育观导致教育价值的焦虑。所谓教育价值，就是作为客体的教育现象的属性与作为社会实践主体的人的需要之间的一种特定关系，对这种关系的不同认识和评价就构成了人们的教育价值观[2]，王坤庆认为，知识的价值表现在功利价值、认知价值和发展价值三方面，前者突出教育作为目的和手段的意义，后两者则突出教育对社会的意义[3]，也就是说，教育自身就包含本体价值和工具价值两方面，前者强调非功利性的个体发展，如知识增长、素质提升等；后者强调目的导向，如教育促进阶层流动、实现个人利益等。在科学、理性的主导下，教育的工具价值得到了追捧，它所强调的把教育资源效用最大化的原则，使得教育成为满足最大多数人功利价值的手段，教育培养的是劳动力，把人作为资源来开发，使人的价值被物化。在工具理性主导下，教育培养

---

[1] 耿羽：《莫比乌斯环："鸡娃群"与教育焦虑》，《中国青年研究》2021年第11期。
[2] 王坤庆：《教育哲学新编》，华中师范大学出版社2010年版，第162页。
[3] 王坤庆：《关于知识教育价值观的探讨》，《华中师范大学学报》（哲学社会科学版）1994年第6期。

的人是可以被批量复制的劳动者，他们只需要掌握特定的知识和技能就能从事某种职业，而审美、道德、身体等则被忽视了，这种教育只能培养作为工具而非主体性的人。科学和理性的过度膨胀，使得教育被外界力量所主导，只能迎合工具理性的要求，正因如此，教育培养的人也就是单向度的人，失去批判意识的人，他的情感、意志、灵魂等都被欲望、功利所侵蚀，只有在欲望的放纵中，人才能感受到自己的存在，"现在的人已被高度异化，人的工具性人格日益突出，导致人与其内心情感世界的疏离，变成了无情感、无感动的内心麻木的人"[1]。不可否认，人类实践活动必然有其功利的一面，教育亦如此。从生存论角度来看，教育的功利性确有其功能，功利性的教育在一定程度上有助于教育主体摆脱物质和生存的困境，但过于强调教育的工具价值而忽视教育对人格塑造的独特价值，从而把教育的功能窄化为谋生，这是一种低层次的教育需求。人不但能通过教育来实现自身知识、技能的增长并提高外在的物质条件，还能通过教育来丰富精神世界，追求更高的发展境界，而这无疑是人的高级需要。当这种需要被遮蔽时，教育也就沦为单纯的职业标签，教育实践也就被外在的功利目标所裹挟了。在功利主义观念下，教育被剥去了神圣的光环，被物化为文凭的符号，成为通向更高阶层的台阶，人却失去了在教育过程中的主体性地位，而这正是教育使人成为人的前提所在。

其次，功利主义教育观导致教育的内容焦虑。教育应当培养德智体美劳全面发展的人，但在功利主义教育观的影响下，教育实践往往把考试成绩、升学、文凭等外在目标看作学生成长的核心指标，知识授受成为学校教学活动的主要内容。教育过程也发生了根本的变化，追求效率的"教"取代了注重个性发展的"育"，教师倾向于采取灌输式的教学方法向学生输入静态的知识，并采取多种规训和控制方法来主导教学活动。在这一境况下，学生的生活被学习所占据，不由自主地陷入了各种

---

[1] 牛利华：《回归生活世界的教育学省察——兼论教育与生活的关系样态》，东北师范大学出版社2015年版，第35页。

功利化的学习之中，这种学习是单向度的学习，造就的是只能顺从、接受而缺乏批判反思的人。斯宾塞曾提出经典命题——"什么知识最有价值"，他给出的答案是科学知识。科学是人类认识和改造世界的重要工具，但科学的发展也使人类陷入对科学的过度崇拜之中，科学似乎成为主导人类生活的决定性力量，因此，让受教育者尽可能多、尽可能快地掌握科学知识就成为现代教育的重要内容。教育具有"转识成智"的追求，旨在将知识转化为智慧，使文化积淀为人格，通过化自在之物为自我之物，将自然、社会和他人的经验转化为自我的智慧[1]。但功利主义教育把人变成只有知识、技能却无智慧的人，其结果便是"一个人的科学知识越多，他就越有可能在市场上卖一个好价钱，在社会上谋得一个好职业，在谋生中获得较高的报酬"[2]。这种教育实则是一种占有式的教育，它主张把自己当作实现某种价值的手段，从而缓解心灵深处存在的焦虑，在这一过程中"人更看重自己的手段价值，而不是目的价值：内心很充实，人生更有意义和价值"[3]。占有更多知识、财富无疑能让人的工具价值得到体现，但却把人自身的独特价值给遮蔽了，占有本身成为生存的目的。在这种教育中，学生的学习指向占有，通过占有更多知识来考取更高的分数，通过考试升入更好的学校，通过高学历来获得与之相符的财富和社会地位；教师的教学活动指向占有，通过教学成绩、科研成果、荣誉奖项等指标来获得财富和社会地位；家长的教育活动指向占有，通过子女的学业成就来获得他人的认可和确立自身的意义。在这种占有式的教育中，个体与他人、个体与群体的关系是充满敌意的，个体成功的背后是群体的失败，为此他们必须时刻提防和警惕看不见的威胁，心灵处在极度的焦虑不安之中。但他们却无法通过占有来获得真正的内心平静，因为占有就意味着永不知足，通过占有所得到的满足很快就会被不断膨胀的欲望所淹没，占有绩效的方式尽管能缓解个体当下的

---

[1] 靖国平：《教育的智慧性格——兼论当代知识教育的变革》，湖北教育出版社2004年版，第27页。
[2] 王啸：《教育人学——当代教育学的人学路向》，江苏教育出版社2003年版，第43页。
[3] 陶志琼：《新旧之间：教育哲学的嬗变》，重庆出版社2003年版，第183—184页。

焦虑情绪,却是群体性焦虑的深层次源头,个体看似理性的行为选择却造成了群体的非理性结果。

最后,功利主义教育观导致教育的过程焦虑。人的发展具有阶段性,决定着教育需要以过程的形式存在并展开,但在功利主义导向下,教育的过程却被忽视了,人们关注的往往是那些可操作、可量化的指标。数字成为衡量人的同一性标尺,其原因就在于数字的可计算性为人们展示了标准化教育模式的可能。在这种教育中,一切事物的性质都必须符合量化标准,如品德分、学习成绩、绩效考核分等,作为教育对象的人也就成了被数字消弭自身丰富性的人。因此,学生的综合素质就表现为分数的高低,学生德智体美劳等方面的发展被数字所代表,数字用量的同一性掩盖了质的差异性。在教师的管理方面,泰罗制的科学管理模式将教师的收入与绩效挂钩,用表征为数字的绩效来考核教师的工作状况,而对其教学过程并不过多考察,客观上默许了教师急功近利的做法。在家长的教育参与方面,家长通过购买教育服务来提升孩子的素质,其根源就在于渴望用金钱购买与之匹配的素质,从而在教育竞争中占有更多的优势。在功利主义教育观的影响下,人们对教育的期待大多着眼于现实目标,渴望通过大量的资源投入来获得确定性的目标,如升学、考取证书、获得文凭等,这实际上是精于算计的"优绩主义"心理作祟。因此,为实现目的而不择手段的行为也就被合理化了,如学生为升学而选择超前学习、为学习而牺牲睡眠时间,学校为提高升学率而挤占音乐、体育、美术等学科的课程,这些背离教育基本规律的做法在现实中屡见不鲜。渴望在投入教育资源后看到立竿见影的成效,不过是一种扭曲的功利心理在作祟,越是在意结果,就越会患得患失,进而导致教育主体的焦虑情绪日渐异变。

教育焦虑的主体并非不理性,而是过于理性,人们把经济逻辑转移到教育领域,过于关注教育的效率,把教育目标量化为可操作性的数字,试图全面控制教育过程进而降低教育实践的不确定性,殊不知这种做法忽视了教育活动的生成性、不确定性,用科学、理性的普遍定理来主导培养人的教育活动,最终导致教育的非人格化,把教育异化为功利化的投资行为。教育本应促成人的全面发展，但日益严重的功利主义教育观却异化了教育的过程，背离了教育的基本规律，悬置了教育与生活的关联，造成了人的片面、割裂发展，更让教育主体陷入对教育价值、教育内容、教育过程等方面的焦虑之中。反之，教育焦虑强化了教育功利性的一面，使得家长、教师、学生等主体都被卷入节奏越来越快的教育竞争之中，而为了占有更多的"物"，他们又不得不采取急功近利的做法，抛弃理想、良知、道义等超验性的追求，选择"自动从俗"并自我驯化为"精致的利己主义者"。这一做法又反过来助推了功利主义在教育乃至社会领域的蔓延。

## 第二节　教育自身的结构困境

进入新时代，我国社会的主要矛盾已转化为人民日益增长的美好生活需要和不平衡不充分的发展之间的矛盾，这一基本事实反映在教育上，表现为人民日益增长的对更高水平、更高质量教育的需求与教育发展不平衡不充分之间的矛盾。在教育发展水平相对较低的阶段中，教育焦虑才会更多表现出消极的面向，现实中教育评价的功利导向，教育改革的辗转曲折则放大了教育活动的不确定性，滋生了更多的教育焦虑。

### 一　教育资源的结构失衡

随着社会发展水平的快速提升，在教育资源总量有了较大增长的同时，教育资源的结构性失衡现象却长期存在。每位家长都想让孩子享受优质教育资源，但一个不争的事实在于，优质教育资源是有限的，不平衡、不充分的教育资源供给与家长过高的教育期望和不断增长的需求之间的结构性矛盾长期存在，体现在区域、城乡、校际和学段等方面的结构性失衡。

教育资源的区域失衡主要表现为东部、中部和西部地区之间的巨大差异。受自然环境和社会环境的差异，我国东部、中部和西部地区之间，沿海和内地之间在经济、文化和政治领域发展水平极不平衡。这一基本事实决定了教育资源的区域不均衡，以教育事业费用为例，东部地区属于高投入地区，中部地区居中，西部地区属于低投入地区。从2020年教育经费占一般公共预算支出的比例中就可见一斑，比例最高的山东省为20.31%，而最低的青海省只有11.28%。

教育资源的城乡失衡伴随着城市化的进程。在城市化进程中颁布的《中华人民共和国户口登记条例》推动了我国城乡二元结构的形成，城乡之间存在难以跨越的鸿沟，城市和乡村处于相互分割、封闭的二元状态。这一制度设计导致了城市教育与乡村教育的分野，由此形成了城乡教育二元结构，城乡之间的教育差距越拉越大。尽管在国家政策的扶持下，乡村学校的基础设施已得到了较大改善，但在师资和软件设施方面与城市学校仍有着不小的差距：乡村教师队伍存在数量不足、教学胜任力不强、任职意愿不高等问题，教学设备的实际使用率不高，后期维护乏力，使得教育资源没能真正改进教学质量，对学生的吸引力不足。加上城市化的推进，大量学生进入城市学习，城乡之间的差距被进一步拉大，形成了城市学校学生爆满与乡村学校学生寥寥无几的局面。城乡之间教育资源的不对等导致乡村家长对城市学校的向往更加强烈，在人口大量流向城市的背景下，围绕着教育资源的争夺也越发激烈，引发了人们的不安与焦虑。

教育资源的校际失衡体现为重点学校和非重点学校的差异化发展。自中华人民共和国成立以来的"重点学校"建设使得教育资源向部分学校倾斜，重点学校和非重点学校的发展走向了两个方向，重点学校凭借设施建设、资金投入、师资等方面的优势吸纳优质生源，扩大了校际差距。尽管国家已取消了"重点学校"的说法，但地方政府仍大力建设示范学校，而示范学校实际上仍是重点学校的变体，社会公众对名校的追捧仍然有增无减。从地域上，示范学校大多位于城市地区、东部地区，实际上加剧了教育资源的不平等，强者越强，弱者越弱，马太效应日益显著，与"超级中学"对应的是大量的薄弱学校。尽管国家大力推行义务教育均衡发展政策，但由于差别化政策所导致的教育资源校际失衡问题仍难以在短时间内得到根本解决。教育竞争实际是为了争夺有限的优质教育资源，重点学校则能为孩子的教育竞争提供累积优势，进入重点小学的孩子更有机会进入重点中学和重点大学。这种层层累积的压力不断下沉到父母和孩子身上，增加了他们的负担和焦虑。为了让孩子进入重点学校，家长们纷纷投入对入学资格的追逐，在孩子幼儿园入学到小升初、初升高乃至高考等环节中，都能看到家长们奔波的身影。

教育资源的学段失衡表现在两方面，即不同学段教育之间的矛盾和同一学段内不同类别教育的矛盾。以学段划分，教育可分为学前教育、义务教育、高中教育和高等教育，但不同学段之间的教育资源投入有着较大差别。以教育执行经费为例，2020年全国学前教育、义务教育、高中教育和高等教育的经费占比分别为7.9%、45.8%、15.9%和26.4%，可见学前教育在经费投入方面存在较大的短板。在义务教育全面普及的背景下，2021年我国学前教育毛入学率为88.1%，使得学前教育面临着"不能被剩下"的焦虑。学前教育发展相对滞后的局面源于历史欠账，这也导致学前教育在学段上成为教育焦虑的起点[1]。相应地，随着高等教育普及化带来的学历贬值，就业市场对学历的偏好越发强烈，学历成为就业筛选的前置条件，追求高学历的风气日盛，甚至出现了"考研高考化"的现象，这也表明，教育焦虑有后移的趋向。教育焦虑的起点前移与终点后移并存，导致了孩子受教育的学段延长，而每一学段的学生都会通过分流制度走向不同的轨道。

当前，教育分流已提前到初中阶段，使得升学的独木桥从高考下沉到中考，家庭的升学压力也随之提前到小升初乃至幼升小阶段，"赢在起跑线"成为决定孩子确立优势、赢得胜利的关键要素，直接决定着孩子能进入何种层次的学校。但在我国当前的教育环境中，职业教育与普通教育的分流不仅是功能性的分工，更是能力和地位的区隔[2]。在传统儒家文化中，文凭往往与社会阶层、个人能力直接挂钩，这一观念在当

---

[1] 顾严：《求解：结构性教育焦虑与结构性教育矛盾》，《探索与争鸣》2021年第5期。
[2] 张凌洋：《我国教育分流制度问题及对策》，《国家教育行政学院学报》2014年第6期。

代社会中的变体就是把普通教育看作进入高等教育的唯一方式，把接受职业教育的学生与"差生"画上等号，"职教生"仿佛一个被污名化的标签，在就业市场中仍不免遭受偏见。从现实来看，升入普通高中后进入大学的机会要远大于中职教育，2021年普通高中招生人数为904.95万人，中职招生人数为488.99万人，高等教育毛入学率为57.8%，现有的分流制度难以满足学生对接受高等教育的强烈需求。尽管当下的教育改革正在改变这一做法，如2022年4月修订的《中华人民共和国职业教育法》把"实施以初中后为重点的不同阶段的教育分流"调整为"在义务教育后的不同阶段实施职业教育与普通教育的分类发展"，把"分流"调整为"分类发展"①，强调在教育资源有限的情况下优化配置，但普通教育和职业教育之间资源失衡的局面难以在短期内根治。

教育资源的结构性失衡根本上源于中国社会发展水平不足的事实，反映出教育发展的"效率优先"价值导向，这一做法导致了教育资源分配不均衡的结果。自基础教育均衡发展战略实施以来，教育公平正在不断实现，但总体水平仍然不高。随着人们的教育需求从"有学上"转变为"上好学"，如何兼顾均衡与优质、推动基础教育内涵式发展成为亟待解决的时代命题。值得注意的是，尽管优质教育资源不足是一个不争的事实，但家长的感受仍是一种群体比较中的主观感受，是一种相对不足，如中产阶层家长尽管获得优质教育资源的禀赋较强，但仍会在与上层阶层的对比中产生相对剥夺感。目前来看，学校提供的教育难以满足家庭对个性化的优质教育的需求，家长不仅会担心学校的教学质量，顾虑学校能否提供优质的教育资源，也会对孩子的未来产生深深的担忧。在这种殷切期盼与不确定的现实之中，家长和孩子的教育焦虑就被不断制造出来。

## 二 教育评价的取向偏差

教育评价对教育实践起着导向作用，是教育的指挥棒，决定着教育

---

① 《中华人民共和国职业教育法》，http://www.moe.gov.cn/jyb_sjzl/sjzl_zcfg/zcfg_jyfl/202204/t20220421_620064.html。

发展的方向。不论是宏观意义上的教育发展状况还是微观意义上的学校日常运作、课堂教学活动，都需要通过教育评价来呈现，也需要教育评价来调节教育内部秩序。在教育现代化建设进入新阶段的背景下，教育评价的重要性得到了高度肯定，被寄予了教育高质量发展的美好期待。有学者认为，当前的教育评价看似繁荣实则极其贫困和羸弱①，在形势一片大好的背后病态现象不断滋生。在教育实践中，"唯分数、唯升学"的现象仍屡见不鲜，这种"唯"导向强化了教育与社会的线性逻辑，把教育看作实现个人利益的工具，进而产生了过度的教育焦虑，家长、学生和教师等相关主体都被裹挟其中。教育焦虑正体现出教育的价值危机，即教育自身蒙上了功利主义色彩，而作为价值判断的教育评价活动成为制造教育焦虑的重要来源。

（一）评价功能相对单一

教育评价具有诊断、导向、选拔、甄别等功能，其目的在于改进人才培养方式，提高教育质量，但现实中的教育评价却往往过于突出选拔导向而忽视其他导向，过于注重对结果的评价而忽视对过程的评价，如侧重对学生考试成绩的考察而对学生学习过程的关注不足；侧重对教师教学业绩的考察，对教师教学能力、师生交往的关注不足；侧重对学校升学指标的考察，对学校管理、文化建设等特色发展的关注不足，等等。教育评价把那些直观且与被考察对象利益相关的内容当作评价的重点，使得评价只能带来划分等级的结果，这种结果只能反映出特定时期内学生、教师的成效，却难以发挥以评促学、以评促教的作用。

从价值取向来看，当前的教育评价是侧重功利性和工具性的，其目的不是通过评价来促进学生的发展，而是筛选出教育的对象，决定哪些学生有资格进入下一阶段的学习。升学考试就是一种典型的以选拔为导向的教育评价方式。升学考试既是选拔人才的途径，同时也是社会阶层的过滤器。因此，包括幼升小、小升初、中高考在内的升学考试演变成升学锦标赛，只有通过考试的学生才能获得进入下一阶段的门票，反之

---

① 叶赋桂：《教育评价的浮华与贫困》，《清华大学教育研究》2019年第1期。

第四章 当代教育困境的衍生逻辑

则将被淘汰。尽管现有的教育分流制度为学生提供了职业教育的选项，但由于职业教育办学水平良莠不齐、家长观念束缚、就业市场的学历偏好，家长仍对普通教育抱有过高的期待，竞相让子女投入单向赛道中。选拔性考试是常模参照性测试，对评价的内容和标准都有一定的限制，需要在考察对象之间加以比较。相较于对知识和技能的掌握程度，它更关注学生的相对优势，直观表现为考试成绩的高低、排名的先后，因为资源和机会都是有限的，不论以何种形式评价，都是要将学生横向对比，从中挑选出最优秀者。看似学校采取了形式多样、内容丰富、方法多元的评价活动，但对评价结果的解读却仍延续了以往简化为数字的做法，强化了教育评价的筛选功能。在升学率大致不变的情况下（如中考），学生陷入了同质性竞争之中，个体的努力并未带来实质性的回报，尽管整体考试成绩有所提升，但录取名额却基本不变，其结果便是录取分数线越来越高，在个体边际成本大量增加的同时，边际收益却不变甚至下降。学习成绩体现着家长、学生、教师和学校共同的努力，但这种努力所带来的不是回报而是劳而无功，在当前教育评价的指挥棒下，这种悲剧是无法避免的。于是个体不得不采取更为急功近利的做法在教育竞争中取胜，个体的理性却造成了群体的非理性结果，推动着教育竞争的内卷化乃至病态化。

尽管近年来国家意图扭转这一局面，并相继出台《教育部关于深化基础教育课程改革　进一步推进素质教育的意见》《教育部关于深入推进教育管办评分离　促进政府职能转变的若干意见》《深化新时代教育评价改革总体方案》等文件来改革教育评价，但工具性的理念却以更隐蔽的方式出现在教育实践中，如学校在宣传升学成绩时用"芒果""海鲜"等标志来代替，教师以传递暗号的形式公布学生成绩排名等，都表明评价理念仍未根本转变，学生的全面发展、学校的特色发展仍然受到传统评价观念的制约，与改革目标之间还有着不小的距离。

（二）评价主体作用受限

评价主体是参与教育评价活动并按照一定标准对评价对象进行价值判断的个体或团体。不同评价主体依据自身的立场与需求参与到教育评价活动之中，有助于确保评价的客观性和准确性，教育评价的主体包括政府、学校、教师、社会、家庭等相关利益主体，各自发挥着不同的作用。政府从宏观层面结合课程目标来评价学校的育人成效；学校结合自身的办学条件和办学定位来评价教师的教学成效、学生的在校学习成效；社会结合国家对人才发展的要求来评价学校的人才培养情况。教育评价主体的多元化也决定着评价主体的需求多元化，政府、社会、学校和家庭等主体对教育的需求既有同一性又有差异性，要实现教育评价对教育活动的引导目的，就必须要在不同主体间协调价值取向。在现实中，政府构成了教育评价结构的主体，教育行政部门、教育督导部门掌握着学校评优评级的权力，但政府不是教育的实际参与者，这种"既当裁判又当运动员"的方式也导致其他主体的作用并未得到体现。同时，政府给出的评价也只是外部评价的一种，既缺乏由第三方专业机构和研究机构给出的评价以及社会公众的满意度评价，也缺少学校内部教师和学生作出的自我评价。

尽管在近年来的教育评价改革文件中无不强调评价主体的多元化，但在具体实施中往往不尽如人意，导致评价活动往往流于形式，多方主体并未真正参与其中，改革所能发挥的作用也是有限的，评价的最终决定权还是在政府部门那里。在由行政力量推动的教育评价中，学校教育的直接参与者——教师和学生的主体地位被忽视了，面临着被动应对的窘境，因此，教育评价也就很难对教学活动产生实质的激励作用。此外，评价主体的单一化也导致评价内容的片面狭隘，只能通过有限的信息来了解当前教育的局部面貌，对其整体情况和存在问题缺乏全局性认识，如一项调查显示，尽管高考命题已经注重考查学科素养与学科能力，但被调查的农村高中仍沿袭传统的题海战术与死记硬背的教学模式，高考综合全面的评价标准与部分学校片面狭隘的理解构成了冲突[1]。这一做法也无形中强化了教育领域中的"唯"导向，在难以掌握教学过程中具

---

[1] 李晓亮：《农村高中日常教学实践与高考改革之脱节——为何"寒门难出贵子"》，《全球教育展望》2020年第3期。

体信息的情况下,评价也只能对最直观的数据(尤其是升学率、考试成绩、排名等)作分析和考察,导致教师和学生的压力与负担难以缓解,焦虑情绪在短时间内难以真正舒缓。

(三)评价体系建设不足

评价本身并无好坏之分,区别在于人们如何利用评价,在现实中,教育评价的不当使用使得其负面作用占据主导,成为引发各种问题的来源。教育评价是一项系统工程,所涉及的知识体系包括教育学、心理学、管理学、统计学、哲学等相关学科,涉及人员包括教师、家长、学生等主体,且多方主体有着多重利益诉求,是一项"牵一发而动全身"的综合活动。从国外经验来看,发达国家在教育评价理论建设和实践探索方面已取得丰硕的成果,在理论与实践之间构成了良性循环。反观中国,在奋起直追的教育改革中仍处在追求效率的阶段,尚未形成体系化、专业化的评价体系,与教育实践的互动仍然不匹配、不适应乃至存在理论与实践相脱离的"两张皮"现象。长期以来,中国教育评价遵循着管理逻辑,形成了对政府部门的路径依赖,忽视了教育评价理论建设和专业人才的培养。概念是反映教育评价专业化程度的重要标志,它既是构建教育评价理论的基础工具,又为开展教育评价实践指明了方向,单就"评价"(evaluation)而论,就存在"评估"(assessment)、"考核"(appraisal)、"监测"(monitor)等概念的混用,这表明学界对教育评价的基本认识还未达到应有的高度,对各种概念的边界尚无明确的框定,正因如此,教育评价实践由于缺乏可操作性的指标体系往往难以发挥对教育实践的促进作用。其根源在于,教育评价是一项引自西方国家的舶来品,在中国经历了"理论引进的累积"过程而非从中国本土教育实践累积过程,国外的理论有其特殊的适用条件,与其所处社会、政治、经济、文化等环境有着密切的关联,盲目移植和搬用的做法只会造成水土不服,这使得当前阶段中国教育评价理论研究的整体水平仍然相对滞后,理论指导实践的作用仍然有限。

此外,教育评价的工具和方法滞后也是不容小觑的问题。考试命题技术的水平与西方国家相比有着不小的差距;对评价结果的解读还停留在数据陈述层面,未能发掘深层次的问题;形成性评价的技术条件尚不成熟,等等。总之,限于中国教育评价的理论水平相对不足、专业评价人员欠缺、技术水平低下等不足,当前的教育评价还停留在直观、线性的量化评价层面,加之在教育评价的文化、技术、经验等方面的积淀不足,导致中国尚未建立起科学化的现代教育评价体系。尽管国家已出台多项教育评价改革措施,试图扭转教育功利化取向,回归教育的育人本质,但距离目标仍有不小的差距,教育评价的体系化、科学化程度不足使得教育焦虑并未得到根本性缓解。如何提高各项措施之间的适切性,建立和完善教育评价体系,仍是学界和教育界需要共同思索的问题。

(四) 评价制度信任缺失

中国正处在现代化转型的关键时期,传统的惯习、文化、道德规范等在复杂多变、机遇与风险共生的社会环境中遭受了多重挑战,也因此,人们对制度有着空前的依赖性,制度寄托着人们重建确定性的期望。但制度的实施建立在规范对象由内而外的认可、信任与接受的基础上,教育亦遵循此种规律,但在现实中,教育评价却备受社会各界的訾议,如层出不穷的高等学校排名就伴随着无休止的争议,实质是同行、社会群体等对评价结果不信任、不认可,教育评价的权威性受损。从历史来看,这一现象植根于中国的教育评价制度,长期以来中国的教育评价都处在由管理逻辑所主导的惯习中,形成了固定套路,教育行政部门自上而下开展评价工作,其他主体所能发挥的作用极为有限,助长了效率至上的功利取向,塑造了行政化的评价文化,也使得评价结果因为主体单一、方法科学性不足、技术水平低下等方面无法准确表明教育的真实状况,从而限制了教育评价的信度和效度。进入21世纪以来,中国不断改革行政导向的教育评价模式,引入家长、企业、社会等多方主体共同参与,并试行第三方机构开展评价实践,凭借其客观性、独立性、专业性等优势有效改善了现有教育评价方式的面貌,也取得了一定成效。但我们也应清醒地认识到,中国尚缺乏支持社会力量参与教育评价的相关政策法规,且行政化评价的惯习仍然顽固,教育行政部门的权威仍然过高,第三方机构无论是在数量或是质量上都还有着较大差距,与发达国家相比仍有不小的差距。

在不信任教育评价制度的情况下，教育主体就会依据自己的判断来采取正规教育系统之外的个人教育行为。以家长为例，在不信任学校教育的同时，他们就会把希望寄托于校外培训机构，渴望通过购买教育产品和服务获得对孩子教育的确定感。然而，这种方式又无形中造成了他们与学校的疏离，使得孩子的学习充满了更多的不确定性，增加了家长、学生和教师的焦虑情绪。

**三 教育改革的消极产物**

在新旧交替的时代变革时期，焦虑往往能成为群体性的情绪体验，具体到教育领域，教育改革往往是引发人们教育焦虑的导火索，这是因为，教育焦虑作为长期存在于基础教育领域的痼疾，实际伴随着教育发展和改革的历程。改革是一个充满不确定性的探索历程，它是曲线发展而非直线进步的，甚至还有倒退的可能，它为教育系统注入新要素，变革着教育的制度、组织、资源等格局，从而引发教育系统的整体转变。从演变历程来看，在改革的初期，由于政策理念的不统一、政策措施的不完善、相关主体的认知有限、政策执行环境的滞后性等，教育改革面临着较多挑战，教育政策也是引发教育焦虑的重要因素。可以说，每一次教育改革都承载着人们缓解教育焦虑的意图，不可避免的是，教育政策在减少不确定性的同时也可能成为新的不确定性的来源，而这些不确定性则构成了教育焦虑的新形式。

（一）已有减负政策的局限性

在中国，学生负担过重长期以来都是一个不争的事实。尽管中华人民共和国成立以来国家相继出台了多项减负政策，从1955年颁布《教育部关于减轻中小学学生过重负担的指示》以来，减负文件层出不穷，其措施包括减少家庭作业、规范考试内容、精简教学内容、规范校外培训等，要求越来越严格，规定越来越具体，力度越来越大，但遗憾的是未取得预期的成果，甚至陷入学业负担越减越重的怪圈。学校内的负担有所减少，但学业负担却从显性转向隐性，从校内转移到校外，校外培训

"提前教学""超前教学"等方式屡禁不止,出现"校内减负,校外增负"的现象。而同时,学业负担过重现象无法根除,新出台的政策文件尽管在短期内可以取得效果,但缺乏长效机制,以至于往往"按下葫芦浮起瓢",始终无法摆脱"出台政策—减负—负担增加—出台政策"的怪圈。可见,减负意在减轻学生的学业负担,与缓解教育焦虑有相同的旨趣。然而,减负未能取得实质的成效,也无力缓解教育焦虑,究其原因,不外乎以下三点:其一,把学习焦虑等同于教育焦虑,侧重改善学生的学习,对教师、家长等相关主体的关注不足,所采取的改革方式不成体系;其二,缺乏相关配套政策的支持,且政策的稳定性不强,如禁止学校布置书面作业,但对家庭怎样辅导孩子学习却没有指导意见,因此家长就会选择校外辅导,实际上把学业负担转移到了培训机构;其三,减负政策局限于学校之内,对家庭、社会的作用关注不足,更未从教育生态的层面上改善现状,如划片招生的做法催生了家长对学区房的追捧,现有的升学考试制度使得大量学生涌入普通轨,教育竞争的压力增大使得孩子的教育成为整个家庭的生活中心,等等。从日本、韩国等国的经验来看,不论是"宽松化"教育改革或是"影子教育"禁令,若是没有提前规划、采取系统性的变革,很有可能激化新的教育焦虑,加剧教育的病理性特征。教育焦虑从来就不是一个简单的教育问题,而是有着复杂作用机制的社会问题,教育焦虑的根源在于社会、文化、历史等因素,片面孤立、稳定性不强、革新力度不足的政策非但无助于缓解教育焦虑,甚至激化了教育焦虑的负面作用,催生着新的教育焦虑。

子女的学业成绩、升学考试是家庭关注的核心,而当前中国的升学考试以选拔为主,发挥着教育分流的功能,只有通过考试的学生才能进入下一阶段的学习,失败者则难逃被淘汰的命运[1],其中最重要的升学考试则是中考和高考。只有通过升学考试的学生才能获得下一阶段接受优质教育的资格,庞大的学生数量与有限的优质教育资源之间的固有矛

---

① 这种考查方式也被称作锦标赛流动。当前,越来越多的家长寄希望于孩子进入更好的幼儿园、小学、中学,就是为了在选拔性考试中占据先机。

盾决定了升学考试历来是竞争激烈的赛道，用"千军万马过独木桥"来形容也不为过。这一事实决定了学生始终离不开"升学"这一永恒主题，升学、考试宛如悬于家庭头顶的达摩克利斯之剑，让家长、学生都难以在紧张压抑的竞争氛围中获得喘息，只要中考、高考的选拔性质不变，学生就无法从沉重的学业负担中解脱出来。尽管现在学校明文禁止公布学生成绩、给学生排名，但中高考却仍要以学生的成绩和排名为依据，这一前提决定了家长和学生的焦虑并不会因教育改革而纾解，相反，学校教学活动变化所带来的不确定性增加了他们的焦虑情绪。

（二）"双减"政策与新的教育焦虑

2021年5月，中共中央办公厅、国务院办公厅印发了《关于进一步减轻义务教育阶段学生作业负担和校外培训负担的意见》（以下简称"双减"），把"减负"提到了前所未有的高度，可谓"史上最强减负令"。文件指出要"深化校外培训机构治理，坚决防止侵害群众利益行为，构建教育良好生态，有效缓解家长焦虑情绪，促进学生全面发展、健康成长"[①]，充分展现出国家扭转教育功利化倾向、缓解教育焦虑的决心，可以说"缓解教育焦虑、回归教育初心"就是该文件的一大核心任务。共青团中央宣传部和《中国青年报》开展的一项调查表明，"双减"政策实施后，72.7%的受访家长表示教育焦虑有所缓解，但也有6.5%的受访家长表示更加焦虑[②]。长期以来，家长形成了对校外培训的路径依赖，"双减"措施在缓解焦虑的同时，也成为引发家长、学生、教师焦虑的新来源。

对家长而言，他们并未从减负中感到解脱，而是需要花费更多时间来填补作业和校外培训缺失后留下的空白，需要更多参与到孩子在学校的事务中，与教师保持更紧密的联系，以此了解孩子的日常表现。家长

---

[①]《中共中央办公厅 国务院办公厅印发〈关于进一步减轻义务教育阶段学生作业负担和校外培训负担的意见〉》，http://www.moe.gov.cn/jyb_xxgk/moe_1777/moe_1778/202107/t20210724_546576.html。

[②] 黄冲、王志伟、姚奕鹏等：《"双减"实施后72.7%受访家长表示教育焦虑有所缓解》，《中国青年报》2021年9月16日第10版。

对子女的焦虑更为集中了,"'双减'后学校的教学质量能否有保障""学校老师能否公平对待孩子""孩子在家的学习要怎么辅导"成为困扰他们的新问题,这些情绪也无形中转移到教师身上。此外,尽管"双减"政策对于校外培训的无序扩张起到了遏制作用,但家长的校外培训需求仍然强烈,培训机构和培训市场并不会因此而消失,而是走向规范化办学。调查显示,"双减"政策执行后校外培训机构整体的运作更为规范,但仍有部分校外培训机构转为地下,呈现出"去机构化"的趋势①。一些机构则改头换面,包装成"住家教师""家政""研学"等形式继续开展学科培训,校外培训以更隐蔽的方式继续运作,这一现象在韩国早已出现。需要注意的是,这种培训方式收费高昂、限制条件较多,决定了它的适用范围非常有限,私人培训在增加家庭负担的同时,也放大了部分群体的优势,进一步加剧了教育不平等。长此以往,这种情况将在家长群体中制造新的焦虑,加剧教育竞争的内卷化程度。家长不再游离于孩子的学习之外,而是具体参与其中并发挥重要作用,家庭教育成为与学校教育同等重要的结构性因素。因此,如何提供高质量的亲子陪伴,如何为孩子的学习制定规划并具体实施,如何给孩子创造好的成长环境成为家长必须回应的问题。教育的变革呼唤着家长提升自身教育能力,尽管国家层面出台了《中华人民共和国家庭教育促进法》以推进家庭教育方式的变革,但家庭私域内的子女教育长期以来都被看作一项个体性活动,公共力量难以参与到家庭教育实践中。在新的社会环境中,"成为父母"不仅意味着对子女精心的照料、持续的陪伴、无私的关爱,更意味着具备教育孩子的知识与能力,需要家长不断自我提升。

"双减"政策也同样倒逼学生学习方式进行变革。培训机构侧重超前、超纲教学,教授内容与考试重点更切合,这与学校循序渐进的常规教学方式不相适应,因此,部分学生习惯于跟着校外培训的节奏学习,甚至在学校还要完成校外培训所布置的作业。校外培训方式的盛行,实

---

① 杨大川、李建明:《"双减"政策在县域落实的现状、问题与对策——基于云南省 X 县"影子教育"机构治理的调查》,《成都师范学院学报》2022 年第 1 期。

际上对学校的学科教学主阵地产生了冲击。在"双减"政策施行后,学生依靠校外培训来巩固、提高学习效果的方式被阻断,革新学习方式势在必行,但过程的艰辛却是他们必须承受的,焦虑情绪也是学生在经历学习方式转型的过程中必须承受的代价。

"双减"政策下,学校和家庭在孩子学习中的作用得到了重申和强化,政策也对教师和家长的角色定位和具体行为提出了新的要求。这种不确定的政策环境使得教师不同程度地面临着信息缺失的问题,让教师对自身某一阶段内的行为结果变得难以预测和掌控,原本的教学目标变得模糊,教学理念也面临重构。应当承认,"双减"政策的出发点在于缓解过度的教育焦虑,但任何一种改革都是探索性的尝试,都要面临着新的不确定性,在这一过程中,教师也会陷入对自身工作和角色认同的焦虑之中。而随着教育改革的持续推进以及相关措施的成熟与完善,教师的焦虑情绪将大为缓解。以"双减"政策为例,尽管国家宏观层面提出了"双减"的目标、要求和指导意见,但在具体教学情境中如何落实却需要学校和教师对政策的把握。因此,教师经常会产生这样的焦虑:如何准确把握"双减"政策的核心要义?自己能否胜任"双减"政策后的教学工作?如何与家长保持更好的沟通?自己的做法是否符合"双减"政策的要求?对教师而言,如何改进教学方式、提高教学质量,如何做好课后服务、开展素质拓展活动成为困扰他们的新问题。而来自教育行政部门、学校、家长和孩子等多重角色的期待和规定使得教师往往处于过度劳动的处境中,承受着更多的负担,面临着更多的挑战与焦虑。对教师而言,成绩和排名依然存在,只是方式更加隐晦,而到学生层面被阻拦了,导致学生对自身的成绩缺乏明确的认知。看似家长和学生的负担有所减轻,焦虑情绪有所缓解,但教师的负担增加了,学生、家长乃至社会对教育的部分焦虑转移到教师身上,升学和成绩仍然是考察教师工作的核心标准,他们的焦虑情绪仍未得到根本的缓解。

改革并非易事,要在不断探索中砥砺前行。"双减"政策意在缓解教育焦虑,实现"人"的本真回归,相关政策也有此种目的,如《深化新时代教育评价改革总体方案》《中华人民共和国家庭教育促进法》《关于加强教育行政执法 深入推进校外培训综合治理的意见》等文件都有助于"双减"政策的推进。然而政策执行也会产生意想不到的后果，成为不确定性的来源，甚至以缓解教育焦虑为目标的"双减"政策也会制造新的教育焦虑。其原因就在于，尽管政策所提供的专业知识和方案对于应对当下的教育问题确有成效，但政策的后果都需要人来承受，再专业的知识也难以根除执行过程中的不确定性。政策若是未能完全执行下去，或是多条政策之间缺乏连续性，则会导致执行过程中的混乱，甚至引发社会公众的不信任，徒增焦虑与不安，未能触及问题实质的政策只会制造新的焦虑情绪。这也意味着，教育焦虑始终是人为建构的，新的焦虑就隐藏在人们试图通过改革来缓解教育焦虑的尝试中。

## 第三节 教养的科学话语主导

在现代社会的变革中，本是家庭私域内的养育模式却被纳入科学话语之中，并迅速走向精细化、标准化、大众化，使得家庭陷入了结构性的教育焦虑之中。通过对家庭和儿童观的历史考察，我们得以明确家庭场域中的教育焦虑是如何被人为建构的。

### 一 家庭革命与教养行为的变革

时至今日，家庭已成为孩子教育竞争的一个基本单位，家长在孩子的教育活动中"登上前台"，发挥着越来越重要的作用。家长深度参与到孩子的学习、日常活动和管教之中，倾向于采取以儿童为核心、以科学为准则的密集型教养模式，兼具孩子教育的设计师、学习竞争的教练、教育资源的动员者、家校之间的沟通者等多重身份。家长在孩子教育活动中的角色和功能转变是家庭现代化转型的缩影，即家庭从生产单位转变为抚养单位，抚养并教育（尤其是教育）孩子成为家庭生活的核心。在这一进程中，儿童的价值经历了"神圣化"的转变，从具有经济价值的家庭劳动力转变为现代社会"经济上无用、情感上无价"的"神圣"

儿童[1]，相应地，家庭的养育功能不断凸显，子女教育成为引发家长焦虑情绪的来源。在阶层恐慌的推动下，家长意图通过大量的时间、金钱和情感投入来帮助孩子获得教育成就，不断推动孩子参与到激烈的教育竞争之中，随之而来的是结构性的教育焦虑。

（一）儿童观演变中的家庭教养行为

教养孩子看似是家庭内部的事务，却需要与学校、社会之间达成协作关系。将家庭教养行为嵌入历史脉络中，我们便不难发现，它的变迁体现着儿童价值的变迁。时至今日，儿童的价值已被文化重新定义，儿童的情感属性取代了生产属性。这一变迁为我们分析家庭教育焦虑提供了一种解释路径。在阿利埃斯看来，童年是一项现代发明，现代意义的童年观念是伴随着婴儿死亡率降低、教育系统改革、分班制、核心家庭的出现等因素而形成的，因此它是社会、历史建构的产物。在现代家庭中，儿童成为日常生活不可缺少的角色，父母为他的教育、职业和未来操心[2]。童年被看作一个无忧无虑、天真美好的时期，儿童与成人有着多方位的区隔，儿童的权益受到法律保护，成人则有义务为儿童提供照料、保护、监管、教育等投入，这些观念早已嵌入家庭生活并衍生为所谓"标准化"的童年模式。在家庭现代化转型中，家长的教养责任不断被强化。

从人口变迁的历程中，我们也能看到儿童价值的重新发现以及相应的家庭教育方式变革，正是此种变化导致了家庭陷入教育焦虑。从发达国家的经历来看，其人口经历了从"高出生率高死亡率"到"高出生率低死亡率"再向"低出生率低死亡率"的三个阶段，"少子化"成为主流趋势。在第一阶段的家庭仍是前现代家庭，是一个以生存为核心，集工作、消费、教育等功能于一体的单位，孩子的价值在于为家庭提供经济帮助，"养儿防老"成为主流的观念，父母的教养责任较为淡薄，大多采取以散养、粗放、低成本等为特征的育儿方式。进入第二阶段，现

---

[1] [美]维维安娜·泽利泽：《给无价的孩子定价：变迁中的儿童社会价值》，王水雄、宋静、林虹译，格致出版社、上海人民出版社2008年版，第3—5页。

[2] [法]菲力浦·阿利埃斯：《儿童的世纪：旧制度下的儿童和家庭生活》，沈坚、朱晓罕译，北京大学出版社2013年版，第254页。

代家庭出现，家庭已成为成员之间情感的避风港。儿童从成人世界独立出来，童工现象不复存在，其生存和受教育权益得到了法律保障，拥有了自由成长的童年时期。童年被看作个体步入成年前的过渡阶段，需要经历悉心照料和训练后才能被塑造为国家和社会期待的成人，这也带来了家庭教育的变化。一方面，专业化的教育机构——学校大量出现，用制度化、体系化、标准化的教育代替了田园化、个别化、经验化的教育，学校取代家庭成为孩子教育的主要场所。家庭职能的衰退，导致学校不仅承担着固有的教育职能，而且代替家庭承担附加的"照管（未成年人）"职能①。另一方面，儿童的情感价值被强化，他们的成长离不开父母（尤其是母亲）的爱与陪伴，家庭需要在孩子的教育中投入更多的时间、精力和情感。同时，在家庭内部的教养活动中形成了"男主外、女主内"的性别分工实践，"母职"成为最能体现母亲价值的工作，相反，父母生而不养的行为则会遭受唾弃。家庭育儿的投入与收益起初还处于较为平衡的阶段，随着家庭结构的稳定，家庭教养方式渐有趋向密集型之势。在专家、市场、学校的多方作用下，一套有着具体参数、详细程序、可操作性强的教养模式（即密集型教养模式）被制造出来，成为家长参考和选用的模板，而制度化的力量将那些主张自然成长的教养方式排斥在外。在人口变迁的第三阶段，随着家庭进入后现代阶段，家庭在走向多样性的同时也面临更多的脆弱性和不稳定性。尽管"孩子至上"仍是主流观念，在讲求个人自由、自我选择、注重个人成就的观念影响下，夫妻的生育意愿越来越低，以丁克为代表的家庭正在放弃生养孩子这一"耐用消费品"②，家庭的育儿成本远大于收益。母亲逐渐走出家庭，走向公共领域，承担更丰富多样的社会角色，不再局限于相夫教子、操持家庭的"贤妻良母"角色，她们在投入工作的同时也要兼顾家庭和孩子，因此出现了"超级妈妈"这一完美母职形象。同时，性别分工也体现在孩子教养活动之中：传统的"男主外、女主内"方式已不再适

---

① 陈桂生：《教育原理》（第二版），华东师范大学出版社2000年版，第256页。
② 经济学家加里·贝克尔认为，孩子是一种"耐用消费品"，其数量收入弹性要低于质量收入弹性，因此当人们收入增加时，更愿意提高孩子的质量而非数量。

用，母亲成为家庭教育的掌舵者，父亲也不再游离于孩子的成长之外，而是配合母亲完成家庭教养任务。

孩子数量的减少使得家庭不得不采用密集型教养策略来确保孩子的质量，因为只有一个孩子的家庭难以承受孩子教育失败的风险。反之，密集型教养策略又导致家长的教育投入不断叠加，并把全部的期望都寄托在孩子教育之上，与高预期对应的则是担心教育失败而产生的焦虑感。

(二) 家庭教养的公共性困境

密集型教养模式的盛行彰显了家庭教养私人化的转变进程，在社会转型的大背景下，国家、社会、市场和家庭的教养职责悄然发生着转变。自改革开放以来，公共部门逐步从儿童抚养领域撤出，并减少公共教育资源投入，计划经济时代依靠国家和社会抚养孩子的方式让位于依靠家庭和市场的抚养方式。伴随着国家从儿童抚养领域的退出，市场迅速跟进并填补了公共教育资源的空白，而家庭从市场获得所需教育资源的过程也就是教养实践私人化的进程。时至今日，中国家庭普遍面临着过度的教育焦虑，恰恰体现了家庭作为一个教育单位的公共性困境：国家对家庭教养的公共支持较为有限，因此，家庭在难以从外界获得实质性支持的情况下，必须向内寻求教育资源的整合，在自身能力范围内尽力创造孩子成长所需的必备条件。

历史地看，在家庭从前现代向现代转型的历程中，儿童养育逐步经历了从私人性向公共性转变的历程，成为一个公共议题。在传统社会中，儿童的抚养和教育主要依靠大家庭来完成，他们的成长离不开家庭所在的乡土社会的支持。家庭的日常生活与村落的公共生活有着高度的重合，因此，家庭并非封闭的空间，而是与村落有着高度的互动。尽管家庭中的儿童抚养发生在私域中，却能共享村落的教育资源，得到多方面的照料和教育，村落尽管是一个相对封闭的私域，但却对内部群体开放。以欧阳修为例，他少时家中贫困潦倒，但他勤奋好学，且得到了所在家族的大力支持，这种来自村落的支持是家庭教育得以开展的基础。在长期稳定、相对封闭的乡土社会中，这种依靠乡村共同体、注重自然成长的儿童养育方式长期存在。但在近代以来的社会变革中，随着乡土社会的固有结构被打破、国家力量下沉到基层社区，儿童养育也逐步被纳入公共空间之中，成为一项公共性事务，家庭教养需要与学校教育保持更紧密的联系，与其所处的社区关系更为疏离。

中华人民共和国成立后，国家对家庭养育行为的介入进一步强化了儿童养育的公共性，我们可以通过儿童照顾政策"建构—解构—部分重构"①的演变历程加以理解。在计划经济时代，城镇居民能享受公共托育服务，家长把孩子送到托育机构而自己去工作的场景在那个年代极为常见。儿童养育不仅是家庭内部的事务，也是部分的公家事务，单位和家庭共同承担着孩子教养的责任，但这一服务仅限于城镇居民，农村家庭仍然是教养孩子的主要责任者，公共托育的覆盖面和质量整体不高，社会力量在家庭教养中的作用仍然有限。改革开放以来，单位逐步从儿童养育的公共服务供给体系中退出，教养责任重新回归家庭私域，而同时期随着公共服务机构的市场化和民办教育机构的兴起，市场作为儿童养育主体的地位被不断强化。进入21世纪以来，国家增加了公共教育资源的供给，重新承担起部分教养责任，但家庭的教养责任却得到了进一步强化，家庭在辅导孩子学习、与学校保持沟通之外，还要为选择校外教育服务而操心。同时，随着家庭教育服务需求的多样化、个性化、高要求化，市场的作用得到了进一步的体现，消费主义与科学育儿的理念相结合后，家长形成了一种通过教育消费来获得"赢在起跑线"的笃定感，教育市场的繁荣就是家庭教养私人化的真实写照。与之对应的是儿童成长空间的解构与重构，在以"熟人"为前提的安全空间不断消亡的同时，儿童成长的公共空间被不断压缩，由此形成了一种颇为矛盾的景观：一方面是游走于城市公共空间缝隙（如学校、公园、科技馆等）的儿童，他们的活动都离不开成人的掌控，难逃被"圈养"的命运；另一方面，儿童穿梭于需要消费才能进入的空间，如游乐场、商场、辅导机构等（详见图4-1）。在难以从公共托育机构获得支持的境况下，家庭

---

① 岳经纶、范昕：《中国儿童照顾政策体系：回顾、反思与重构》，《中国社会科学》2018年第9期。

不得不向市场主体购买教育资源,其代价便是不菲的教育消费。这种私人化的儿童教养脱离了公共性的制度土壤,又无法与社会系统之间达成有效联通,在增加家庭教育负担的同时,也放大了家长的教育焦虑。

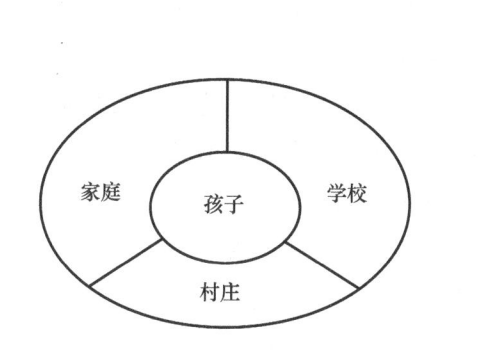

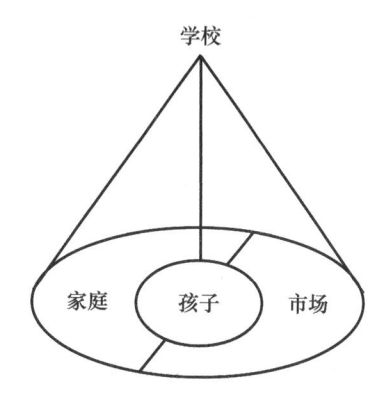

**图4-1 村庄公共养育模式向城镇私人养育模式的转变**

资料来源:王旭清,《寒门温室:城镇化中农家子弟教育的家庭参与机制》,《中国青年研究》2021年第12期。

(三)阶层恐慌下的教育投入

教育焦虑是一种跨阶层的叙事,不同阶层的家长都被卷入激烈的教育竞争中,产生了与子女教育相关的焦虑体验,其中尤以中产阶层最为突出。不可否认,教育焦虑在不同阶层群体之中有着不同的解释,中上层家庭倾向于把教育看作维系自身阶层优势的工具,而底层家庭则倾向于通过教育获得阶层跃升,可以说,教育焦虑在某种程度上也就是家庭阶层恐慌的投射,其根源在于教育承载着社会分层的功能。正如柯林斯在《文凭社会》中写到的那样,文凭不仅是衡量个人知识水平的凭证,也是个人社会阶层的象征,因此,与教育焦虑交织在一起的则是由社会阶层趋于定型所引发的恐慌。西美尔在《时尚的哲学》中写道:"相比于最底阶层麻木不仁地生活在惯例里,相比于最高阶层有意识地维护惯例,中产阶层就特别显得与生俱来地易变、不安分。"[1] 中产阶层是社会

---

[1] [德]齐奥尔格·西美尔:《时尚的哲学》,费勇、吴蓉译,文化艺术出版社2001年版,第89页。

阶层的中间群体，有着多样的可能性，也有着专属于这一阶层的焦虑。从中产阶层那里，我们得以透视教育焦虑在家庭阶层再生产实践中的衍生逻辑。

中国近几十年来的发展造就了一大批中产阶层，他们是社会结构的中坚力量，也是影响社会发展的关键因素，但中国的中产阶层却有着特殊性：中产阶层是一个被建构的泛在概念，并无明确的边界，而且是一个松散的群体，其经济学意义和统计学意义往往大于政治学意义和社会学意义[①]。决定一个人是否为中产的标准不仅在于传统的收入、声望、地位等，也与中产阶层的认同相关，大量处于中间层次的群体都被冠以"中产"的称谓，说到底，中产阶层不过是一个边界泛化的松散集合。中产阶层内部也有着较大的差异，在现实中，对自身所处群体的认同往往成为阶层认同的决定性因素，自认为中产比被界定为中产更重要。中产阶层的生存状态也是中国大众群体当下境况的真实写照。正如社会学研究所证实的那样，教育是维系阶层流动最有效的方式之一，子女的教育问题是中产阶层家长绕不开的话题：要想维系中产身份，就必须确保下一代拥有文化资本和经济资本的优势，而教育则成为决定孩子能否获得体面工作、实现美好生活的重要因素。同时，中产地位始终是摇摇欲坠的，向上流动很困难，但稍有不慎就有向下流动的可能，在充满不确定性的当代社会，这种向下流动的风险对部分中产阶层构成了潜在威胁。在这一情形下，通过消费、审美、品位等文化要素来与他人制造区隔就成了中产阶层转移风险、塑造群体认同的重要方式，这一现象在新中产群体之中尤为凸显。因此，中产阶层家长塑造了一种新的教养伦理，它预设了家长在孩子教育成就中的决定性作用，对子女教育的重视被视为中产阶层的优秀品质之一，这加大了中产阶层家长在道德层面的心理负担。

作为阶层流动的获胜者，中产阶层家长的经验无一不在告诉子女，教育是改变命运的重要乃至唯一方式。因此，他们渴望让孩子在教育竞

---

① 熊易寒：《精细分层社会与中产焦虑症》，《文化纵横》2020年第5期。

争中跑得更早、跑得更快、跑得更远,为了争夺有限的优质教育资源而焦虑不已。为了实现"赢在起跑线上"这一目标,需要家庭科学的规划、大量的资源投入、家长的高度干预等。这决定了"鸡娃"教育是中产家庭的共同选择,为了孩子的未来,家长付出再多也是值得的,这种不计成本的付出被附上了"以爱之名"的滤镜,在教养孩子的过程中被父母奉若圭臬。家长深知,孩子要想获得学业成就必然要付出大量的时间来学习,而学习本就不是一件轻松的事情。家长们尽管拥护减负措施,但却对此并不乐观,认为减负只能减轻一时的学业负担,围绕着优质教育资源的竞争仍然无法逃避。在孩子学业负担减少的同时,家庭必须承担起更多的教养任务,需要投入更多时间、金钱、精力在孩子的教育上,教育不仅要"拼爹""拼妈"[①],甚至整个家庭都被动员起来,共同为孩子的教育提供全方位的支持。一项调查显示,中国50%的家庭需要祖辈帮助照顾孩子,而在北京、上海等大型城市这一比例更是达到70%—80%。中产阶层的教养方式在走向制式化、标准化的同时,也成为劳动阶层模仿的对象,在这一过程中,由阶层恐慌而引发的教育焦虑也就实现了跨阶层的传递。

### 二 亲职角色的重新定义

费孝通在《生育制度》中描绘了当时中国乡土社会夫妻共同抚养孩子的状况,不过,这一模式在当代已悄然发生转变,原本深嵌于家庭内部的抚育行为由于体制化的力量而与家庭脱嵌并在新的社会生态中重构,教养孩子已不再是发生在家庭私域的事务,而是发生在私域和公域之中,在多方主体的协作下才能完成。这一转变使得家庭教养行为具备更多法律化、科学化元素,也在无形中建构着完美父母的亲职角色。具体来看,转变的动力可分解为国家、科学、市场三种。

(一) 教养责任的法律界定

传统乡村社区,孩子被默认为从属于大家庭,当人们在称呼某个孩

---

① "拼爹"和"拼妈"代表两种比拼,"拼爹"侧重于比拼家庭财富和社会地位,而"拼妈"则侧重于比拼家庭陪伴和情感投入。

子时往往会说"你是X家的孩子",实际上就是用家庭或家族来界定孩子的身份。然而在现代社区,这一现象却完全颠倒过来了,人们往往在称呼成人时使用"你是X的爸爸/妈妈",实际上就是用孩子来界定家长之间的交往关系。这种转换的背后体现的正是家庭核心地位的变化,传统社会以家长为中心,而现代社会则以孩子为中心,在此基础上形成了如米德所指的"前喻文化"和"后喻文化"。在中华人民共和国成立以来的现代化进程中,国家以法律形式赋予了儿童国民身份,把儿童从家庭私域中抽离出来,并在公共领域重新界定了儿童的角色,儿童不再是家庭的私有物,而是现代国民。儿童被视作社会主义建设者和接班人,在学校教育的改造后,儿童的公共性更强,私人性则更弱。

  国家法律界定了父母为孩子的监护人和抚养人,这也意味着父母不得随意处置孩子,家庭暴力、过早让孩子工作都是被明令禁止的。同时,家长又必须承担孩子的抚养和教育责任,像电影《何以为家》中父母生而不养的现象在现实中会受到法律的制裁。在法律的强制作用下,家庭亲子关系发生了根本的转变:孩子越来越不属于父母,而父母越来越属于孩子。在传统社会,由父母和家庭定义孩子,教育就是让儿童延续前人的生活方式;在现代社会,由孩子定义父母和家庭,教养行为俨然成为衡量家长是否合格的重要标准。这一点在法律条文中也得到了明确肯定,如《中华人民共和国宪法》就明确界定了父母抚养孩子的责任,其中第四十九条规定:"父母有抚养教育未成年子女的义务,成年子女有赡养扶助父母的义务。"在教育法规中,父母的抚养责任则被更明确地纳入孩子体系化的教育活动之中,《中华人民共和国教育法》第五十条就规定:未成年人的父母或者其他监护人应当配合学校及其他教育机构,对其未成年子女或者其他被监护人进行教育。2022年1月1日起正式实施的《中华人民共和国家庭教育促进法》则进一步强化了家庭的教育主体责任,使得国家力量进入家庭教育的私域中。国家在给予家庭教育帮助和指导、规范家庭教养行为的同时,也为家庭教育注入了更多的公共性,让家庭教育在教育的序列中有了更明确的位置。

  国家法律对父母抚养和教育义务的界定,也在无形中规定了父母的亲职角色，传统社会父母的抚养人身份在国家制度框架下得到进一步强化，父母的抚养和教育行为是必要的。这种全新的亲职角色成为父母话语叙事的前提基础，它让父母抚养孩子成为一项法定义务，而非仅仅出于亲情的羁绊。成为一个合格的父亲（或母亲）并非易事：不仅要为孩子提供成长所需的优质环境和条件，还要为孩子提供良好的教育；不仅要为孩子现在的学习作打算，还要为孩子的未来发展做好规划；不仅要关注孩子的学习，还要了解孩子的日常交往、心理动态等。社会对父母的要求越来越高，使得"我们如何成为父母"这一个经久不衰的话题在全民教育焦虑的时代重新回归大众视野。

（二）教养知识的科学主导

在传统社会，孩子的孕育、养育都是家庭内部的事务，遵从自然散养的原则，但现代养育的具体做法正朝着精细化、科学化的方向转变，从摇篮到学校，孩子的教养被纳入一套以科学为核心的话语之中，即"科学育儿"。科学话语下的养育方式，成为家长、学校、专家和市场全方位参与的系统性工程[①]。需要说明的是，科学育儿并非严格的学术概念，而是在媒体传播影响下所形成的建立在医学、教育学、心理学、社会学等相关学科基础上的知识体系，大量所谓的"科学研究"则进一步丰富了科学育儿的知识体系。在这一话语中，父母是孩子的第一任老师，父母在儿童早期的陪伴能让孩子获得长足的发展，如学业成绩更好、善于交际、身心健康等；父母的共同参与能让孩子性格发展更平衡，父亲或母亲一方的缺席都有可能导致孩子性格的缺陷；孩子就是父母的真实反映，努力的家长+努力的孩子=成功的孩子，成功的孩子背后都有一对优秀的父母。尽管这些结论很难通过严谨的科学论证，甚至研究也可能得到截然相反的观点（如茱蒂·哈里斯在《教养的迷思：父母的教养能不能决定孩子的人格发展？》一书中所指出的，"父母对孩子的人格发展有长远的影响吗？本文的结论是没有"），但在媒体的推波助澜下悄然

---

[①] 肖索未：《"严母慈祖"：儿童抚育中的代际合作与权力关系》，《社会学研究》2014年第6期。

成为广为流传的观念，不少家庭对此深信不疑。科学育儿为父母的教养行为提供了充分的科学依据，从孩子的出生到学校教育，家庭教养活动都离不开科学话语的指导。

在现代医学的推动下，家庭中的怀孕、生产行为都被医学干预，孩子的出生、成长都离不开现代医学的专业化帮助。在这一前提下，准父母们失去了对孕养专业知识的评判，孩子的孕养被医院所接管，父母能做的便是遵循医学的要求，掌握与孩子成长相关的知识，以此配合医院。孩子孕养方式的转变，标志着孩子的抚养行为从家庭私域中脱域，成为一项被现代医学改造的公共事务。如何让孩子健康成长成为家长必须重新审视的问题，除必要的学校教育外，家庭教养方式同样重要，尤其是学龄前时期有着更广阔的发展空间。这也为我们解释"为什么孩子的'起跑线'不断提前"提供了一个角度，孩子的教育竞争是与生俱来的，与家长的教养观念和行为有着直接的关系，因此家长的焦虑早在他们决定孕育孩子的时刻便已出现了。实际上，家庭教养是不设上限和起跑线的，正所谓"莫道君行早，更有早行人"，起跑线的提前制造了家长的教育焦虑，而日益高涨的焦虑情绪又不断促使家长采取更内卷的教养方式。这一现象的实质在于，科学取代经验成为教养知识的主要来源，科学育儿知识的产生和丰富又不断促使家长建构理想亲职的自我认同。科学掌握了家庭抚养的话语权，使得家长必须重新审视自身的教养行为，重构与之适应的育儿知识体系。但作为一种由外部力量建构的知识体系，科学育儿知识切断了代际知识传递途径，新生代家长的育儿知识不再从父辈那里获得，也并不把上学看作孩子接受教育的唯一途径，而是积极向外界寻求，以此建构个体的育儿知识并付诸教养实践。因此，家长除遵循传统的"照经验养""照身边人养"之外，还会选择"照书养""照专家养"等教养方式。

具体而言，家庭育儿知识的来源可分为三类：专家、媒体和社群。其一，专家依靠其在育儿知识方面的权威，为家长的教养行为提供了直接的参考。一些学者、教育名师、网络大V等都能被称作专家。但专家本就是一个宽泛的群体，尤其是一些鱼龙混杂的所谓"专家"通过鼓吹育儿方式来贩卖焦虑，使得家长对孩子的教育产生焦虑感。其二，媒体的来源更为广泛，电视节目（如《爸爸去哪儿》《妈妈是超人》《爸爸回来了》等）、育儿APP（如妈妈帮、育学园、宝宝管家等）、社交软件（微博、抖音、微信、QQ等）等都是传递育儿知识的重要媒介，较高的使用频率使得媒体成为家长获得育儿知识的重要途径，也为家长的教养行为提供了现成的模板。媒体提供了大量碎片化、表层化的育儿知识，增加了家长的选择困难，让他们陷入由茫然而引发的焦虑情绪之中。其三，同辈群体的互动也是家长获得育儿知识的重要方式，线上线下的社群交往不仅传递着家长的育儿经验，也无形中形塑着家长的育儿理念，让家长产生"别的孩子拥有的，自己孩子也能拥有"的心理，渴望通过孩子的不懈努力来换取学业的成功。社群不仅是家长交流育儿经验、传递育儿知识的场所，也是家长焦虑情绪产生、传递和放大的场所。

总之，在专家、媒体、社群的共同作用下形成的科学育儿知识，成为家长在抚养孩子、践行亲职角色时所遵循的准则，也促使家长形成理想亲职的自我认同。当他们的教养行为与之相符时，就会产生认同感，当面临理想与现实之间的差异时，就会走向自我否定、自我怀疑，甚至演变为对自身亲职角色的认同焦虑。

（三）教养过程的专职负责

在国家、社会、市场、学校等多方力量的介入下，家庭成为儿童教育过程的重要环节。家庭的教养功能被提到首位，家庭越来越成为一个抚养、教育孩子的单位，被纳入教育体系之中。孩子成为家庭生活的核心，孩子的教育成为家庭的主要任务，教养孩子成为家长理所应当的职责。从家庭教育消费中，我们得以明晰教养孩子如何上升为家庭的专职任务。

在传统社会，儿童抚养主要依托家庭来完成，儿童消费在家庭消费中的占比并不高，儿童消费仅仅是家庭消费的衍生品。但在市场主体的推波助澜下，儿童消费（尤其是教育消费）已从常规的家庭消费中脱嵌并独立为一个单独项目，家庭生活反而要以孩子的教育消费为核心，一个明显的例子便是为了让孩子参加各项培训，家庭必须作出规划，调整家庭消费结构。市场主体对家庭教养行为的介入，客观上造成了教养过程的专职化。一方面，市场主体通过多种方式的营销策略，把家长与孩子深度绑定在一起，并使家长相信，要想让孩子获得预期的学业成就，就必须投入大量的教育资源，而在自身教育能力有限的情况下，求助于校外培训机构无疑是一种最优选择。此外，市场主体还试图引发家长的陪伴焦虑，尤其是年轻的家长更容易感到恐慌，担心由于自己陪伴时间不足而导致孩子在教育竞争中失利，从而增加了家长的"必要陪伴时间"，市场主体以此为营销亲子活动项目制造话题。另一方面，市场主体预设了不设上限的教育投入，通过制造多样化、复杂化的教育产品和服务，从供给端不断激发家长的需求，从而让家长相信，通过不间断的教育消费，孩子就能获得预期的学业成就。研究指出，儿童的教育消费在家庭中发挥着情感表达的功能，成为家庭内部"爱"的表达[①]。市场主体的介入为家庭制造了一种全新的话语体系：教养孩子已成为父母理所当然的职责，为孩子的教育而购买教育产品和服务不仅是亲子间的情感使然，而且有助于孩子成长。

总之，原本属于家庭私域空间内的教养行为在家庭革命的冲击下进入了公共领域，且在国家、社会、学校等多方力量作用下被新的伦理所主导。现代国家从法理上把抚养、教育孩子界定为家长的责任，现代医学和科学则建构了一套独立于家庭的科学育儿知识，儿童教育消费的兴起则塑造了专职抚养的观念。在这种新的家庭教养伦理中，父母的教养行为都要在情、理、法多重维度的框架之内，遵循外在力量的约束，成为他们践行亲职角色过程中的沉重负担。

### 三 家庭教养方式的制式化

长期以来，家庭被看作养育儿童的基本单位，"养育"一词由"抚养"和"教育"组成，表明家庭功能的综合性和复杂性。随着现代教育

---

① 林晓珊：《"购买希望"：城镇家庭中的儿童教育消费》，《社会学研究》2018年第4期。

制度的不断完善,学校作为专业化的教育机构逐步取代了家庭的教育职能,造成了"养"和"育"的分离,家庭更趋近于一个儿童抚养单位。近年来,随着家庭教养的私人化变革,父母在未成年子女的教育活动中发挥着更重要的作用,不仅更多地参与到日常照料孩子的活动中,也更注重在家庭教育中的情感联结并渴望建立和谐的亲子关系。显然,这一教养理念正得到社会大众的广泛认可,人们开始用"密集型育儿""虎妈狼爸""直升机父母""精细化育儿"等术语来描绘该现象①,从侧面证实了"密集型育儿"方式的兴起。所谓"密集型教养",指的就是以儿童为中心,依赖专家指导、高情感投入、劳力密集、高经济投入的现代育儿方式②。它是社会建构的结果,反映出育儿方式在历史和社会的作用下正在被建构为标准化的模式,它对家长有很强的吸引力:密集型育儿直观展现了一种可操作的科学育儿方式,家长的深度参与可以让孩子在教育竞争中占据优势。

密集型教养是家庭现代化转型的产物。在前现代(或现代化早期)社会中,占主导地位的家庭教养模式是松散型育儿方式,而当下社会则呈现出向密集型育儿方式转变的趋势,这意味着家长在加大教育投入的同时,也会更多地关注孩子在学校的表现甚至插手干预孩子的选择③。密集型教养观念更多表现为对父母的期待,侧重于关注父母是否接受"正确"的教养方式,而非具体的教养行为。当父母接受这些规范并付诸实践后,又无形中强化并丰富了这些规范和标准,进而形成了日益精密化、同质化、标准化的教养模式。在功利主义思想的裹挟下,家长的教养行为被不断加码,以至于形成了"过度教养"现象,进而引发了家长的教育焦虑。

---

① 尽管"密集型育儿""直升机父母""虎妈狼爸""精细化育儿"等概念都强调父母在孩子教育过程中高频度、高程度的参与状况,但严格来说,这些概念都有其侧重点,相较之下"密集型教养"更能传达出当代家庭育儿文化的特征,因此文中采取此说法。

② 段岩娜:《认同、反思与游离:城市中产家庭"密集型育儿"的类型化分析》,《云南社会科学》2021年第6期。

③ [美]马赛厄斯·德普克、法布里奇奥·齐利博蒂:《爱、金钱和孩子:育儿经济学》,吴娴、鲁敏儿译,格致出版社、上海人民出版社2019年版,第59页。

### (一) 教养关系的分工协作

家庭内部的教养行为有着明确的劳动分工，家庭成员各自发挥着相应的作用，形成了既各自独立又彼此协作的关系。具体而言，这种分工协作可分为代际分工和代内分工。

代际分工即祖辈和父辈共同参与到孩子的教养行为当中。由于父母大多要面临工作和生活的双重压力，由祖辈参与孩子的日常抚养便成为一种无奈的选择，这一情形最常发生在孩子的学龄前阶段。两代人共同卷入孩子的教养活动中，不仅增加了代际互动的复杂性，也有可能带来因教养理念差异而引发的冲突。当祖辈的散养式育儿观念和父辈的科学育儿观念相冲突时，父母就可能因为对孩子教育的担忧和不安定感而产生焦虑。

代内分工即父亲和母亲的性别分工。正如杨可用"母职经纪人"来概括母亲在抚养分工中的形象那样，母亲实质上已成为家庭抚养的关键人物，传统的"严父慈母"性别分工模式已向"严母慈父"模式转变。费孝通曾指出，"严父慈母"是传统中国家庭养育孩子的常规模式，父母亲分别扮演着社会性和生理性抚育的工作[1]，由此形成了"男主外、女主内"的亲职分工协作：生理上的抚育由母亲一人便可完成，父亲参与到孩子的社会化抚育当中，当然这种分工并非绝对的，但却有着明显的边界。随着现代家庭的变革，父亲在孩子成长中的独特作用得到了越来越多的证实，父亲不仅是传统的"养家者"，更是孩子的照顾者、陪伴者、引导者和家庭事务的支持者，配合母亲完成教养任务，充当着协调孩子与母亲之间矛盾的角色。与之对应的则是母亲的角色转变，母亲在孩子的教育方面有着更多的责任，且自身已成为类似于"教育经纪人"[2]的角色，充当着家庭、学校、社会（主要是教育市场）之间的枢纽。母亲会搜集相关信息，了解学校教育的基本内容，为孩子选择教育产品和制订个性化的学习计划，整合教育资源（详见图4-2），想方设

---
[1] 费孝通：《乡土中国·生育制度·乡土重建》，商务印书馆2017年版，第242页。
[2] 杨可：《母职的经纪人化——教育市场化背景下的母职变迁》，《妇女研究论丛》2018年第2期。

法地把孩子送到更高一级的理想学校之中。从孩子学习的总体规划到具体的执行，母亲都发挥着不可替代的作用，但孩子的教育需要整个家庭的支持，因此母亲需要父亲的配合，有的家庭还需要来自祖辈的支持。总之，在孩子的教育方面，母亲充当着家庭的"大脑"，承担着孩子教育的主要责任，主导着家庭成员在孩子教养实践中的分工协作。涉及孩子教育选择的事务，往往需要家庭成员的协商，但多数情况是由母亲作出最终决定。

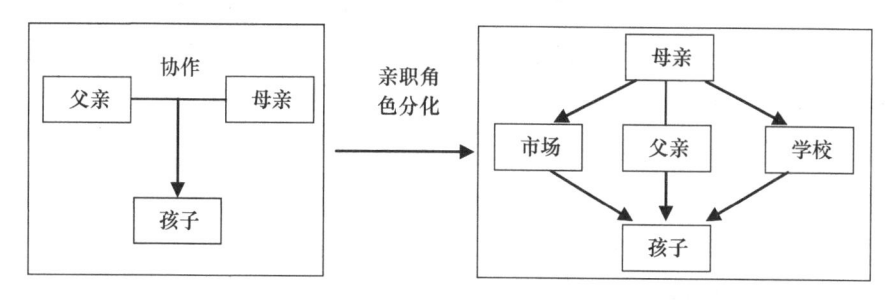

图 4-2 家庭教养中的亲职角色分化

亲职投入方面体现着显著的性别化差异。父亲主要以经济投入为主，而母亲则以人力投入为主，在孩子的教育成长中付出更多的时间、精力和情感，父亲的教养责任很大程度上需要母亲来践行。这种性别分工仍未超脱传统性别分工的框架，可以看作"生理性/社会性"抚育分工方式在当代社会的延续。当家长们在"科学育儿"的话语下从事密集型教养实践时，会采取更为精细的分工策略，其结果便是母亲成为孩子教育任务的总体规划者和具体执行者，而父亲则担任着较为灵活的孩子教育的参与者与母亲教养活动的协作者身份。除去传统观念的影响，现实因素也不容忽视，用人单位很少能给父亲留出完成抚育责任的时间，父母亲在自由支配时间上的不对等在客观上塑造了既有的家庭教养中性别分工模式。因此，家长的教养焦虑集中在母亲身上，父亲的焦虑则相对不显著，当然，这并不是说家长的教养焦虑存在性别差异，只是表现形式有所不同，家长教育焦虑在性别方面并无质的差别。现有的抚育性别分工模式更强调母亲的付出,而这也是维系幸福家庭的必备条件,作为家庭教养主要责任人的母亲也承受着更大的压力、更多的焦虑,但她们的焦虑却更多地来自家庭内部,以显性的形式呈现。父亲的教养焦虑则更多地来自家庭外部,以隐性的形式存在,却又更能让孩子感受到焦虑。在现代社会,教养行为逐步从社会性别结构和家庭结构中剥离出来,教养主体日益呈现出多样化的趋势,父职的正向作用不断得到验证,尽管男性参与育儿行为在中产阶层表现得最为突出,但已有向所有家庭扩散的趋势,父职焦虑也正在不断走向外显。母亲既是家庭抚养任务中的"大脑",需要总体规划和制定决策,也要投入教养的具体实践当中,还要协调代际、代内的关系。总之,在抚养孩子的行为中,母亲扮演着丰富多样的角色,而父亲的角色则相对简单。父亲不再需要扮演威严的角色,而是以平等的姿态与孩子建立起亲和的关系,并积极表达对孩子的爱意,以此与母亲的教养行为相配合。在现实情境中,父母要如何去扮演这种理想的亲职角色,无疑是对家长的一种考验,父母对难以达到理想目标的担忧和不安则成为引发他们焦虑心理的来源。

(二)高期望与高成本并存

年轻家长的文化程度普遍较高,对孩子的教育期望也更高,对教育的重要性有着切身的理解。与父辈望子成龙的抽象期望相比,他们在孩子的学业和未来成就目标方面有着更明确的认识,能给予直接的帮助(如搜集学校信息、制订孩子的学习计划、整合教育资源等),并通过家庭教育投入来助力孩子的成长。人们相信,孩子的学业成功并不完全依靠自己的努力,而是离不开其家庭在经济、社会和文化资本等方面的优势及其对孩子教育的重视程度,孩子在教育方面的成功在某种意义上也等同于家庭的成功。反之,孩子教育的失败是家庭难以承受的后果,"事业再重要,也没孩子重要",孩子的成长是不可逆的,"一旦错过了就再也没机会了"。因此,对孩子的教育给予高度的关注和期望便成为家长之间具有默契的共识,这一点在中产阶层群体中尤为突出。在教育期望普遍较高的情况下,家长们普遍选择用高投入的方式来发展孩子的各项素质和技能。从一个孩子的生命周期来看,从出生到成年之间,孩子不仅需要悉心的照料和陪伴，也需要早教班、兴趣班、学校、网课等优质教育资源，此外，家长还要为孩子的学习和生活提供直接的支持，如家校沟通、辅导作业、亲子陪伴等。2022年《中国生育成本报告》数据显示，全国家庭0—17岁孩子的平均养育成本约为48.5万元，0岁至大学本科毕业的平均养育成本约为62.7万元，其中"育"占主要部分。

随着抚养标准不断提升，家长们在日益内卷化的竞争中产生了越来越高的教育期望，而这些教育期望是促使家长在孩子教育投入方面层层加码的直接诱因，进而造成了沉重的家庭负担。当学龄前孩子的父母在为孩子进入学校教育而不断消费的同时，学龄阶段的孩子则在父母的陪同下穿梭于各项学业辅导和兴趣辅导，这显然与减负的初衷背道而驰。家长在孩子的教育方面投入甚大的同时，却深陷教育焦虑无法自拔，这是因为，家长在投入大量时间、金钱和情感在孩子教育方面的同时，也有着潜在的"投入—产出"预设，即期望用高投入来获得孩子教育的高回报。但现实却并非如此，二者之间并非直接的因果关系，决定孩子学业成就的因素是多样的，其成就也充满着不确定性，家长的这种期望也只是一厢情愿的设想。正所谓"期望越大，失望越大"，过高期望的背后是家长无处安放的教育焦虑。

（三）教养方式日趋精细化

在科学育儿知识体系的指导下，家长围绕着培养优秀孩子的目标来有计划、精细化地采取教养行为。传统的"棍棒底下出孝子"理念被抛弃，既要协商又要权威的理念得到了家长的推崇，讲究方法和策略的密集型教养方式成为主流。教养方式的变化也带来了亲子关系的变化：家庭内部的亲子关系由于教养方式的变化而从"亲亲尊尊"的层级关系走向扁平化的平等关系；家庭的"母亲—孩子"单边养育关系演变为"父亲—母亲—孩子"的多边养育关系，夫妻关系与亲子关系交织在一起，使得家庭成员间的情感大为提升。情感成为家庭生活必不可少的润滑剂，家庭成员之间不再羞于表达爱意，相反，家庭活动无不以此为核心展开，孩子的教育无疑是其中最典型的一项。在"以爱之名"的名义下，家长在"神圣的光环"下忘我地参与到孩子的教育当中，不惜为成就孩子的未来倾其所有。这一做法也为家长的行为蒙上了悲情色彩：在教育竞争日益内卷化的背景下，家长的付出并未取得预期的结果，相反增加了孩子和自身的焦虑，他们在深陷教育焦虑的同时却又无奈地继续投入其中。

  回到本书所要探讨的问题，为什么当代家长会有如此普遍且深刻的教育焦虑？历史地看，社会变迁中的家庭革命带来了家庭功能的变革，家庭从一个谋求生存的单位演变为承担孩子教育的单位，而同时，儿童养育却经历了从家庭私域转向公共空间再转入家庭私域的转变，家庭的教养责任得到进一步强化。在国家、科学、市场等力量的作用下，家庭教养被纳入一套以科学为核心的话语之中，家庭的养育行为都要在科学育儿的框架内完成，科学育儿知识也建构了理想的亲职角色，讲究分工协作、高期望与高投入并存、日趋精细化的制式化教养方式逐渐出现。但现实中，家长的教养方式并不总是遵循着预期的"正确"做法，而是有非理性的一面，家长不断抬高的教育期望与相对固定的教养条件之间有着难以弥合的结构性失衡，二者之间的不匹配、不适应将长期存在。一方面是家庭教养行为的标准不断被抬高，为父母亲职角色设定了过高的道德期许；另一方面是与之相应的条件迟迟得不到满足，如公共抚育措施不足、优质教育资源供需失衡等，这一事实引发了家长的教育焦虑。造成这一现象的深层原因在于，"如何教养孩子"始终是一个被外界建构的命题，教养孩子的话语权被国家、市场、专家系统牢牢掌控，而家长则成为被规训的他者，家长作为抚育孩子的主体的地位遭受挑战，在制式化的教养模式前家长只能被动接受而缺乏对外部教养话语的抵抗。

## 第四节 市场主体的焦虑营销

  市场介入教育活动的历史悠久。在中国绵延千年的科举史上，不乏通过售卖考试资料等方式来获利的行为，这表明教育市场化的雏形早已有之。进入现代社会，在全球教育市场化大潮的推动下，市场作为影响教育发展的重要力量也正式走上前台。在计划经济时代，教育产品和服务都由国家提供，尚未形成真正的教育消费市场。改革开放后，随着公共力量在教育领域的退出，市场成为弥补教育供给不足的重要来源，2002年出台的《中华人民共和国民办教育促进法》则从法理上为市场进入教育领域提供了合法依据，大量资本涌入教育领域，深刻改变了教育生态。随着教育规模的扩大，人们对优质教育产品的需求日益增多，教育市场得到了蓬勃发展，使得在正规教育体系之外出现了日渐庞大的校外培训市场，竞争和效益成为该体系运作的主导逻辑。在竞争机制、资本运作和价格机制等市场机制的交叠影响下，各市场主体对效率、效益及个体利益的追求重塑着学校教育、校外教育和家庭教育的样态[1]。消费主义和市场主体的合谋，深刻改变了家庭和学校的教育实践，使得教育消费嵌入家庭教育活动之中。

资本天然的逐利性决定了市场主体必然要以效益最大化为导向，而"贩卖焦虑"则无疑是其中最引人注目的方式之一。贩卖焦虑并非目的，而是手段，通过激起家长及其子女的教育焦虑来推销教育产品和服务进而获得利益才是目的。从早年的《哈佛女孩刘亦婷》《虎妈战歌》到近年的《虎妈猫爸》《小别离》《小满生活》《小欢喜》等文艺作品，我们都不难看出教育焦虑已成为家长间普遍而默契的共识，这背后正体现出市场主体（包括教育机构、媒体、公司等）的推动作用。有研究指出，制造焦虑成为市场主体的重要手段，消费主义主导下的育儿市场已成为教育焦虑的生产者之一[2]。

**一 消费主导下的育儿市场化**

如前所述，学生的教育是一个辗转于公域和私域之间的问题：在私域中，家长必须承担孩子的健康照看、情感回应、教育支持等多方面的责任，为培养和发展孩子的综合素质而努力；在公域中，国家、社会、学校共同把孩子的教育纳入系统的专家话语之中，教育过程要遵循科学

---

[1] 余晖：《"双减"时代基础教育的公共性回归与公平性隐忧》，《南京社会科学》2021年第12期。

[2] 刘秀秀：《技术的魅惑：育儿市场化中的焦虑生产与反生产》，《社会建设》2022年第1期。

方法并在专家的指导下实现。其中,教育市场成为教育焦虑的重要来源,教育消费联通公域和私域的教育行为,参与到教育焦虑的生产与传递过程中。这也意味着,家长教育焦虑不仅源自身的认知,也离不开社会环境、消费文化和市场主体的裹挟。

(一)消费文化的裹挟

进入消费社会后,教育消费已成为当代家庭日常生活的重要组成部分。作为一种特殊的消费形式,教育消费是一种家庭人力资本再生产的投资,承载着家庭通过教育来实现阶层提升的希望。在消费文化的影响下,家庭在教育消费活动中所购买的并非商品自身的使用价值,而是抽象的符号交换价值,交换价值才是商品价值的重点。家庭对教育消费满怀热情的同时,也对教育产品和服务提出了更高的要求,催生出了精细化的教育市场。在经历野蛮生长之后,形成了细分的教育市场,也出现了专业细致的服务,市场主体不仅追求服务内容的广度,也追求服务的精细与特色,在服务对象、服务内容、服务反馈等方面都形成了精细的模式,这与消费社会下人们追求个性化消费的需求是一致的。尽管"双减"政策执行后,教育机构经历了重大调整,但教育机构仍然呈现出繁荣景象。当然,家庭教育需求在日趋多样化的同时,也呈现出对精细化产品的偏好,不断催生新的产品,校外培训大致可分为艺术、运动、科技、语言、益智等大类,每个类别又可细分为具体的项目,分别对应着不同年龄段的儿童,如艺术大类下的钢琴训练,其建议开始学习年龄为4岁。在这一过程中,家庭既是消费者又是生产者,在消费商品的同时也促进着商品的再生产。在孩子的成长阶段中,家庭的教育消费有着阶段性的变化,在学龄前阶段多以兴趣发展为主,孩子能体验到丰富多样的教育服务,但随着进入学校后课业任务加重,他们的教育消费则要服从于学科教育的目标。教育消费的浪潮背后,体现的是家长和孩子作为消费者的个体性迷失,在家庭的教育消费中,家长往往占据主导地位,为孩子规划和设计成长路线,并通过购买教育服务的形式传递自身的教育期望,孩子的真实需求和意愿则往往被忽视,孩子沦为家长内在自我的投影。然而,家长的教育消费也往往是身不由己的,在优质教育资源有限、教育机会不平等、教育竞争激烈化的前提下，面对"全民抢跑"的局面，哪怕再痛恨辅导班和培训班的家长都不愿意从中退出，整个社会都陷入了集体行动的困境[①]。

随着教育消费的常态化，教育消费不仅是家庭对孩子的未来投资，也构成了家庭的生活方式，它既有功利的一面，也传达出家庭自身的发展需求。以艺术培训为例，共研网发布的《2022—2028年中国艺考培训市场全景调研与战略咨询报告》显示，2021年中国艺考培训市场规模已达到535.6亿元，机构数量达5494家，培训人数达103.5万人。原本曲高和寡的艺术成为大众化的商品，艺术的产品、服务和品位都被商品化，艺术产品的价值可以通过符号来表示。家庭在选择艺术培训的时候，已经不再把艺术审美看作消费的重点，也并不关注艺术本身的价值，而是侧重于艺术消费中的符号表达，通过让孩子参加艺术培训的方式来提升孩子的艺术品味，从而掌握向更高阶层流动的能力。在消费社会的模式下，商品被打上了清晰的符号烙印，而这些烙印则成为阶层优势的象征。因此，消费行为被赋予了工具性色彩，成为阶层认同的工具。鲍德里亚把这种消费解释为"在空洞地、大量地了解符号的基础上否定真相"，消费社会是一个被符号掩盖真相的社会，但人们却试图在对符号的迷信中寻找安全感。消费社会使得教育消费被打上了多重标签，构成家庭的生活方式，寄托着家长们寻求确定性的期望，但这种消费看似自由实则是被消费文化裹挟后的被动选择，增加了家长对孩子教育的不确定性。

（二）个性发展的假象

个性化发展是市场主体的卖点，因为它精准契合了家长的期许，家长成为以兴趣发掘、综合素质拓展、自主意识培养为核心的个性化发展理念的拥趸，并希望通过家庭的努力来实现这一目标。在学校教育之外，市场主体围绕"儿童个性化发展"提供了丰富多样的教育产品和服务，而这些都要以家庭的教育支出为代价。在实践中，"个性化"表现为以

---

① 熊易寒：《"学而思"热背后是中产的集体焦虑》，澎湃新闻，https：//www.thepaper.cn/newsDetail_forward_1565194。

下三个方面。

其一，定向的个性化发展。个性化发展在孩子的学习和成长过程中经历了不断被化约的历程，只有与升学要求相结合的"个性"才能得到更多的关注。在早教阶段，如舞蹈、编程、珠心算、绘画等兴趣班大多以发展儿童的创造力、启蒙心智、增进亲子沟通等服务为卖点，主张孩子天性释放。在孩子进入学校后，在系统化的德智体美劳培养目标下，校外的兴趣班和辅导班成为学校教育内容的补充成分，家长在选择教育服务时有着更明确的导向，不仅会选择学校没有的兴趣辅导，还会根据学校的学习节奏来调整孩子上兴趣班的时间。一些家长在孩子进入高年级后减少孩子参加校外兴趣班的时间，这不仅是因为课业压力增大导致孩子无暇练习，也是因为"双减"政策后学校开展了各项素质拓展活动。由此，兴趣班追求的"天性释放"与学校教育的精细规训之间产生了张力，二者协调的结果便是孩子身上展现出来的有着明确导向的个性：在学校内部，个性通过才艺展示、比赛、文体活动等展现出来，在孩子身上则表现为在艺术、体育、学科竞赛等方面的特长。孩子的个性发展随年龄增长而更为聚焦和定向，那些与学习内容相关、有利于升学的技能得到进一步发展，而那些对提高学习效果作用不显著的技能则需要让位于学习，当然也有例外，如高中的艺考。这种以培养特定技能为导向的发展让孩子的个性化发展蒙上了功利色彩，实则限制了其真正的个性化成长。

其二，有价的个性化发展。个性化发展需要借助外力，尤其是从教育市场获得服务。这也表明，所谓的个性化发展都是被标定价码的，发展技能的前提在于家庭是否愿意付出相应的代价。因此，孩子的才艺、技能在一定程度上成为家庭文化资本的象征，甚至成为部分家长炫耀的资本。优势阶层更愿意为孩子选择多样化、定制化的教育产品，以此制造阶层区隔，如近年来流行的高端才艺训练（包括冰球、击剑、马术、高尔夫等项目）就被看作培养"绅士气质"、规划出国留学、拓展人脉的方式。而对于劳动阶层的家长而言，尽管他们难以支付如此高昂的消费，却乐于对标中产阶层的做法，为孩子的成长"购买希望"，在力所能及的范围内尽力发展孩子的技能,并提高教育消费的优先级。家庭资源向下倾斜,每个孩子的竞争都承载着家庭的期盼,但由于经济状况的差异,发展孩子个性的代价在劳动阶层那里更明显,让家庭背负沉重的负担。通过市场来发展孩子个性的做法放大了教育的不平等现象,也无形中延续着代际资源的传递,推动着阶层差异的再生产。

其三,有限的个性化发展。单个儿童身上的个性或许是多样的,但在群体中却体现出一定的趋同性,儿童身上表现的个性成为同龄群体中的共性,即儿童群体都在朝着相似的方向发展,如果不遵循这种模式反倒成了另类。在现实中,用多才多艺来形容现在的孩子一点也不为过,但这些才艺都是在经历长期的训练(大多是在兴趣班中)后习得的,特殊与一般、个性与共性在个人与群体之间达成了整合。正如阿道尔诺批判的文化工业一样,"(在文化工业中)个性就是一种幻想,个人只有与普遍性完全达成一致,他才能得到容忍,才是没有问题的"[1],个性化已经被纳入商品逻辑中,所谓的个性化是对权力的服从,个性化的进步却要以牺牲个性为代价。被"定制"的个性化不过是一种营销策略,市场主体培养的仍然是可被粘贴复制、批量制造的学生,消费市场的"定制式"个性培养并不能带来真正的个性发展,依托市场主体的个性化发展是有限的、有条件的、有代价的,甚至可以说是虚假的个性化发展。

以上三种特点揭示了消费主义下教育市场对学生个性化培养的话语掌控,其实质在于学生培养仍未摆脱整体性社会对个体的同一性要求,被功利主义裹挟的教育活动难以培养真正全面发展的人。而在公共支持不足的前提下,市场主体的介入深刻改变了儿童教育的结构,也放大了教育的不平等现象,使得家长深陷教育焦虑之中。同时,在被"定制"的过程中,本应作为学习主体的学生却被外在力量所裹挟和控制,失去自主发展的空间,甚至被规训为"单向度的人"。

(三)焦虑的商品化

宣传教育竞争、向家长贩卖焦虑已成为市场主体牟利的方式。这其

---

[1] [德]马克斯·霍克海默、西奥多·阿道尔诺:《启蒙辩证法:哲学断片》,渠敬东、曹卫东译,上海人民出版社2006年版,第140页。

中，既有家长自身需求，也与市场主体的营销策略有关。尽管当代社会的教育观念已有了很大改观，不再把财富、社会地位作为教育唯一的评判标准，但外界对成功的定义仍然影响着家长、学生、教师的教育行为，社会思想更助长了这种功利倾向。当教育的价值需要由外在的成功来体现时，人们就容易陷入由教育竞争而引发的焦虑之中。为了减少孩子教育过程和结果的不确定性，家长渴望通过加大教育资源投入来确保孩子的发展，其重要方式之一便是教育消费。研究表明，家长的教育焦虑越大，就越会选择向教育机构购买产品和服务[1]。此外，孩子的成功也是对家长自身价值的肯定，对孩子的学业和未来的担忧是家长在教养行为中始终绕不开的主题，这也为市场主体的介入提供了契机，商家抓住的正是家长的教育焦虑。对此，学者李彻曾一针见血地指出："焦虑感是这个时代最抢手的商品。"[2] 在消费文化语境中，焦虑的意义已经大为提升，市场主体不仅要通过焦虑来兜售其产品，更要通过焦虑来制造新的需要。也就是说，焦虑本身已经被高度商品化了，这也意味着，贩卖焦虑是引发人们教育焦虑的一大来源。

生活在一个高度不确定的世界中，焦虑的程度越来越高，焦虑的种类也越来越多，从疾病所引发的生命焦虑，到中产阶层的阶层恐慌，到漫卷而来的学区房焦虑，再到"只要卷不死，就往死里卷"的"鸡娃"焦虑，凡此种种的焦虑景观令人目眩神迷。一百多年前，克尔凯郭尔便以其天才的敏锐洞悉了焦虑的存在，并将它视作人之为人的一种依据，但可悲的是，当下的焦虑却被剥离了自由属性，被汹涌的资本大潮所裹挟，被商品化后成为一种牟取利益的工具。例如，贩卖身材焦虑，实则是为了推销减肥产品；贩卖育儿焦虑，实则是为了推销课外培训；贩卖成功焦虑，实则是为了吸引知识付费；贩卖健康焦虑，实则是为了推销保健产品；贩卖婚恋焦虑，实则是为了营销相亲活动……总之，当前时代的焦虑已经被异化为商品，焦虑准确击中了家长们的痛点，成为当下

---

[1] 巩阅瑄、陈涛、薛海平：《爱的边界：家庭教育焦虑是否会增加课外补习投入?》，《教育发展研究》2021年第16期。

[2] 修菁：《为知识付费》，《人民政协报》2017年7月25日第3版。

一些商家鼓吹的产品卖点，它力图让家长相信，孩子的教育成功是对家长自身价值的充分肯定，哪怕为此付出再大的代价也是值得的。因此，家长的爱就需要转化为教育消费行为，而这正是商家乐于看到的。通过营销手段赋予商品超出其自身价值的意义，这一过程反映出商品的合理化尝试，它在金钱与爱之间确立了一种线性的关系：爱孩子的一大标志就是愿意为孩子消费，反之，不情愿为孩子教育投入金钱的家长就是不爱孩子。校外培训、母婴产品、房地产等不同领域，围绕着家长的焦虑生产出一批批毒鸡汤，如《抖音，请放过孩子！》《千万不要这样教育孩子！不然……》《这个残酷真相，父母越早知道越好》等文章标题虽耸人听闻，却收割了不少流量，带动了一批批网红，催生了规模庞大的教育市场。

在教育市场繁荣的背后是以孩子教育为核心而形成的一条"焦虑产业链"，商家制造并贩卖焦虑、家长为焦虑消费进而刺激着商家制造新的焦虑，由此形成了完整的闭环。下面将具体分析焦虑的再生产机制。

在焦虑制造和贩卖阶段，商家通过营销手段改变家长的已有认知，让家长产生对自己育儿知识的怀疑和否定，从而把教育孩子的主导权让渡给教育机构。一方面，教育机构用"专业知识"人为地制造家庭教养的壁垒，让家长相信缺乏专业的育儿知识和技能是难以承担起教养责任的；另一方面，教育机构通过制造欠缺感，让家长处在害怕落后的恐慌之中，试图让家长开始担忧，当别人家的孩子在接受能力拓展的时候，自己的孩子是不是还在玩？当别的孩子都在参加培训时，是不是只有自己的孩子没有报名？当别人家的孩子都在看不见的地方努力时，自己的孩子有什么理由不努力？在诸如此类信息的狂轰滥炸下，家长很难再保持理智的判断，而是不由自主地卷入商家精心设计的叙事当中，对自己的教养行为产生怀疑，进而对"怎样教育孩子"产生了深深的迷茫。在这一过程中，情绪的影响力超过事实，也就是说，真相或许并不重要，重要的是让家长产生情绪的共鸣。因此，如何激发、放大家长的焦虑情绪是商家营销的关键所在。比如说，家长并不总是焦虑的，也有一些家长较为理性，但在商家的推动下，一些家长却产生了"人人都焦虑"的幻觉，掉入商业营销的陷阱。这一阶段商家的主要目的便在于，让不焦虑的家长产生焦虑感，让焦虑借助情绪共鸣实现从小范围扩散到群体的累积和转变。戳中痛点是为下一步的营销策略作铺垫。家长因迷茫、焦虑而产生了"病急乱投医"的念想，这时商家适时推出的解决方案对他们而言不啻为一剂良药，不管其真实效果如何，也不管它是否有副作用，只要能解眼前之急便可。商家的营销话术使得家长们笃信，只要适当购买教育产品和服务，就能缓解过度的教育焦虑，促进孩子健康成长。这些被精心包装的教育产品看似有着专家和机构的权威认证，但何为"科学""专业""合理"，却是难以求证的，背后体现的正是市场的话语掌控。商家试图把"虎妈""狼爸"的个体事件营销成可复制的"正确"教育范式，以此寻求家长的认同，似乎只要自己按照这种方式来教育孩子，就能取得预期的成功。成功的营销便是让家长认可并内化商家的理念，从而心甘情愿地投入竞争化的育儿市场之中。

焦虑是刺激家长教育消费需求的来源，教育消费则被寄予缓解焦虑的期望，家长试图通过采用确定的教育模式来缓解焦虑，这些看似科学、专业、合理的模式或许并不适用于自己的孩子，甚至可能带来负面作用，这种想法制造着新的焦虑，而新的焦虑则成为商家推出新产品和服务的动力。因此，在这种循环中，焦虑成为由商家制造和营销、由家长消费的产品，联通着家庭和市场的资源，维系着教育消费的循环（详见图4-3）。如图所示，完整的焦虑生产周期包括四个环节：市场主体在制造焦虑后面向目标家长展开营销策略，意在引起家长的焦虑；在家庭内外部的交流中，家长的焦虑情绪逐渐被调动，进而产生了消费需求；市场主体适时推出教育产品和服务，以缓解家长的焦虑为卖点；消费行为并不能带来预期的确定性，相反，在部分家长的带动下，原本不焦虑的家长也会感到焦虑，焦虑得到了扩散，家长产生了对教育产品和服务的更多需求。在家长消费需求的刺激下，市场主体一方面继续制造和贩卖焦虑，另一方面提供更多的教育产品和服务。在这种互动中形成了"生产—消费—生产"的循环，焦虑发挥了关键作用，并在某种意义上具备了商品的属性。

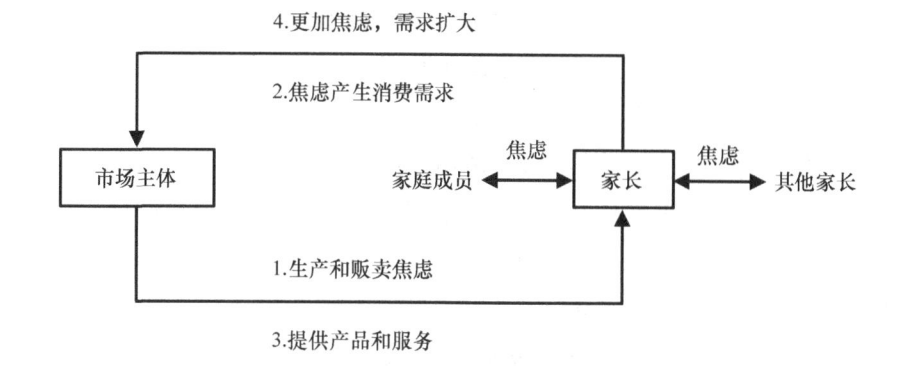

图 4-3 教育市场中焦虑生产的循环

## 二 市场主体制造焦虑的方式

如上所述,市场主体是教育焦虑的制造者,通过与家庭的互动激发、放大了家长的教育焦虑,"贩卖焦虑"是市场主体牟利的重要方式。大致可把市场主体制造焦虑的方式归纳为三种,即信息传播、社群互动和数字技术,在这三种方式的综合应用下,市场主体与家庭之间形成了焦虑生产的循环。

### (一) 信息传播

调查发现,市场主体大多通过在线平台(包括抖音、微信、小红书、微博等)发布信息,并以此来营销自身产品。

一方面,信息传播意义。传播即"一种想法影响另一种想法的过程","传播或者影响行为,或者根本不产生任何可辨别和可能的后果"。[1] 信息在传播过程中并非复制粘贴,而是在主体的互动中不断被丰富和完善的,承载着市场主体的主观意愿。以微信公众号"快微课"备受訾议的文章《抖音们,请放过我们的孩子!》为例,我们得以看出信息传播引发焦虑情绪的作用形式。文章在批评抖音对孩子危害的同时,也传达出营销者的意图,即把造成这一现象的原因归结于家长,认为家长没有尽到应有的责任。文章看似在科普,实则在贩卖焦虑,其目的在

---

[1] Shanno Claude E. and Warren Weaver, *The Mathematical Theory of Communication*, Urbana: University of Illinois Press, 1949, pp. 3-5.

于让家长相信，努力的标志之一便是为孩子选择教育消费。在探讨"抖音是否毁了孩子"之前，我们也必须明确，这一命题能否成立？实际上，把这里的"抖音"换成"手机""游戏""电视"等主题都毫不违和，早在电视、电脑普及的时期此类论调就层出不穷，因为它戳中了家长的痛处，调动起了家长对孩子学业和成长的焦虑情绪。尽管时代在变，环境在变，家长焦虑的主题也在变，但其实质却无根本性的转变，家长当下的焦虑情绪却有增无减。

这类文章有着极为相似的话术风格，如"90％的家长都不知道的真相，请耐心看完""99％的家长都错了，你呢""这件事，家长越早知道越好"等，尽管有"标题党"之嫌，文章内容也大多夹带私货，但在家长群体中却往往能取得较好的传播效果，根源就在于它是一种被证实有效的叙事手段。点明痛点、陈述危害、提出对策是这类营销号文章的惯用套路，而这种套路又是市场主体和家长共同促成的：营销者在初期通过小规模地投放文章，结合用户的信息反馈来修改文章并在公众号上正式推送，再借助公众号矩阵多次转发和推送，如此反复后最终形成一套完整的营销话术。在传播阶段，营销的重点在于吸引用户阅读和订阅，提升账号的活跃度，以此打造流量池。营销者通过与焦虑的家长之间的互动（如在线问答、评论回复等），在维持热度的同时无形中传递着意义，即只有通过持续的教育消费才能缓解育儿焦虑。尽管这种营销手段早已被诟病，但它却真实地捕捉到了家长对孩子教育的关注与担忧，借助焦虑这一工具扩大了传播的范围，提升了自身的影响力。但除了激发家长和孩子的焦虑之外，它并不能产生建设性的作用。在大量标题雷同、内容"语不惊人死不休"的营销号文章中，焦虑成为引发家长情感共鸣的工具，内容反倒让位于情感的表达。市场主体最初想表达的育儿内容在传播中变得更加模糊，意义自身也变得难以识别，唯有焦虑成为一个越来越清晰的主题，任何与育儿相关的话题都能套上焦虑的外壳，这也为市场的进一步行动创造了机会。

另一方面，信息塑造行为。营销者传播焦虑并非目的而是手段，通过意义共享进而实现流量变现才是目的。因此，如何让受众成为消费者就成为营销者的重心。在与受众的互动中持续改进推送方式，进而引发家长新的痛点，在这一过程中，营销者的想法也受到家长行为的影响，并形成了市场主体与受众共同制造的新内容，实现了意义与行动的完美结合。在这种反复的互动与协调中，意义与行动在家庭的教育消费过程中持续发挥作用，从一个群体扩散到另一个群体，最终形成了"信息—意义—行动"的循环。营销成功后账号就可以通过夹带广告的形式实现流量变现了，如微信公众号不仅会推送育儿知识，也会定期投放广告，抖音、微博账号也会在知识分享的同时插播广告。此外，市场主体也会通过制造人设、精心包装等方式来打造教育名师，他们大多有着相似的光环：名校毕业、丰富的教学经历、培养出不少优秀的学生等。他们的现身说法无疑比说教更能产生立竿见影的效果，吸引家长按照名师推荐的方法去教育孩子，或是购买名师的课程。一次完整的营销活动就是通过传播意义进而塑造行为来营销其产品，最终达到牟利的目的。在这之后，市场主体又将寻找家长新的痛点，制定新的营销策略，这一点在早教、编程、艺体等涉及孩子潜能开发的产品中极为常见。

（二）社群互动

家长的社群互动是教育焦虑产生和传播的重要推手。以孩子的教育为中心，家长们自发形成了特定的群体，其中就包括线上交流和线下聚会两种形式。在线上互动时，个体总是会自发地与他人对比，在这种对比中催生了"相对剥夺感"。在信息尚不发达的年代，家长们的育儿知识主要来源于长辈、朋辈的教授和自身的观察学习，在育儿方面的对比对象大多来自身边，总体而言异质性不强。网络通信技术改变了这一切，围绕着孩子的教育形成了网络社区，家长对比、参考的对象更是超越了传统社会的地域限制，从传统的地缘、血缘、业缘范围扩展为整个社会，正因如此，群体互动（尤其是线上互动）就成为家长教育焦虑的重要来源。例如，一个家长或许不知道邻居的教养方式，却有可能听过"海淀妈妈"。网络社群中的互动使得个体容易突出他人的优势，对他人的正面经历产生更多的关注，从而产生负面情绪，因此，尽管自己的孩子已经很优秀了，但家长会觉得身边的孩子更优秀。比如，当自己的孩子刚开始练习音标时，别的孩子已经能阅读外文书籍了；当自己的孩子刚开始练习舞蹈时，别的孩子已经通过考级了；当自己的孩子还在学习珠心算时，别的孩子就已经在学习编程了。在"鸡娃群"中，这种对比更为突出。"鸡娃群"一般有着较高的准入门槛，多由熟人推荐入群，还要遵守群规定。群里的日常主题主要为分享自己的"鸡娃"计划、共享学习资源、展示"鸡娃"成果，并大量使用升学术语（如"直升"即面试直接升入初中/高中，"点招"即重点学校自主招生）和缩写词（如"SA"即"上岸"，指通过"鸡娃"教育升学成功，再如"QZY"即"求资源"，指群里大佬共享学习资源），以此作为区隔。家长们加入群聊的本意在于交流育儿经验、学习育儿知识、获得他人帮助，但面对前所未闻的"鸡娃"计划、海量的学习资源和升学信息、部分家长的炫耀时，这种强烈的反差感给他们造成了巨大的思想冲击，因此，即便不焦虑的家长也很难保持理智，把成功案例当作模仿对象的同时，反而忽略了自身的实际情况。

家长的在线群体互动使得焦虑超越了个体的范围，而这种互动也有可能被市场所利用，通过刻意制造教育需求，放大教育失败的不利后果，以此贩卖教育焦虑。辅导机构除投放广告之外，也会通过建立社群来吸引用户的关注，建立"鸡娃群"就是其中一种方式。具体而言，包括吸纳用户、组建群聊和强化互动三个步骤。首先，通过公众号、抖音账号、微博账号等渠道吸引用户加入群聊，或是通过分享资料的形式吸引用户入群，或是通过相互邀请入群，以此实现用户的拓展。其次，在群聊建立后，机构会有针对性地了解家长的需求，结合这些反馈信息勾勒用户画像，并据此制定营销策略。最后，通过发布推文、分享资料、优惠活动放送等形式把家长发展为消费对象。在这一过程中，机构会频繁使用引发家长焦虑情绪的宣传话语，如"再不报名就要涨价了""错过这次，孩子就跟不上了""三人成团，就差你一个了"等，从而让家长产生消费的意愿。在辅导机构的营销作用下，家庭教育投入呈现出剧场效应。

线下互动也对家长的焦虑情绪起到了推波助澜的作用。在现实中，家长围绕着孩子的教育形成了交往圈子，成员大多以"XX妈妈/爸爸"

自称，这种线下群体往往能产生强烈的情绪感染力。家庭投入孩子教育方面的文化资本并不像升学考试结果那般透明，而是一个"黑箱"，这导致家长很难在自己孩子和别人孩子的对比中形成理性的认知，甚至产生莫名的恐慌感，总是害怕孩子落后于他人。因此，在交流育儿经验、共享教育信息的同时，家长也会针对辅导班的信息进行探讨，尽管"双减"政策对校外培训有所限制，但家长仍会想办法让孩子参加辅导，避免被落下，在对比中产生了更大的焦虑。在群体互动中，个体的情绪往往受到群体的感染，而个体的情绪和行为也会对他人和群体产生影响，在这种循环中，焦虑情绪得到了持续酝酿和增强。在现实中，个体的力量难以与群体抗衡，其行动往往被群体所裹挟，哪怕不情愿把孩子送去辅导班、内心抗拒"鸡娃"教育的家长也不得不选择妥协，带来的结果便是个体被群体同化，共同参与到教育消费行为之中，主动建构着跨越家庭的教育焦虑。

（三）数字技术

数字平台是造成家长教育焦虑的重要来源。数字技术作为结构性要素融入社会生态系统之中，对人类生产和生活带来了根本性的转变，数字化生存成为当代人的共同命运。在数字化背景下，数据已成为一种生产要素，数据并不会因为它的传播、使用而消耗，相反，数据的使用能带来价值的增长。市场主体经由传播和营销打造的流量池要转化为经济效益，还需要经过数据的收集、分析、处理等环节。借助数字技术，平台能搜集用户的关键信息，刻画清晰的用户画像，明确用户的需求，进而实现精准推送。当家长浏览与育儿相关的信息时就会留下数字痕迹，大数据将它记录下来并据此分析用户的喜好，用户的持续浏览则会强化这一倾向，平台会自动推送类似的内容，久而久之，用户所看到的内容都是同质性的。因此，从家长打开平台推荐的育儿相关内容的那一刻开始，教育焦虑的"潘多拉魔盒"就已悄然打开。同时，家长在与群体互动时，也会密集接收到大量与"鸡娃"相关的信息，被焦虑情绪所感染，家长接触的信息越多，内心的焦虑感就越强烈。在相似群体中，信息的同质性和情绪的感染性都很强，部分家长的焦虑在传播后会迅速蔓延到群体中,实现成员间的同频共振。家长的这种情况实质上构成了"信息茧房",信息技术既能带来信息的开放,也有可能造成信息的封闭,导致我们只能看到我们想看到的内容,被困于信息茧房之中[1]。在实际中,尽管家长对一些新的术语不甚了解,但平台仍会持续不断地推送广告,身边的群体也会在线讨论,在这种氛围下他们也会莫名地被信息刺激得焦虑和不安,进而为孩子选择此类服务。

信息茧房不仅会屏蔽网络空间中的其他信息,也会屏蔽现实世界中的其他信息,从而形成"回声室效应"。身处由数字技术编织的封闭世界中的家长,在相关信息的持续推送下,甚至会把这些信息看作世界的真相,产生"人人都在'鸡娃'"的错觉,把偶发性事件看作事实,进而实现焦虑情绪的自我强化。长此以往,家长的判断力也将被削弱,甚至从"鸡娃"的反对者变成支持者,面对身边家长的"鸡娃"行为,反思的不是"鸡娃"模式的合理性,而是自身"鸡娃"教育的程度不够,结果便是越焦虑越"鸡娃",越"鸡娃"越焦虑,强化了对"鸡娃"教育的路径依赖。对学生而言,他们在信息茧房作用的影响下,失去了对信息真实与否的判断能力,在面对群体中一些不切实际的学习经验时难以甄别其真伪,而是反思自己为什么达不到这些要求,进而下定决心要超过其他人,产生如"别人一天学习15个小时,我就一天学16个小时"的攀比心理,结果却是在内卷化的学习中画地为牢,找不到破解的出路,最终陷入越学习越焦虑的陷阱。

总之,数字技术强化了人们的教育焦虑。数字技术拓展了家长和孩子的信息获取来源,让他们能了解在自己生活范围之外的教育方式,泛化了参考对象,对自己的能力有着过高的预计,甚至产生一些不切实际的教育观念,同时却又让他们深陷信息孤岛,将对照群体限定在特定的同质化群体之内,沉溺于对真实世界的幻想之中。在这两种方式的共同作用下,人们的教育焦虑被不断放大,而为了缓解自身的教育焦虑却又

---

[1] [美]凯斯·R. 桑斯坦:《信息乌托邦:众人如何生产知识》,毕竞悦译,法律出版社2008年版,第8页。

不得不加大投入，这种方式又将带动其他人的模仿和加入，最终整个社会都陷入了"教育焦虑—加大教育投资—教育内卷—教育焦虑"的恶性循环中[①]。教育焦虑正是在这种循环中被不断建构的。

## 第五节　文化惯习的意义重构

准确把握我们所处时代的特性，明晰教育焦虑产生的时代根源，有助于我们从生存论的角度理解教育焦虑的实质。从社会的发展演变历程看，今天普遍存在的教育焦虑从来就不是一个新事物，自教育诞生伊始就产生了，教育焦虑发生在人类社会的每个时期，但只有在现代社会它才被人们认识到，才成为一个被重新发现的问题。这背后既有社会、文化的因素，也与教育现代化进程相关，因此，教育焦虑是一个现代问题。与前现代社会的教育焦虑相比，当下的教育焦虑更具有本体性的意义，它是人们对教育自身的焦虑。教育自身，与人们的生存一样，都被不确定性所裹挟，参与到教育中并思索教育的终极意义成为当代人无法回避的问题，然而思索的结果难以回应人对自身存在的焦虑，即教育能否成为缓解生存焦虑的方式。教育焦虑就是当代人的生存焦虑在教育领域的集中呈现，也占据着当代人生存焦虑的核心，从根本上来说这是现代性的后果。

### 一　风险社会与教育焦虑

自20世纪中后期以来，工业文明在高度繁荣的同时也日益面临危机，人类进入了高度复杂、不确定的风险社会，风险成为当代人的共同境遇。以贝克、吉登斯、拉什等为代表的风险社会理论把风险置于现代性的分析框架中，形成了独具特色的研究范式，在社会科学领域产生了深远影响。风险社会不仅是我们所处时代的一种表述，它更是一种理论

---

[①] 段雨、胡亮：《教育焦虑的形成、扩张及其纾解》，《甘肃理论学刊》2022年第3期。

视域，为理解教育活动的本质提供了新的可能性。现代社会是人类实践的、历史的产物，它的副作用就表现为风险，风险的扩大推动人类进入了以不确定性为表征的风险社会。作为一种特殊的人类实践，在风险社会的背景下，教育焦虑产生于人类的自为实践并作用于人类自身，成为当代人共同建构的教育体验。只有从人在风险社会中的主体性生存处境出发，从实践、认识、存在论的角度追问教育焦虑持存的正当性，才能把握教育焦虑在价值和事实层面的逻辑统一。风险社会从根本上改变了教育焦虑的内涵、存在方式和生产机制，也为审视和治理当下过度的教育焦虑提供了理念和行动的启示。

(一) 风险、不确定性与社会

风险伴随着人类社会的全部历程，前现代社会的风险只是一种偶发的个体体验，但只有在贝克所指的"第二现代性"时期，风险的结构和特征才发生了根本转变，人类行动的不确定性构成了风险的主要来源，现代意义的风险才初具轮廓。从实践论的角度来看，风险是人在改造自然的实践中的必然衍生品，即自然的反人化产物。正如马克思所言，实践构成了人的生存方式，人赖以生存的社会就建立在实践的基础上，人类世界"是工业和社会状况的产物，是历史的产物，是世世代代活动的结果"。[①] 但同时，实践具有积极和消极的二重性，它不仅能通过改造自然以利于人类生存和发展，也可能带来不利于人的后果。随着人类实践能力的提升、实践规模的扩大、实践程度的深化，更多意想不到的结果也悄然出现，其后果便是人类面临着前所未有的生存危机，充分展示了人类实践的风险性，每一个个体都被暴露在风险面前。就这一意义而言，风险必然是人造的，就是吉登斯所指的"被制造出来的风险"，"是由我们不断发展的知识对这个世界的影响所产生的风险，是指我们没有多少历史经验的情况下所产生的风险"。[②] 风险是原因和结果的悖论结合，它是人类历史实践活动的衍生物，又从根本上改变了我们的社会结构，风

---

[①] 《马克思恩格斯选集》（第一卷），人民出版社1995年版，第76页。
[②] [英] 安东尼·吉登斯：《失控的世界——全球化如何重塑我们的生活》，周红云译，江西人民出版社2001年版，第22页。

险已嵌入社会结构并成为当代人生活方式的一部分,宣告人类已进入一个全新的历史阶段——风险社会。

(二)风险社会与人的焦虑性存在

尽管前现代社会也有焦虑,但只有在以自反性为特征的现代社会,焦虑才成为当代人的共同命运,可以说,焦虑是风险社会的必然产物。当传统秩序解构使得每一个体都面临急遽变革所带来的不确定性时,焦虑情绪才能以不可阻挡之势冲破个体和群体的边界,成为泛在的共有体验。在吉登斯看来,我们生活在一个焦虑的年代,焦虑成为当代人的共同命运,每个个体都有可能被焦虑压垮,令他们焦虑的是生活中的各种风险[1]。焦虑与风险有着高度的相似性,二者都指向潜在的危险,但风险转化为焦虑,却需要通过个体认识的中介作用。从认识论的角度来看,焦虑是人对威胁自身生存状况的风险所持有的恐惧,常伴随着个体的茫然无措,它是本体性安全瓦解的结果。在传统社会,焦虑的来源主要是自然,但生活习惯为人们提供了稳固的行为模式,维系着过去、现在和未来的时间连续性,提供了本体性安全的基本方式。但在风险社会,现代性的外延和意向性的风险不断扩张,超越了人类生存的全部领域的焦虑来源转变成了人与自然、人与社会、人与自我的关系,个体的完整经历被不可预料的偶发性事件中断,个人的自我身份面临着被持续解构、重组的命运。同时,未来对于现在的时间殖民加剧了时间危机感[2],出于规避风险的考虑,人们倾向于用压缩、折叠的时间来取代自然绵延的时间,从而造成了当下的时间贫困。其结果便是固有的确定性让位于不确定性,风险成为笼罩在每个人头顶的阴霾,人的存在也被赋予了焦虑的底色。

作为一种"现代性的产物",教育焦虑是社会文化建构的产物,与不确定性之间有着复杂的作用机理:教育是一种充满不确定性的活动,这是教育焦虑发生的前提,现代性则赋予教育焦虑全新的存在形式,使

---

[1] [英]安东尼·吉登斯:《现代性与自我认同:晚期现代中的自我与社会》,夏璐译,中国人民大学出版社2016年版,第37页。

[2] 沈湘平:《现代人的生存焦虑》,《山东科技大学学报》(社会科学版)2005年第3期。

得它呈现出与前现代社会截然不同的面向；教育焦虑是当代人的生存焦虑在教育领域的扩散，它的持续又进一步放大了人们的不安全感，加剧了人们的生存焦虑。在这种交织运动中，教育焦虑成为人们对教育意义、价值的焦虑，且它已超越个体的范围，成为教育主体在群体（乃至类）意义上的情绪体验。

### 二 教育焦虑文化的形成

从文化的角度来看，当下的教育焦虑并非增多了，而是人们对教育焦虑的感知增强了，简而言之，或许我们时代的教育焦虑并不一定比前现代社会多，只是人们的观念发生了转变，抵御焦虑的能力下降了，教育焦虑对人们的威胁也就随之增大了。引发人们教育焦虑的文化根源在于社会变革过程中形成的教育焦虑文化。当功利主义教育观念与当代人的生活相结合，就会使得"为教育而焦虑"被合理化为一种主流的生活方式，此时的教育焦虑就不再停留在个人体验层面，而是融入社会生活的不同主题之中，甚至成为当代社会生活的核心议题。人们在感知、体验教育焦虑时，也会对此加以解释并赋予其意义，从而为自身的行为寻求确定性的解释，教育焦虑就是人们反思自身生活的结果。这一点也得到了教育社会学相关研究的印证，在当前中国社会变革过程中，不少教育改革问题实质就是一种文化问题[①]。也就是说，当教育焦虑成为一种文化的时候，人们就会默认人人都为教育而焦虑，也不再反思其正当性，甚至把那些不怎么焦虑的人们当作他者，用体系化的力量压抑个体的反抗。人们在体验教育焦虑的同时将其内化为自身价值观念的过程就是教育焦虑的"文化化"，它是在变革中不断被建构的。

（一）日常生活的风险嵌入

"现代性以前所未有的方式，把我们抛离了所有类型的社会秩序的轨道……它们正在改变我们日常生活中最熟悉和最带个人色彩的领域。"[②]

---

① 鲁洁主编：《教育社会学》，人民教育出版社1990年版，第130页。
② ［英］安东尼·吉登斯：《现代性的后果》，田禾译，译林出版社2000年版，第4页。

## 第四章 当代教育困境的衍生逻辑

现代性从根本上重构着人的生活方式，也让其副产品——风险融入生活世界，以断裂性、非连续性、不确定性为表征的"风险化生存"取代了连续性、确定性的传统生活方式，个体陷入了海德格尔所指的"无家"状态。人不仅是肉体和精神上的孤独者，更是群体乃至世界中的孤独者，人之存在的无意义感油然而生，蒂里希将这种境况描述为"对存在价值丧失的焦虑"。人的这种存在状态不仅具有日常生活的意义，更具有形而上的本体意义。作为人的一种特殊存在方式，教育焦虑就植根于人们的社会化生活之中：在风险常态化的背景下，教育是当代人生存焦虑（如住房焦虑、阶层焦虑、婚恋焦虑）的焦点，是生存焦虑在教育领域的扩散，也间接强化了人们对生存焦虑的体认，在这种双向互构的过程中，教育焦虑真正成为人们对教育意义、价值的焦虑。人们之所以难以摆脱教育焦虑的影响，就在于它不仅内嵌于人们的现代性生活，而且为教育而焦虑已被合理化为一种主流的生活方式，教育焦虑不仅渗透在人们日常生活体验的每一方面，而且是由当代人共同建构的现代性体验。人们在感知教育焦虑情绪时，也会对此加以解释并赋予其意义，从而为自身的行为寻求确定性的解释，教育焦虑就是人们反思自身生活的结果。这也解释了何以当下的教育焦虑早已突破了个体、群体的边界并具备"类"的意义，群体性的教育焦虑是当代社会的独特景观。

人们之所以选择主动投入内卷化教育竞争之中，就在于教育竞争为人们展示了获得成功、实现自身价值的可能性，哪怕面临着过度的教育焦虑也是值得的。因此，当家长们在抱怨"鸡娃"现象的同时却难以抗拒该做法，尽管"鸡娃"教育会给家庭带来沉重的负担，但却为家庭展现了一种通过教育获得阶层跃升、积攒文化资本的可能。通向上一阶层的通道看似狭窄，但家长们仍然相信，通过持续的努力仍有可能让孩子实现阶层跃升。以考试分数决定分流结果的中高考看似有着不合理的因素，但它却具备普遍的公平性，对家庭而言不失为一种成本较低的理性选择，尤其是对底层家庭仍有极强的吸引力。正因如此，家长在抱怨教育不平等、为孩子教育而操心的同时却从未放弃孩子的教育，甚至在孩子学习不利的情况下选择加大投入。当学生在以"日常抵抗"策略抗拒成人的权威与控制时，也无法从此种不对等的关系中挣脱出来，而是想通过积极调适、释放内心的负面情绪，寻求与构建良性的成长格局，实则是一种有限的、象征的妥协，尽管这种抵抗行为或许并不能带来实质性的改变，但却能让他们在追寻"消极自由"的同时实现心境的平和。当教师在为过劳而愤懑时，却在制度化情境中深感无力，只能在不断挣扎中寻求自我和解的可能。这种看似矛盾却又能自洽的复杂心理状态构成家长、学生、教师三类主体教育焦虑体验的独特景观，正因如此，他们在被卷入过度的教育竞争之中、感受到难以排遣的焦虑情绪时，也会拒绝被外界标签化，继续调试自身的观念和行为来回归正常节奏的教育活动，他们的教育焦虑体验中就蕴含着纾解、转化的尝试。

（二）教育传统的再合理化

尽管世界各国都有不同程度的教育焦虑现象，但相较东亚国家而言，北欧国家的教育焦虑程度较低。在以基础教育闻名的芬兰，学生的学习时间较少、学习成绩较好且学习幸福指数较高，2018年PISA报告显示，芬兰初中生一周的学习时间为36小时，远低于中国学生的57小时，且学生的生活满意度全球最高。芬兰的这一成功也被称作"PISA奇迹"，体现的正是较为平等的教育体系、丰富且优质的教育资源、较高的社会保障水平等。在美国、英国、法国等发达国家，公立学校课业任务较轻、学生较为快乐，但私立学校的教育竞争较为激烈，是筛选精英的主要渠道，教育成为维系阶层再生产的工具，相似的教育焦虑现象也普遍存在。而教育焦虑之所以能成为一种中国社会的独特现象，离不开特定的社会历史和文化背景，它之所以普遍存在，就在于教育焦虑的传统得到了当代文化解释，并上升为当代人的生活方式。

历史地看，教育焦虑文化就植根于中国古代的教育传统之中，与儒家文化有着直接的关系[①]。我国历史上不乏悬梁刺股、囊萤映雪、三年不窥园、断齑画粥、牛角挂书等脍炙人口的教育故事，它们在激励学生

---

① 这一点也可以从现实找到依据，中国、日本、韩国等东亚国家的教育焦虑现象较为显著，其共性在于这些国家受儒家文化影响形成了注重教育的传统，这种传统沿袭到今日，就成为教育焦虑的文化来源。

刻苦学习的同时，也传达出对"苦学"的推崇，为学习而忍受痛苦是必要的。然而在传统儒家的话语中，这些案例也隐藏着"万般皆下品，唯有读书高""朝为田舍郎，暮登天子堂"的价值导向，把读书与步入仕途、经世致用相挂钩，甚至把接受教育提到了与个人命运休戚相关的高度。尽管这种强调功用的教育价值取向在现代社会经历了解构与重构，但重视教育的传统在充满不确定性的现代社会却以别样的形式持存并得到了全新的解释：教育寄托着人们抵抗风险的期望。在变动不居的社会中，身份、地位、财富都是充满不确定的，这迫使人们思索如何缓解生存焦虑，而教育无疑是一种被认定为行之有效的方式，这一观念在新兴中产阶层那里得到了直接的确证。新兴中产阶层更相信"教育改变人生，知识改变命运"，因为他们自身就是应试教育的受益者，自身就提供了不言自明的成功范例，这些案例展示了一种个体通过苦读来获得人生成功的可能，暗示着个人所能获得的名望、财富、地位均建立在赢得教育竞争的基础上。尽管自身的成功是在多种因素共同作用下的偶然事件，但家长却会为这种偶然事件寻找必然性的依据，因此，现代社会崇尚苦读的文化就很容易得到认可，成为跨越地域、阶层的共识，那些成功的案例就理所当然地被神圣化。

成功者的经历成为鼓舞学生前赴后继地投身于苦读的精神动力，后来者试图复刻前辈的奇迹，幻想着有朝一日摆脱困厄的处境，逆转自身的命运。当然，这种做法看似非理性实则是中下层家庭风险最小且最符合自身需求的最优选择，对缺乏文化反思性惯习又无力从同质化竞争中挣脱的家庭而言，唯有许诺未来的美好生活才能激发出孩子源源不断的学习动力，但要实现这种未来却要以推迟乃至削减当下的权益为代价。这种方式其实是充满矛盾的，如果未来生活建立在牺牲当下体验的基础上，那么当下的生活就是不值得过的。它不过是一种逃避问题实质、拒绝思考的消极应对方式，因为家长和教师也不知道如何去回答这些本体意义上的问题，只能用拖延甚至欺骗的形式来转移孩子的注意力，实质上仍是建立在一种不平等关系上的规训。注重教育的历史传统与现代社会的不确定性相结合，形塑了以规避风险为导向的教育焦虑文化，当个体的教育焦虑上升到群体后,"鸡娃""牛娃"就如同齐美尔笔下的"时尚"一般,成为人们争相模仿的对象。这也不难解释,何以家长的过度教养、孩子的苦读成为一种被合理化的主流教育实践,甚至排斥了其他教育方式的可能。

在教育焦虑文化驱动下的教育行为缺乏长远的规划和意义建构,这是由于背后的"否定逻辑"在发挥作用。教育行为联通着过去、当下和未来,过去和现在建构着未来,而对未来的考虑影响着当下的教育行为,而教育焦虑文化改变了这一切,现在和未来脱节了。一方面,个体认为当下的生活是不值得的,生活是一成不变、一眼看得到头的重复,充斥着无聊与痛苦,因此无法真正融入现实,也就难以在当下的教育行为中发现意义、享受价值,甚至对当下充满怨愤。这一点在教师身上尤为明显:教师想逃离教学工作却又无处可逃,他们眼中的教师职业褪去了神圣的光环,已沦为一项谋生的手段,教育的理想、信念在不如意的现实中逐渐崩塌。另一方面,个体对未来许诺的美好生活满怀憧憬,却并不知道它的真实样貌,甚至产生一些不切实际的幻想。因此,目的和手段倒置了,为了追求而追求,为了努力而努力,甚至为了通过"教育创造美好未来"而心甘情愿地自我牺牲,从而导致"自我工具化"。当这些幻梦破灭时,招致的反噬也是无以复加的。这实际反映出教育焦虑文化驱动下的行动悖论:对未来充满期待的同时又否定现在,否定教育意义的同时又制造教育的神话,这种矛盾心理就导致人们陷入教育焦虑的旋涡之中。

(三)个体叙事中的风险化

一种文化出现,就会顽强地存在并影响个体的行为方式,人们在日常生活中感知到教育焦虑并把它当作一种"日用而不知"的生活方式,就是认同教育焦虑文化的过程。理解这一点,需要从个体与群体的互动中加以分析。

社会的分化带来了人的个体化。与前现代社会相比,现代社会的人享有高度的自由,在现代化进程中,原有的社会组织不断被冲击和解构,个体成为独立于集体的单子,成为悬浮在世界中的孤立存在。这种个体化的结果便是高度的自由,每个人都有选择自己道路的自由,"标准化的人生成为可选择的人生"[①]。与此同时,作为培养人的实践活动——教育被寄托着个体成长的期盼,成为人们当代生活的核心议题。但是,教育培养人的过程是不确定的,人们可以通过教育来实现自身的愿望,但它只是一种可能性,教育的过程、结果都是不确定的,人在教育活动中的自由却是有限的,需要通过选择来实现,教育主体的成长就是在无数个选择中实现的。选择的另一面是责任,"我命由我不由天"就表明了人的这种状态,在享有空前的自由和成为自我的主宰者的同时,个体也必须为自己的选择负责,因此自由就是"对自己负责的自由"。在作出教育选择时,个体才真正意识到这种自由的有限性:尽管个人可以自由作出选择,但并不确保结果能如人所愿,选择所造成的结果可能超出自我的掌控范围,个人看似自由的选择背后是他不得不承担的责任,但任意一种教育选择都无法让个人获得预想的笃定感。在个体从共同体中独立出来的同时,个体也就失去了原有的安全保障,在建构自我生活的同时也必须承担潜在的风险,并在体认自我的基础上作出选择,这便是"个体化的风险"。

在前现代社会,人们的教育选择依赖于专家系统(尤其是教育专家),如教师会倾向于接受专家推荐的教学方法,家长也会借鉴专家的育儿经验来开展家庭的育儿实践。在充满不确定性的社会,专家的权威遭受了多方面的质疑,个体的教育选择更是有着差别,如在当前"双减"政策的背景下,家长及其子女在校内和校外教育活动中作出全新的抉择,这需要他们结合自身情况作出判断。选择和责任的主动权被交还给个体,也意味着人从"为他人而活"向"为自己而活"转变,个体从以往束缚他的社会中抽离并独立地开展行动[②],在建构自我的生活的同时也必须承担潜在的风险。同时,国家、社群不再为个体提供安全承诺,个体在越来越多的不确定面前更显得力不从心,其结果便是自由越多,焦虑越多。"在没有任何适当的知识基础的情况下,风险时代把作出关

---

[①] [德]乌尔里希·贝克、伊丽莎白·贝克—格恩斯海姆:《个体化》,李荣山、范譞、张惠强译,北京大学出版社2011年版,第28页。

[②] Bauman Z., *The Individualized Society*, Oxford: Blackwell Publishers, 2003, p.23.

键决定的重负强加在我们每个人身上,而这种决定可能影响我们的生存。"① 充满不确定性的现代社会赋予个体独特的教育焦虑体验,风险社会强化了个体、自由、选择和责任的关联,看似赋予个体选择的自由,却用责任限定了自由,因此呈现出自由的悖论:当人们脱离稳定秩序后获得了空前的流动性,其结果便是风险的蔓延,在解放幻象的背后则是更多不确定性的重新嵌合,社会不可避免地面临着"再风险化"的境地。风险打通了个体和群体之间的边界,群体性的教育焦虑体验就是在个体化情境中被建构的,是个体追求"不确定的自由"所付出的代价。教育焦虑体验之所以能从个体感知上升为群体共识,就在于风险语境下隐藏于个体解放幻象背后的同化机制。

(四) 群体观念的系统同化

现代人的焦虑往往有着具体的指向,但问题在于,个体性的焦虑如何转化为社会性的焦虑?焦虑如何从模糊转变为具体?阿兰·亨特指出了焦虑转化的两种机制——清晰与放大。个体的焦虑往往是模糊的、难以言表的,但他人在表达相似焦虑并用标签来呈现时,个体就会不自觉地认同并附和,从而强化焦虑的具体指向。比如,当家长在焦虑自己孩子的学习时,或许并不清楚为何而焦虑,但通过家长间的交流得知"海淀妈妈""顺义妈妈"的做法时,他们就会把孩子的学习和"鸡娃"、校外培训等相关联,从而明确自己焦虑的具体内容。当个体意识到焦虑的普遍存在并把焦虑表达出来,就会达成焦虑的共识,尽管每一个体的状况各异,但他们都能在焦虑这一主题中得到共识,从而用这一共识来解释自己的焦虑,反过来强化了群体的共识,最终放大了自身的焦虑②。可见,在清晰和放大两种机制的作用下,焦虑从个体情绪上升为群体的心理状态,这时候焦虑就能产生实质性的后果,如某个家长对孩子参加校外培训的焦虑只是一种个别行为,不会带来太大的影响,但如果家长都持有

---

① [德] 乌尔里希·贝克:《世界风险社会》,吴英姿、孙淑敏译,南京大学出版社2004年版,第103页。

② Alan Hunt, "Anxiety and Social Explanation: Some Anxieties about Anxiety", *Journal of Social History*, Vol. 32, No. 3, March 1999, p. 528.

这种观念，则会促成教育培训市场的转变，进而产生实质性的后果。

在个体化的社会背景下，"认同"的重要性被提到了前所未有的高度，人越是不被群体接纳，就越想获得群体的认同，因为群体为个人提供了安全感。对教育主体而言，教育焦虑是他们寻求认同的消极结果。迅疾的社会变化带来了已有价值秩序的解构，个体处于存在的孤立状态之中，不得不孤独地面对未来的不确定性、不可预料性，进而陷入了自我认同的危机之中。为了消除无意义感并寻求安全感，个体往往会选择依附权威或从众行为，以此逃避选择的责任。为了避免成为被孤立的"他者"，即使再不情愿的家长也会违心地投入激烈的教育竞争之中，努力让孩子在学业上占据优势。反之，孩子的教育成功能为自己的人生增添光彩，获得他人的肯定与赞美，是维持自我同一性的重要方式。因此，家长在孩子的教育上倾注大量的心血，认为哪怕是超出自身能力的代价也是值得的。

在学校、校外机构和家长等教育相关者的共同作用下，焦虑被冠以"努力""勤奋""上进"等正向的标签传递给学生，让他们采取"主动内卷"的学习行动。不可否认，学习需要积极的行动，但过于积极的行动却往往带来消极的结果，它不仅让学生陷入过度倦怠的状态之中，更有可能透支学生的未来。在现实中，学生往往处于不安定、不踏实的状态之中，即使付出了再多的努力，学习仍不是一件轻松的任务：对成绩较差的学生而言，他们必须付出更多努力才能赶上平均水平；对成绩较好的学生而言，他们不能有松懈心理，必须保持紧绷的神经，维持现有的优势；对成绩居中的学生而言，他们也需要继续努力，因为"学如逆水行舟，不进则退"，不追求进步就等同于退步。由焦虑驱动的学习行为看似是主动选择的，实际上仍是受外界权威压迫下的被动顺从，他们的抵抗也大多停留在象征意义上，难以产生真正的改变。因此，学生个体的学习活动就契合着外界的期待，但他却会自认为这是自己的想法，进而按照他人期待的方式来调整学习行为，之所以"我就是'你所期望的我'"，是因为只有通过与他人的期望趋同，人才会获得安全感，不再感到孤独[①]。这种做法尽管可

---

[①] [美]艾里希·弗洛姆：《逃避自由》，刘林海译，人民文学出版社2018年版，第170页。

以被当作逃避孤立和焦虑的方式，但却可能放大焦虑的负面后果。从俗仍然是一种逃避，它可能导致个人失去主体性并转而寻求外部力量为自我的行为提供意义支持，而当个体形成对外部秩序的依赖时，就会陷入更深的无助。在这一关系中，个体看似理性的行为最终导致了非理性的结果，教育焦虑就在该过程中被不断制造出来，并成为一种超越个体的群体现象。置身于全民教育焦虑的大环境中，个体的力量不足以抵抗体系化的外部力量，因此，他们既想通过占有更多资源来获得安全感，却又无力改变这一局面，于是就不得不被动卷入激烈的教育竞争之中。尽管个体会对愈演愈烈的教育焦虑现象心生怨愤，或是在潜意识内产生抗拒心理，但在需要作出行为改变的时候个体却往往会选择"自动从俗"（automation conformity）①，因为制度性、结构性的教育焦虑是不以个人意愿为转移的，它只会使个人的声音淹没在群体躁动之中，把个人同化为群体的一部分，甚至消解个人的批判意识，让个人成为教育焦虑的拥护者。当个人把教育焦虑文化内化为自身教育观念的一部分后，不但会失去对教育焦虑现象的准确判断，还有可能同化他人并排斥那些不太焦虑的个体，体系化的教育焦虑就是在教育主体的交往过程中被不断建构的。

作为当代教育病症的教育焦虑是现代社会的产物，其直接成因在教育，深层原因在社会领域，多重因素内外交织，使它呈现出复杂多变的面向。教育是社会的子系统之一，既有其独立性，也受到社会、市场、文化等因素的制约，因此，教育焦虑产生的因素包括观念、教育、家庭、市场、社会等方面。教育焦虑产生的思想根源在于功利主义教育观，教育的本质功能在于育人，但在社会加速变革的过程中，教育因其作为文化再生产的筛选机制成为获得阶层优势的重要工具，教育的工具价值被片面扩大乃至极端化，导致教育被功利主义观念所主导，进一步导致教育焦虑的产生。在当前教育发展水平相对不高的情况下，这种观念更是得到了进一步扩散，在教育资源结构性失衡、教育评价导向不科学的当

---

① "自动从俗"是弗洛姆提出的一个概念，即个人全盘接受文化模式所提供的人格类别，丝毫不差地变成所有其他人的样子，以及他们期待的样子。

下，教育改革难以在短时间内改变过度教育焦虑的现实，甚至可能引发新的焦虑形式。在教育公平的格局尚未真正确立的情况下，人们围绕优质教育资源而展开激烈的竞争，这也为教育焦虑的产生提供了行动基础，家庭成为一个教育竞争的基本单位，被卷入教育竞争的旋涡之中，使得教育竞争从校内转向校外。在家庭的现代化变革进程中，儿童观念发生了根本转变，社会通过塑造完美父母的角色期待来强化父母的教育责任，推动他们采取过度的教养策略，深度参与到子女的教育活动之中。深陷教育竞争旋涡的家长在难以达到预期的时候就会感受到深深的焦虑，家长的教育焦虑也会传递给教师和学生，让他们感受到新的教育焦虑。资本的介入重塑了教育生态，进一步助长了教育焦虑的扩散，校外培训机构和网络舆论把"贩卖焦虑"当作牟利的方式，推动了教育焦虑的传播和扩散。教育焦虑体现的正是当前时代的普遍心态，在充满不确定性的现代生活中人们往往能感受到无处不在的焦虑，具体到个人身上则表现为教育焦虑的情绪体验。当教育焦虑与生活相结合时，就会被合理化为一种生活方式，上升为群体共同建构的文化，这种教育焦虑文化一旦形成，就会将个体同化，使得教育焦虑呈现出群体性、结构性的特征。

# 第五章

# 当代教育的使命与可能

"全民教育焦虑"已构成当代社会的一项共识,过度教育焦虑也成为当代教育的普遍症候。群体性、结构性的教育焦虑是人们在社会生活中的生存焦虑在教育领域的集中呈现,又间接加剧了生存焦虑,使得教育焦虑嵌入社会结构并构成人们日常生活体验的一部分。因此,扭转病理性的教育焦虑,需要回归教育的初心和使命,重塑教育观念,深化教育领域改革,提升教育主体的专业素养,构建和谐的教育生态,在不断实现教育高质量发展格局的过程中实现焦虑的合理规制并将它转化为培养人的实践活动的不竭动力。

## 第一节 观念重构:反思教育与人的合理性

教育焦虑现象的复杂性使得学界和实践界存在诸多争议,这些论争凸显了它的存在危机,即教育焦虑是否正当合理、是否遵从教育运行规律、是否为情感和理性的交融,对这些前提性问题的反思是理解、解释乃至纾解这一现象的关键所在。正如美国科学哲学家劳丹所言,"二十世纪最棘手的问题之一是合理性问题"[1],合理性即"合乎理性地思考和

---

[1] [美] L·劳丹:《进步及其问题》,刘新民译,华夏出版社1990年版,第116页。

行动",关注的是实践的价值和意义何以可能,从而为人类实践提供必要的解释。这一理论视角为审视过度的教育焦虑现象提供了新思路,本书并不局限于指出教育焦虑的群体、焦虑的类型、焦虑的内容等问题,而是以逻辑演绎的方式在学理层面把教育焦虑作为事实与价值相统一的实质,论证其存在、演变和持续的正当性,最终引导教育在实践中与焦虑共存并形成实践理性。质言之,教育焦虑不仅是一个认识命题,更是一个实践命题,需要我们从教育作为培养人的实践活动的内在规律和价值原点出发,直面教育焦虑的事实本身,廓清教育焦虑存在的学理基础及其边界理性,才能审慎看待该现象并将其转化为教育实践的推动力,从而提升人在教育中的生存境界,拓展人自由而全面发展的可能性。

### 一 承认教育焦虑的合理性

教育与焦虑有着复杂的相互关系,教育和焦虑都是人在发展完善过程中的必然体验,教育活动中蕴含着焦虑,而适度的焦虑也有助于教育活动的展开。从现实来看,当下的教育在某些方面减少乃至消除了焦虑,却又在一些方面提高了焦虑的程度并创造了新的焦虑形式,让教育焦虑在不同时期、领域、主体间呈现出多种样态。阿兰·德波顿也警示我们,"生活就是用一种焦虑代替另一种焦虑,用一种欲望代替另一种欲望的过程"[①],焦虑是人在教育活动中的主体性的显现,决定了试图从根源上消除教育焦虑的做法必然无法实现,否定焦虑也就是否定教育和人的存在本身,教育焦虑有着积极和消极、肯定与否定、建构与重构的二重性,在作为培养人的社会实践活动的教育中,教育焦虑就有其存在的合理性,突出表现在它与人的发展构成了对立统一的关系,焦虑体验伴随着教育主体的能动实践而存在。

(一)客观实在与主观建构的统一

教育焦虑是个人主观意识的呈现,但它的形成离不开特定社会、历

---

① [英]阿兰·德波顿:《身份的焦虑》,陈广兴、南治国译,上海译文出版社2009年版,第196页。

史、文化的作用，教育焦虑又与个人禀赋相关，是客观实在与主观建构、被动影响与主动选择的产物。

当代人生活在一个高度不确定与焦虑的时代。① 吉登斯也承认，我们身处一个"焦虑的时代"，但相较于前现代社会，当下的焦虑并未增多，而是被感知到的焦虑增多了，焦虑的形式、内容、结构等都发生了根本转变，生存的焦虑逐步被存在意义的焦虑所取代。现代性附带的不确定性带来了本体性安全的终结，让个体生活在一个前所未有的风险社会中，人的生存面临着空前的威胁，何为存在、何以存在成为当代人不得不思索的具有终极意义的人生命题，人的这种存在状态不仅构成了现代生活的日常体验，更具有形而上的本体意义，正是它赋予了焦虑合理性地位。在变动不居的社会中，传统的身份、地位、财富都面临着解构的风险，而教育则寄托着人们抵抗未来风险的期望，体现着人们对美好生活的价值期许。当代人之所以对教育如此焦虑，就在于教育承载着过多的工具意义，它不仅是实现外在目标的手段，更是对人生价值的呈现。这种焦虑在中产阶层身上尤为突出，其原因就在于：在阶层固化的叙事结构下，教育投资无疑展示了一种阶层跃迁的可能，中产阶层家长主动建构内卷情境的背后映射出难以排遣的生存焦虑。应然层面的教育始终把人的生存放在首位，在有意识、有目的、有计划的活动中促使人实现从自然到自由、从不完善到成熟、从不确定性到渐确定性的蜕变，可以说，教育为人类化解生存焦虑指明了方向、提供了动力，教育寄托着人们超越生存焦虑、追求自身发展、建构美好生活的愿景和希望。但同时，教育活动并非孤立的，它是在社会实践和社会生活中完成的，离不开特定时代背景的影响，也会以自身的方式感知焦虑并予以回应。现代社会的生存焦虑延展到教育领域，解构并重塑了人在教育中的存在方式，自我认同的缺失、存在的无意义感、无根的漂泊感让人处于海德格尔所指的"无家"状态，焦虑成为人在教育活动中的最真切体验。在该意义上，教育焦虑既具备一般意义上生存焦虑（包括阶层焦虑、身份焦虑、

---

① Wilkinson Iain, *Anxiety in a Risk Society*, London: Routledge, 2001, p. 42.

价值焦虑等）的特征，是多种焦虑的集中呈现，又反过来作用于人们的生活世界，放大了现代社会的不安全感，它是一种当代人共同建构的现代性体验，又深刻影响着人们的社会生活。

教育焦虑是一种个人选择的结果。现代社会是个体化的社会，个人"越来越生活于一系列独立存在、相互重叠而没有缝隙的制度之网的世界"[1]，陷入了蒂里希所指的"存在的孤立"状态。这也使得个体获得了空前的自由，这种自由就是可选择的自由，即以赛亚·柏林所指的"积极的自由"。但选择的对立面是责任，现代社会把选择权交给了个人，也把应对选择的责任施加于个人，不确定性就在每一次选择中被制造出来，"选择—不确定性—责任"的耦合联结恰恰反映出当代人的生存悖论：既想在自由的前提下建构充满无限可能的未来，又试图规避潜在的风险。因此，焦虑就是人在作出教育选择时的必然产物，它彰显了人之存在的有限性与发展的无限性之间的辩证张力。教育焦虑则体现了人的这种主动建构性，它是教育主体在通过教育成人的过程中的附着体验，可以说，教育焦虑就是以主客体的统一为出发点和终点的实践活动的必然产物，是个体在追问、反思教育的意义之后升华的真切体悟，决定了教育焦虑体验有着鲜明的个人烙印。

（二）合目的性与合规律性的统一

罗洛·梅指出，焦虑与焦虑的应对是同时存在的，个人在焦虑体验的同时，对抗焦虑的保护机制也就启动了，同理，教育焦虑在带给人们身心痛苦体验的同时，也孕育着超越教育焦虑以及将它转化为积极作用的力量。在这一意义上，教育焦虑是合目的性与合规律性的统一，前者表明了它发生的必然性，即适度的教育焦虑有助于人的自我完善，后者则揭示了它的逻辑自洽性，即教育焦虑作用于人的发展的每一阶段，是外在尺度与内在尺度的结合、工具理性和价值理性的结合，是教育作为一项培养人的实践的价值呈现。合规律性意味着能动与受动的统一，即在充分认识和尊

---

[1] ［英］齐格蒙特·鲍曼：《被围困的社会》，郇建立译，江苏人民出版社2005年版，第24页。

重客观规律的基础上发挥个体的能动性,从而把作为消极体验的焦虑转化为教育实践的积极要素,推动受教育者"成其所是"。

克尔凯郭尔把焦虑看作人生的教师,越焦虑的人越伟大,焦虑是个人自我成熟的积极标志[1]。相应的,应对教育焦虑的能力则标志着自我完善的程度,从个人发展的角度来看,教育焦虑与个人发展是对立统一的辩证关系。教育焦虑始终离不开人的存在,人们之所以对教育感到焦虑,就在于教育独特的创造性,教育使人成为完满的人,"人的天性将通过教育得到越来越好的发展,而且人们可以使教育具有一种合乎人性的形式。这为我们展示了一种未来的、更加幸福的人类的前景"[2]。也只有从人的立场来认识教育焦虑,我们才能理解它对于人的本体意义。教育总是处在复杂的社会背景之中,受到不同程度的外在因素的制约,但教育有其独特的发展规律和内在规定性,决定了教育不能沦为外在因素的"应声虫",作为培养人的活动的教育是促进人类历史发展的积极力量,应时刻保持教育的独立性,把人看作目的而非手段。正是出于对人的存在的关注,教育才能有终极意义的追求,它不仅关注人的存在,更引导人反思自身的存在,教育使人成为完整的人,但在这一过程中的人却不可避免地面临着自身存在的矛盾:人们对未来的教育成就怀有较高期待,但却要忍受着现实教育情境中的多重压力;人们渴望通过赢得教育竞争来满足自身的欲求,但竞争却带来了空虚和无意义感;人们对自己的能力充满信心,但却可能在变动不居的社会环境中发现自己无能为力。而当人们在体验、反思教育焦虑时,就会意识到自身作为有限存在的事实,人并非如想象的那般自由,而是处在多重的束缚之中,因此,教育焦虑是教育主体作为人的存在焦虑,它是人反思自身存在的结果。教育焦虑存在于教育主体在教育活动中的不同阶段,在教育"使人成为人"的过程中,焦虑就发挥着重要的推动作用,这就需要在认识和把握

---

[1] Benjamin B. Wolman and George Stricker, *Anxiety and Related Disorders: A Hand Book*, New York: Wiley, 1994, p. 60.

[2] [德]伊曼努尔·康德:《论教育学》,赵鹏、何兆武译,上海世纪出版集团、上海人民出版社2005年版,第5—6页。

教育客观规律的基础上追求真理和价值、目的和手段的统一，从而通过实践来达到既定的目标，引导学生在焦虑体验中建构自我的发展境况。适度的焦虑能让个体觉察到自身的问题并提供行动的动力，焦虑的教育主体虽然有一定的痛苦体验，但情况尚处在可控范围内，对焦虑的反思能促使教育主体整合自我，重新发掘教育对于自我的意义。过度的焦虑则会导致教育主体不堪重负，陷入内耗状态，超过合理边界的教育焦虑才是我们应当克服和纾解的，而这取决于主体的反思与行动。学生的发展就是在与教育焦虑共存的基础上，在寻求调适方法的过程中不断实现的，在这种动态平衡中，教育焦虑才能发挥其建设性功能，成为人的自我实现的必要手段，教师、家长等相关主体也能在教育活动中建构自我的发展境遇，拓展人性丰盈的可能。

（三）真、善、美的统一

教育是一项追求真、善、美的实践活动，陶行知指出："教育者不是造神，不是造石像，不是造爱人，他们所创造的是真善美的活人。"[①]真、善、美的统一是教育活动的永恒追求，其失败的体验便是教育焦虑，而在特定情形下，教育焦虑又能促使人们追求更高层次的真、善、美，从而转化为一种建设性力量。

教育求真表现在教育始终关注人的生存境况。教育以成人为己任，不仅要使人掌握必要的知识、技能，更要让人拓展物质世界之外的精神世界，在生存的同时追问生存的意义，提升自身的精神品质。当人在教育活动中的无意义感加剧时，教育就陷入了"无根"的悬浮状态，教育焦虑的程度也就相应加剧，它是教育目的、价值、功能等偏离的信号，警示着人们积极行动以回归教育之真，摆脱功利化、工具化思维对教育价值的侵蚀。求真与守真是教育的终极理想与境界追求，教育焦虑则引导教育回归其本真存在，坚守教育的价值原点，启发人发现并实现自身的存在意义。

---

① 华中师范学院教育科学研究所主编：《陶行知全集》（第三卷），湖南教育出版社1985年版，第509页。

教育向善表现为教育始终关怀个体的生命，理解这一点需要在人与教育的关系中加以把握，它表现为人的需要在教育中得到满足的程度。从结构来看，教育之善包括知识传授、促进学生身心发展、文化传承、服务社会等，而其中最高级的善则是促进人性的完善。亚里士多德把幸福作为最高的善，最高的善也就是终极的、不可被超越的善，终极的善是唯一的目的，也是终极的目的①。追求人性完善是教育的终极目的，除此之外没有别的目的，善的对立面就是非善，教育焦虑则标志着人性非善的程度。在这一意义上，教育焦虑就是对教育赖以存在的价值的威胁，它预示着人性的高贵、教育的尊严正处于危机之中，这时的教育焦虑的破坏性就会被放大。此外，它还能激发人们匡正教育价值、变革教育方式的内在动力，为人们指明了克服并超越当下教育局限性的方向和路径。教育焦虑实际隐藏在教育追求终极善的理想之下，是教育走向至善的推动力。

教育趋美表现在教育始终引导人的生命向往更高的境界。美建立在教育求真和向善的基础上，是教育活动及其成果对人的充分肯定，教育的美表现为人的美感，即"没有什么是美的，只有人是美的"②。教育之美充分肯定了人的本质的丰富性，展示了人的主体性、创造性、能动性，这是人之自由的象征，教育活动必须遵从美的规定性。焦虑与美都是教育的一种特性，教育焦虑是教育之美的一部分，又是美的对立面，二者是共存的关系。教育的和谐秩序产生美，但当它处于混沌、无序的状态时，教育焦虑就会产生，并刺激人们发现美、激活美、创造美、分享美，在教育实践中实现审美化生存。

## 二　把握教育焦虑的限度

作为社会现象的教育焦虑在日常生活中往往被视作刻板印象，人们或是对此感到莫名的不安和恐慌，或是感到无能为力，甚至赋予其污名

---

① ［美］摩狄曼·J·阿德勒：《六大观念：真善美、自由、平等、正义》，陈珠泉、杨建国译，团结出版社1989年版，第96页。

② ［德］尼采：《偶像的黄昏》，卫茂平译，华东师范大学出版社2007年版，第134—135页。

化的称谓，这无益于应对过度教育焦虑的现象，反而会放大其消极后果。尽管教育焦虑是一种消极的情绪体验，但即便如此，"我们必须坦白地承认和面对这种危险的状态，无论是从个人方面还是从社会方面都要承认和面对"[1]。唯有确立"存在的勇气"，只有直面根源性问题，在承认教育焦虑的合理性基础上，关怀人在教育活动中的生存处境，进而探寻纾解焦虑情绪的可能路径，才能维持"有意义"的焦虑，最终实现教育焦虑的积极转向。

(一) 廓清焦虑体验的合理性边界

边界是对场域的界定，目的在于确定一个事物与其他事物的区别[2]。客观而言，尽管焦虑情绪不可根除，但我们可以通过焦虑管理使它保持适当的水平，让焦虑成为"增加我们觉察、警戒和生存热情的刺激"。适度的教育焦虑是正当且合理的，能够激发和维持教育主体的成就动机，反之，教育焦虑或多或少都会影响教育主体的行为选择，放大其消极后果。如日本的宽松教育力图为以往注重知识灌输的教育松绑，在一定程度上舒缓了民众的教育焦虑情绪，但却造成了教育质量下降、学生竞争力不足的后果。这一改革措施对中国的启示在于，尽管当前中国的"双减"政策意在为过度的教育焦虑退热，但并非要让学生处在毫无压力的状态中，只有在坚守培养学生的基本能力、素养的前提下探索通过教育改革创新提升教育质量的可能方式，才能实现"减负提质"的既定目标，从而让教育主体与焦虑共存，以适当的焦虑情绪推动教育高质量发展。教育焦虑在合理的层面上有着清晰的边界，明确这一点，是开展教育行动的前提。

教育焦虑在"质"和"量"两个维度上存在差异。就群体内部而言，不同的教育主体所能感知到的焦虑及应对焦虑的能力是不同的。一般而言，教师、家长对焦虑的承受能力要强于学生，教育焦虑对他们造成的负面影响也要更小，因此也更容易调适与转化。为此，在应对教育

---

[1] [美] 罗洛·梅：《人的自我寻求》，郭本禹、方红译，中国人民大学出版社2008年版，第23页。

[2] 吴黛舒：《何以为限：关于"教育边界"的思考》，《教育发展研究》2020年第8期。

焦虑的方式上既要体现个体差异，又要寻求价值共识，在协作中把握焦虑的限度，这需要在不同主体（包括教育行政部门、学校管理者、教师、家长、学生等）之间寻求价值和理念的共识。以学习为例，对心志坚定、一心向学的学生而言，焦虑的积极作用占主导，他们能把焦虑转化为学习动机，让自己处于精神亢奋的状态中，教师则应疏导和缓解他们的压力，引导他们适度地放松身心。而对于内心脆弱、学习积极性不高的学生，他们更容易感受到焦虑的消极面向，教师则应通过给予鼓励、降低期待、降低任务难度等方式，提高学生的获得感。总之，教师的任务就是帮助学生保持适度水平的焦虑情绪，针对不同特质的学生维持焦虑的梯度性，让每个学生都能保持与其自身特质相匹配的学习动机。家长、教师、教育管理者等相关主体的教育焦虑最终需要通过学生的学习效果来体现，因此，需要围绕学生身心成长建构家校社协同的场域，在廓清家庭教育和学校教育的职责边界基础上形成教育合力。在现实中，由于社会环境的风险性、教育情境的复杂性、个体的异质性等特性不断增强，教育活动的不确定性日益凸显。因此，教师、家长、学校管理者等相关主体都应形成合作关系，在教育目标、价值、方法等方面达成广泛共识，形成共同参与、共同治理的格局，在积极的教育行动中维持学生的焦虑水平，激发其向学、好学的内在动机，自我则应积极调适，摆脱焦虑的不利后果，而这不仅需要个人的智慧，更需要在实践中积累经验。

（二）关怀教育活动中的个体生命

尽管在群体意义上，过度的教育焦虑在短时间内很难得到根本扭转，但在个体意义上，抓住教育的时机，个人能将外界的不利影响减少到最小，在自我体认的同时提升生存境界。

现实地看，尽管社会层面的教育焦虑难以在短时间内得到有效缓解，但在个体层面却可以通过积极的行动来扭转教育焦虑的消极面向。克尔凯郭尔就曾设想在虔诚的信仰中趋向"超越性的焦虑"，这也启发着我们，能否让教育如终极关怀那样关涉具体的人，让个体生命在焦虑体验中抵达更高的生存境界。显然，在当下价值多元、各种思潮交织的时代里，重申教育的理想追求、价值立场尤为重要，有必要重提教育的人文主义精神。为教育而焦虑的人恰恰展现的是理性的自负，在这一过程中，自然的教育逐步被机械化的教育所取代，现代教育一片繁荣的假象背后恰恰隐含着生命的消弭、人际关系的冷漠和精神的空虚。通过强调竞争和现实目的而获得的成就感只能满足徒有其表的欲望，因为它建立在牺牲体验和戕害生命的基础上，更湮灭了个体生命的超越向度。教育理应成为个人的信仰，成为个体生命整全的一种必要途径，这并非克尔凯郭尔所指的宗教信仰，而是人生意义上的信仰，一个完整的人必然是接受过教育的，而教育所要面对的是鲜活的人。只有始终对教育怀有敬畏之心，以"存在的勇气"去直面教育过程中的可能后果，个体才能在肯定自我生命主体性的基础上建构属于自己的教育方式，从而克服自身存在的有限性所带来的焦虑，在充满创造性的教育活动中丰富自我的内涵。

教育建立在情感联结的基础上，愈演愈烈的教育焦虑则揭示了情感的失语。内卷式的教育本质上是排斥他者的竞争，少数人胜利的代价是多数人的失败，这种充斥着功利主义理念的教育把学生异化为以获取成绩为学习目标的"劳作生物"。过度焦虑的教育是无爱的教育，人成为实现特定目的的手段，学生成为被数字主宰的单向度人，这样的教育只能培养被物化的人。教育是对学生的生活意义和生命价值予以人文关怀的领域[1]，注重个体精神的滋养，始终把生命的整全看作终极的价值追求。具体到教育过程，则需要教育行政部门牵头，协调教研人员、学校管理者及各学科教师共同参与到教育教学方式的变革过程中，以学生的兴趣和需要为出发点，将真实的情境代入课堂组织，让学生能切实感受到知识与生活的联结。在这一过程中，知识不再是以机械、重复的形式灌输给学生，而是以更为灵动的方式呈现出来，让学生能通过表层的语言符号学习感知背后的情感、理念、精神等丰富的内涵，从而实现知识与个体生命的相遇，抵达生命自觉、成长和升华的新阶段。当然，这种变革建立在尊重学生主体性的基础上，既需要教育者有意识地引导，更

---

[1] 沙洪泽：《教育——为了人的幸福》，教育科学出版社2005年版，第135页。

需要家长、管理者、学生等群体的参与，多方主体的协作是这一目标的组织保障，探寻落地实施的具体措施则需要在实践中加以验证。

理念最终都要落实到个体行动的层面上。躺平无法消除焦虑，相反，一味地躺平不过是逃避自我责任、自我欺骗的表现，只会助长教育焦虑对个体的危害。只有直面教育焦虑，在积极行动中才能消除教育焦虑对个体的消极影响，并将它转化为促进自我成长和完善的动力，健全的个体是能在躺平与内卷的张力中不断寻求适应自身学习节奏、不断提升自我生存境界的个体。个体的价值不仅要通过他人的肯定来体现，更要在自我肯定的过程中不断实现，既要他证，更要自证。这也意味着，个体不仅要向外竞争，更要向内超越，以超越不完善的自我为目标，这种竞争是发自内心的、建立在体认自我基础上的竞争，是超越功利化的良性竞争。具体而言，学生个体应坚定教育理想，在学习中不断深化对自我的认同，主动探寻创造性的学习方式，减少无意义的内耗。这种行为转变建立在体认自我、反思批判的基础上，要求个体提升思维品质，提高精神追求，在超越教育焦虑的同时寻找新的生长点。如心理学的认知疗法、系统脱敏法、放松疗法等，都可以为纾解个体过度的教育焦虑提供一定的参考。

（三）重建教育主体的本体性安全

教育是一项情感实践，情感是教育的价值原点，也是维系教育关系的基础，当这种情感被理性所取代时，教育焦虑就会滋生。实际上，教育焦虑揭示了人在教育中的情感缺失。过度的竞争强化了人与人之间的敌意，不断加剧的个体化现象消解着自我同一性，风险的扩散放大了个体的不安全感，人们在制造理性神话的同时，却弃情感如敝屣，其结果便是人在教育中的失落。在日益焦虑的教育背后恰恰体现出当前时代冰冷的、无爱的教育，这种教育只能培养残缺的、病态的甚至异化的人。完整的教育，应当使人成长在一个安全、有爱、关心人、尊重人的教育环境之中，让人在健全的教育关系中感受正常的焦虑，在有温度的教育活动中确立本体性安全。

首先，需要构建健全的教育关系。人的存在是矛盾的，既要寻求与

## 第五章 当代教育的使命与可能

他人的接近,又要追求个人的独立;既要寻求与他人的结合,又要设法维护个人的唯一性和特殊性①。正因如此,健全的教育关系才能让人克服存在的有限性,达到一种更高的发展境界,这意味着教育不仅要把人的生存放在首位,更要引导人进行自我超越。在伦理上,要形成一种生存取向的文化环境,要求各教育主体和谐共生,开放内心去接纳他者的存在。自我的存在要在他者的共在中实现,他者不是自我的威胁,相反,他者能激活自我的生命活性,成就我的存在。在行动上,要求人们摒弃二元对立的观念,在竞争中寻求协作,以制度来规范竞争行为,对竞争行为作出引导和规约。在组织上,要求教育主体在对话中增进理解,在价值共识的引领下达成行动的一致,如学校、家庭和社会应紧密达成学习的共同体。在教育焦虑体验中,个人不再是旁观者,而是在协作中形成利益共同体,并在反身性的实践中凝聚成应对教育焦虑的向心力。

其次,需要构建积极的教育信任。吉登斯指出,儿童投射在看护者身上的信任,是一种抵御焦虑的情感疫苗。对抗焦虑的动力就隐藏在儿童早期的教养活动中。家长充满关怀与爱的教养方式能使其与儿童形成坚实的信任关系,建立儿童初步的本体性安全,并在他们心中种下抵抗焦虑的种子。而在学校教育阶段,师生、学生间的信任关系建立在"共同在场"的基础上,这种在直接交往中形成的信任关系有助于学生存在感、归属感、意义感的获得,并在集体生活中消除过度的焦虑情绪。在儿童成长的过程中,这种积极的信任关系能减少不确定性带来的负面影响,维系儿童身心成长的连续性,让焦虑成为一种持续的生产性动力。

最后,需要构建良性的竞争文化。超越教育焦虑,需要肯定教育自身的批判性、创造性、超越性向度,坚守"为人"的根本教育立场,构建良性的教育竞争文化。首先,需要厘定教育竞争的伦理属性。竞争是塑造现代教育形态的重要力量,是个体通过教育自我实现的重要方式,但它是有条件、限度和边界的,为此,需要从伦理层面框定教育竞争的

---

① [美]埃·弗洛姆:《为自己的人》,孙依依译,生活·读书·新知三联书店1988年版,第103页。

合理性及其限度。教育竞争建立在以人的个体自由、平等为共识的基础上，始终以人的发展为导向，竞争不能以损害他人或群体的利益为代价，个体的发展不能损害他人发展。其次，需要营造公正的竞争环境，规范教育竞争行为。教育竞争依托的环境有广义和狭义之分，相应地要求在社会领域中营造公平竞争的舆论环境，在学校中创设有利于学生自由、个性化发展的氛围，激发学生的创造性和生命活力。优质教育资源的相对不足是造成内卷化竞争的根源，因此，在教育资源无法短期增多的前提下提高教育资源的有效供给，应优化教育资源的配置，满足教育主体的多样化需求，做到实质均衡。同时，可通过颁布政策文件、法律法规、指导意见等形式，引导相关主体的教育竞争行为，并对偷跑、抢跑等违规行为开展综合治理，维护教育竞争的正常秩序。在现实中，这种治理往往是以复合形式出现的，多主体、多维度、多层次地开展治理措施。最后，需要积极寻求教育主体间的合作，重构现有的竞争文化。教育的复杂性决定了教育并非通过个体实现的，而是在个人与他人、社会所建立的联结中才能实现，教育需要他人的共在。合作并非排斥竞争，而是希望在去内卷的同时重构良性的竞争文化。在合作中，各教育主体是共生共在、互相依存的理性的非排斥关系，只有共同参与、共同行动，才能遏制内卷化竞争的蔓延，重建健康的教育生态，实现自主的系统联动。合作的主体包括学校、教师、家长、学生等，合作既可以在同一主体间实现，也可以在不同主体间实现。合作的前提在于对教育价值的共识，即对教育的目标旨趣，在知识的增长、心智的健全、品格的完善、精神的丰盈等方面达成共识，通过多样化的教育手段拓展个体发展的可能性。合作的完成需要相关主体的积极行动，在合作中建立互相信任的关系，实现个人与他人、社会的关联，重建人与世界的共鸣关系。

## 第二节　积极行动：深化教育领域综合改革

应对病理性的教育焦虑，亟需教育领域的综合改革，以制度重组、结构调整和政策改善等方式变革教育，最终实现教育生态的优化调整。在制定教育政策时，应注重政策的连续性，确保政策能稳步推进，真正发挥其对教育发展的引导作用。

**一 优化教育资源配置**

进入新时代，家庭对优质教育资源的需求与不平衡不充分的资源供给之间的结构性矛盾是引发教育竞争的根源，这种对教育资源的争夺引发了家长的过度教养与孩子的高强度学习，使得教育环境被焦虑情绪所占据，最终陷入内卷化发展困境。优质教育资源不足既有客观事实的一面，又有教育主体主观感受的一面，在教育资源从绝对不足转向相对不足的当下，应优化教育资源的均衡配置，提升教育主体的获得感。

（一）提高优质教育资源供给

教育资源指教育所需的人力、物力、财力等各项资源的总和，优质教育资源的相对不足是引发教育焦虑的根源，因此，要从供给端入手，由政府牵头确立政府、市场、社会、学校等主体在内的优质教育资源供给体系。坚持政府在教育资源供给体系中的主导地位，充分发挥政府的宏观调控作用。政府是教育服务的主要提供者，应加大资金、物资等投入，不断改善学校教学条件。在这一过程中，应利用好市场的调控作用，实际上，市场在教育资源供给体系中的调控能减少资源浪费，提高利用效率，为政府的资源投入提供辅助。但同时，也要谨防过度市场化、资本化对教育的侵扰，如若任由资本无序扩张，则教育可能沦为攫取私利的工具，进一步加剧教育焦虑。因此，政府要加强对市场主体的监管，通过营造秩序井然的经营环境、规范经营行为、打击违法经营活动等，确保市场能在合法、合情、合理的范围内发挥其教育资源供给的功能。此外，社会是教育资源的提供者，应广泛吸收社会力量，依靠社会提供的公共资源改变优质教育资源不足的局面。因此，要鼓励、引导社会力量办教育，放宽办学准入条件，针对一些符合条件的企业、单位、社会组织等可通过政府购买教育服务的形式，补充教育资源。例如，可强化社会力量与学校的联动，利用好图书馆、博物馆、科技馆、天文园、公园、少年宫等公共资源，为学校的教育活动提供校外支持。在学校层面，应继续做好学校基础设施建设，整改、扩建学校的现有场地和设施，在完成校区标准化建设的同时，也要注重软件设施的提升，提高师资水平，提高设备利用效率，创设和谐校园文化等，实现学校教育资源的优化提升。

在扩大优质教育资源来源的同时，也要优化资源配置，缩小地区、城乡、校际、学段之间教育资源的差距。政府可通过教育财政补贴的形式，补齐偏远地区、乡村地区的短板；通过名校带动和教师流动实现教育资源的空间匹配，带动区域教育发展水平的整体提升；促进民办教育发展，补充公办教育资源的相对不足，等等。总之，只有扩大优质教育资源的供给，实现均衡而高质量的教育发展，才能满足家庭"上好学"的意愿，从源头上减少因落后恐慌而引发的抢跑行为，回归教育的本真追求。

### （二）探索学校特色发展道路

随着义务教育均衡发展目标的基本实现，社会对多样化、个性化的人才要求也越来越高，如何培养符合时代要求的人才成为教育发展不可回避的议题。历史地看，改革开放以来中国义务教育发展经历了从注重效率的重点化战略到致力于公平的均衡化战略再到兼顾公平与效率的特色化战略的流变，"特色化"已成为新时代义务教育改革、发展的新方向。从重点化、均衡化再到特色化发展，体现的是教育资源从外部配给向内部生成的转变以及资源主体从行政部门主导向学校自主的转变，学校成为教育改革发展的最主要分析单位[1]。学校的特色化发展能够提升学校的影响力，从而为学校吸引更多外部资源，而外部资源的持续输入能为学校的持续发展创造条件，在这种循环中，学校得以走上良性的可持续发展道路。在价值取向上，特色化发展与均衡化发展都注重教育机会的公平，但不同之处在于，特色化发展意在为学生提供多样化、多层

---

[1] 范涌峰、宋乃庆：《从重点化到特色化：改革开放40年义务教育的战略走向——公平与效率的视角》，《中国教育学刊》2018年第11期。

次、可选择的机会，在追求均衡的基础上寻求高质量的发展，因而是超越了一般意义的"有差异的平等"。在发展方式上，特色化发展方式意在发掘学校和所在社区的潜在资源，将当地特殊的自然资源、历史文化资源转化为学校课程，提升学校的文化品位，为基础薄弱的学校提供了弯道超车的机会。同时，特色化发展学校还能为当地学校发展提供示范作用，从而带动区域教育质量的整体提升。总之，特色化发展是一种超越"效率"与"公平"二元区分并将两种价值有机融合的发展方式，为构建新时代教育高质量发展体系提供了一条可行路径。

学校发展的特色资源来源于对内部和外部环境的认识，在对外部环境有整体把握的基础上，将所处地区独特的文化资源融入学校的育人目标、课程设置、文化建设之中，使得学校的内部资源与外部资源之间形成良性的互动关系，从而形成学校特色化的发展方式。

（三）推动教育资源数字转型

以大数据、人工智能、5G、云计算、元宇宙等为代表的数字技术正在重塑我们所处的世界，带来了生活方式的根本转变，也深刻改变了教育的样态。教育数字化转型方兴未艾，新冠疫情爆发后在线教学的常态化推动着教育数字化转型的进程。这一点在国家政策中也得到了体现，如2018年发布的《教育信息化2.0行动计划》、2019年发布的《关于促进在线教育健康发展的指导意见》、2020年发布的《2020年教育信息化和网络安全工作要点》等文件都提出要加快教育信息化和数字化建设。利用互联网平台加快推进教育资源的数字化转型，能打破时间和空间的界限，实现人与人、人与物、物与物之间的一体化，有效缩减区域、城乡、校际之间通过常规方式难以解决的资源差距，不同学校之间可共享优质教育资源，实现优势互补，合力提高办学质量。数字化教育资源重塑了学生的学习方式，让学生能在虚拟空间中接触到现实世界中难以触及的教育资源，满足了自身多样化的学习需求。

在现实中，需要由"政府主导、多方联动"搭建共建、共治、共享的教育资源数字平台。在数字平台建设方面，应加快推进教育新基建进程，加快落实数字化校园建设，确保校园网络和多媒体设备等硬件设施符合标准,确保每所学校都能建设校本数据库并及时更新数据。在数字平台共治方面,应运用好法律法规、平台规则、用户反馈等手段强化对数字平台的监管,确保数字平台能顺利运行,同时也要针对教师的数字素养开展定期培训,提高教师运用数字技术开展教学、管理、教研等活动的能力。在数字平台共享方面,应确保优质教育资源面向教师、学生、家长、管理者及其他社会成员等免费公开,同时也鼓励其他主体上传、分享在线资源,如教材、教案、教学心得、课件、作业库等。"共建、共治、共享"是教育资源数字平台建设的基本原则:共建是指多元主体都能参与到教育资源的建设中,确保资源的丰富性和多样性;共治是指在合情、合理、合法的范围内维系数字平台的有序运行,确保教育资源的可靠性;教育资源的共享意味着学生学习机会的扩大、教育创新的发生、教育公平的真正实现,这是对传统教育资源配置方式的根本超越,也指明了未来教育资源配置的新方向。

总之,通过拓宽优质教育资源的供给来源,创新优质教育资源的供给方式,探索学校特色化教育资源的开发利用方式,有助于形成教育资源的多元供给格局。在这一基础上,不断优化优质教育资源的均衡配置,满足人们多样化的需求,是实现教育高质量发展目标的长效机制。

## 二 完善教育结构体系

在加大优质教育资源投入的同时,也要改善教育结构体系。总体来看,教育结构体系改革的方向是搭建一个纵向有衔接、横向有沟通、进出有弹性的立交桥式的教育结构体系[1]。从纵向来看,这种教育结构体系能加强各学段之间的联系,厘清各学段教育的功能定位,服务于人才培养的目的;从横向来看,这种教育结构体系能促进各级各类教育的沟通,实现普通教育与职业教育的融通发展。

(一)加快招生考试改革

从教育改革发展的历程来看,中高考制度作为选拔性考试在促进社

---

[1] 崔保师、邓友超、万作芳等:《扭转教育功利化倾向》,《教育研究》2020年第8期。

会流动、维护社会公平方面发挥了积极作用,然而随着社会经济的快速发展,中高考制度也日益呈现出消极的面向,成为增加学业负担、引发教育焦虑的来源。因此,招生考试改革势在必行。

一方面,要延迟中考分流,即从依靠中考和高考进行二次分流的方式转变为依靠高考一次分流的方式,削弱中考的人才筛选功能。各级各类教育有着不同的功能定位:基础教育重在为孩子的成长奠定基础,为其终身学习和参与社会生活打下根基;高等教育和职业教育是孩子掌握知识和技能、进入社会生活所必须经历的阶段;继续教育则是在职人员的自我提升方式。随着社会对劳动者要求的提升,年轻一代接受高等教育或职业教育再进入劳动力市场已成为一项共识,作为人才选拔方式的中高考制度也必然迎来改革。推行以学业水平考试为主、综合素质评价为辅的招生考试制度,通过减少和规范考试加分、完善和规范自主招生、完善高校招生选拔机制、改进录取方式等方式,摒弃"一考定终生"的单一标准,真正做到以考促学、以考定教、以考促能,发挥中高考对人才培养的正向功能。

另一方面,要改革考试内容。现有的中高考只能反映出学生的学业成绩,无法反映学生的综合素质,遑论全面发展状况,这种单一标准也难以发挥教育促进人才培养的应有功能。因此,要注重对学生综合素质的考查,扭转用分数评价学生的做法。在考查内容上,除学业成绩外,还要重点关注考查学生的思想品德、身心健康、社会实践、审美旨趣等内容,根据学科内容确定德智体美劳全面发展的内容,加强对体育、劳动、美育等方面的考查,增加实验操作、外语能力测试等考查内容。坚持以学定考,体现基础教育课程改革的要求,从考查学生记忆、机械训练、死记硬背的应试内容向考查学生的综合素质与能力转变,以多样化的试题形式、开放式的命题思路、适度的考查难度来确定考查内容,从而真正发挥中高考对教学的正面引导作用。在考查方式上,应重点关注学生成长过程中与综合素质发展相关的活动,如学生参加义务劳动、社会实践、志愿服务等活动都可被归档记录。为确保综合素质评价的可靠性,应注重记录过程的规范性、真实性,记录材料应及时公开,且要注重档案的数字资源转化，为管理和监督提供便利。

(二) 促进普职教育通融发展

长期以来，职业教育在中国教育体系中的地位被边缘化，甚至有被普通教育所取代之势，职业教育与普通教育割裂的结果便是大量学生涌向普通教育的"独木桥"，加剧了人才培养的结构性困境。纾解教育焦虑情绪，要实现普通教育与职业教育协调发展，分层分类培养多样化的人才，满足国家、社会和个人在不同层面和结构的人才需要。普通教育与职业教育的融通发展势在必行，这一点可借鉴国外经验。以德国为例，德国在数十年的教育改革中已探索出双向贯通、交叉结合、趋同融合三种融通模式，尽管国情、教育制度等因素决定了中国不可照搬这些经验，但我们仍能从中得出启示：一是要在发展高质量职业教育的前提下试行多元制模式办学；二是采用基于资格而不是统考的过渡模式，做到毕业证与培养学校脱钩；三是需要教育决策者制定科学合理的宏观政策引导和支持[1]。

首先，去除对职业教育的"刻板印象"，正确看待职业教育在教育体系中的地位，确立多元成才观。现代社会的发展需要多元人才，每一个行业的从业者都能通过劳动创造社会财富，实现个人的价值，这是搭建人才培养体系"立交桥"的前提。教育分流是选择而非淘汰，有利于社会与个人的发展诉求相结合，实现资源配置的帕累托最优，进而破除内卷化困境。为此，要从国家、社会和个人层面转变教育发展观念：国家要出台相关政策法规，为职业教育的长效发展提供法理依据，为职业教育正名；社会通过媒体宣传为职业教育发展创造有力的舆情环境，以校企合作、资金投入、设置荣誉制度等形式，吸引社会各界对职业教育的投入；个人也应制定自我规划，转变择业观和教育观，明确自身的发展定位，根据个人兴趣、能力、禀赋选择合适的教育轨道。

其次，探索普职横向融通方式，打通普职转化通道。淡化普职二轨

---

[1] 孙进、郭荣梅：《双向贯通 交叉结合 趋同融合——德国职业教育与学术教育融通的三种模式》，《中国高教研究》2022年第2期。

分流的方式，促进高中多样化办学，为学生开设普通课程与职业课程，采取课程互选、学分互认、学籍互转、双向流动等形式，让学生能在普通轨和职业轨之间及时转换。课业成绩较好的职业轨学生可转向普通轨，普通轨的学生也可转向职业轨，打破普通轨和职业轨的壁垒。在学校课程设置方面，完善必修课、专业选修课、通识课程在内的课程体系，既为有志于升学的学生提供体系化的学术知识，又能为有志于就业的学生提供系统的职业培训，需求不同、发展方向不同的高中生在综合高中内均能发掘自身的兴趣点，选择最适合自己的课程轨道。同时，学校可根据社会经济发展的需要，开设多样化的选修课，满足学生的多样化需求。

最后，实现普职教育的纵向融通，提高职业教育办学水平。借鉴国外经验，通过试行职业本科教育、学历认证、职教高考制度等措施增进职业教育各学段之间的联系，打破职业教育升学的天花板。推动职业教育师资队伍建设，通过大力培养双师型教师、推动普职教师双向流动、鼓励教师交流深造等方式，打造一支高水平的教师队伍。同时，以高质量教学为抓手，刻苦钻研，着重培养学生的专业技能和综合素养，吸引更多学生报考职业院校，最终实现普职招生比例大体相当的目标。

### 三　引导教育减负提质

学校不仅是传承文化的场所，也是开展教育教学的场所。"双减"政策重构了中小学教育的发展格局，强化了学校作为育人主阵地的定位，指明了家庭、学校、社会共育的新格局。在校外培训机构大规模缩减、转型的情况下，家长对子女教育的期待被转移到学校内部。学校若能提供高质量的教学活动，满足学生多层次、多样化的需求，家长自然不会过于倚重校外培训。如此，在给孩子减负的同时也能减少教师非必要的工作，提高育人质量，这无疑对学校的教育理念、教师的教育能力和课后服务水平提出了更高的要求。为此，学校层面应充分理解"双减"政策作为长效性政策的战略意义，聚焦立德树人的根本任务，系统推进"双减"政策的各项要求，处理好减负与提质的辩证关系，构建高质量教育体系。

### (一) 提高教学质量

落实"双减"政策,要以课堂教学为主,转变教学方式,提高教学质量。教师是践行"双减"政策的关键角色,教师素质直接关系学生培养的质量,从现实来看,教师教学能力不足是阻碍"双减"政策实施的一大原因[①]。作为教师,应结合"双减"政策要求,着力提升自身的核心素养,加强学界前沿理论的学习,更新知识体系,努力提升理论水平。同时,教师应潜心钻研教材教法,开展教学研修,改进教学方式方法;多阅读,多思考,多反思,不断积累教学经验;转变教学理念,突出学生在学习中的主体地位,关注学生的个性化发展以及创造力和思维能力的培养。学校应给予大力支持,鼓励教师开展校本教研活动,如开展教学竞赛活动、教学经验交流会、新老教师帮扶活动等,切实提高教师教学能力。在课堂教学实践中,教师应摆脱已有的教学惯性,引导学生提高掌握知识、运用知识、解决问题的能力。在具体的教学情境中,在掌握课标要求和教材内容的基础上,教师应根据教材和学情设置合理的教学方案,充分利用好课堂时间,引导学生快速进入课程内容的学习,力争能在课堂上讲授的内容绝不拖到课后。在课堂作业布置方面,应针对学生掌握的知识和技能布置作业,做到"堂堂清"。引导学生当堂记录好课堂上没有完全掌握的知识点,并在课后进行针对性的辅导,做到作业"日日清"。教师在教学过程中应注重创新教学方式,通过多样化的教学组织方式构建充满活力的课堂,维系密切的师生互动,进而提高课堂教学对学生的吸引力。

在课堂之外,学校可结合场地、师资、设备等条件灵活设置兴趣班、辅导班,有条件的学校可面向学生提供丰富多样的选修课和课后服务,丰富学生的校园生活。可借鉴国外的已有经验,如日本牛久市推行的课后服务(包括"儿童俱乐部""放学后河童塾""星期六河童塾"三种形式)就面向全市中小学生开放,2016年"放学后河童塾"服务的学生

---

① 李敏、赵明仁:《"双减"背景下课堂教学质量提升:现实困境及其路径选择》,《天津师范大学学报》(社会科学版)2022年第4期。

便高达 14882 人次,"星期六河童塾"服务的学生有 516 人次,且接受课后服务的人次呈逐年递增之势①。在这一过程中,教师应积极发挥自身的兴趣与特长引导学生进行专长训练,如此既可实现知识在课堂外的自然延伸,也能实现把孩子留在学校的目标。

(二)优化作业设计

"双减"政策后,过于依赖布置作业来提升教学效果的传统方式已不再适用,如何在减少课后作业的同时提高学习效果,成为困扰教师的普遍难题。如何科学设计和布置作业,尤其是增加实践性、探究性、合作性的作业成为教师越来越需要思索的问题。首先,学校要将设计作业上升到课题研究的高度,成立作业优化教研小组。教师应提高对作业的认识,从作业设计切入掌握教学的内在规律,作业设计是辅助课堂教学的工具,具有诊断、巩固、提高学生学习效果的功能,高质量的作业设计是提高育人成效、减轻学业负担的必要措施,有助于学生综合素养的发展。因此,教师应在掌握课标、学科知识和学生学情的前提下,积极开展教研活动,提高作业设计的专业化水平。其次,教师应分层次布置作业。可结合学生的个性、学习进度和学习习惯、兴趣等因素,将学生区分为不同层次,分层次布置相应的课后作业,这些作业是与学生当下学习能力相适应且具有一定拓展性的。当然,这种分层并非固定的,而是根据学生的实际情况动态调整的,是因材施教原则的体现。纵向来看,针对知识基础薄弱的学生,应设计以知识记诵为主、难度较低的作业,帮助学生确立对学习的信心,在巩固所学知识的同时也适当有所拓展,训练其记忆、理解等思维能力;当学生在取得一定学习成就后,教师应及时调整策略,设计有一定难度的作业,旨在培养学生解决问题、探究、推理、想象等高阶思维能力。总之,作业设计应结合学生发展的阶段性,选择既适合当前阶段学情又有一定拓展空间的作业。作业又可分为课堂作业和课后作业两种,前者主要是对课堂讲授内容的即时巩固,需要在

---

① 屈璐:《日本课后服务的路径与机制研究——以牛久市学社合作模式为例》,《现代远距离教育》2019 年第 2 期。

短时间内完成,后者则是前者的延伸与拓展,难度可适度提高,两种形式的作业比例应合理规划和调整,在实践中需要教师平衡二者的关系,以作业设计促进教学改进。在这一过程中,教师应严格控制作业时长,减少重复作业,并做到及时批改作业和反馈,针对学生学习的不足给出改进方向以及相应的期望。最后,要确保作业形式的多样化。除布置巩固性作业外,教师可适当增加课外阅读、实践作业、家庭作业等具有艺术性、实践性、生活性的可选作业,为学生提供自主选择作业的机会。如教师可引导学生参加社会调查,通过图片、视频、音频等形式汇报分享;以小组的形式共同完成一项团体性任务;布置体育锻炼作业,如俯卧撑、跳绳、长跑等;布置需要由亲子共同完成的手工作品;布置家庭劳动作业,如洗碗、扫地、洗衣服等。

总之,"双减"政策将作业设计上升为一项教师必备的教学能力,对教师提出了更高的要求,教师应掌握坚实的理论知识和实践经验,结合教学目标设置合理的作业,做到减负提质。

(三)保障教师权益

教师以促进学生全面发展为目标,其基本前提便是教师自身具备教育能力,自身处在不断成长和完善的进程中。反观现实,教师却是一项高度制度化的职业,制度性情境中的内外部因素(包括法律法规、教育制度、传统观念等)都使得教师的自主权受限乃至受损。这种做法阻碍了教师的专业发展,影响了教师社会地位的提高,更为重要的是打击了教师自主成长的热情[1]。因此,要切实保障教师的合法权益,发挥教师的自主性,切实减轻教师负担,为教师在"双减"政策下的教育教学工作保驾护航。

首先,学校应保障教师做好本职工作。除正常的教学活动外,应减少对教师教学工作的干扰,减少名目繁多、程序冗杂却毫无必要的会议、评比、督查、考核等活动,下载 APP、转发通知、平台注册等与工作无关的任务原则上不得硬性要求教师完成,精简教师的工作任务,确保教

---

[1] 贾汇亮:《教师教学自主权的缺失及保障》,《课程·教材·教法》2014 年第 8 期。

师能安心投入教学活动之中。在这一过程中，需要结合"双减"政策的意见统筹发力，精简教师的非必要劳动，教育行政部门和学校管理者应充分认可教师的付出，提供系统帮助。在教师减负的同时，也可探索提质的做法，即在教学工作上为教师提供支持，在管理上让教师有所倚仗，减少教师工作的后顾之忧。例如，可举办教学经验交流会，共享"双减"经验，协商解决现实中遇到的各种问题。其次，优化教师管理措施。在不影响正常教学秩序的前提下执行弹性上下班制，确保教师有合理的休息时间，将教师从超负荷的工作中解放出来，重新获得自我调节、自我管理和自我发展的空间。如学校可视教师的情况错峰安排教师的工作时间，确保有需要的教师能提前回家处理家务。针对教师数量有限的情况，应合理配置师资，倡导班主任、外聘教师、行政人员、教辅人员等职工参加课后服务，同时，也可聘请符合资质的退休教师和社会专业人员进入学校参加课后服务，在必要的时候也可适度引入校外培训机构，以此分担教师的工作量。值得注意的是，校外培训机构的遴选需要在教育行政部门的监督下完成，在其办学资质、人员资质、培训内容和信誉实力等方面需要有严格的准入标准。最后，要进一步完善教师激励制度。针对教师数量不足引发的负担过重问题，可在科学核算的基础上适度增加教师编制，加大教师后勤保障力度，缓解教师的生存压力。制定合理的课后服务收费标准，通过政府购买服务、财政补贴的形式给予适当资助，在减轻家庭经济压力的同时，也能给予教师一定的工资奖励，确保教师劳有所得。教师的课后服务也可成为绩效考核、职称评定、表彰奖励的参照依据，给予教师适度的物质和精神奖励。在这一过程中，学校应对教师的心理健康保持高度重视，及时做好心理疏导和减压工作，确保教师的内心诉求和想法能得到反馈。如在年度体检外，学校还可为教师提供心理健康讲座、团体心理辅导、一对一心理咨询等福利，为教师安心投身于教书育人事业解决后顾之忧。教师也应更多关注自身的心理健康，通过改变认知、宣泄情绪、规律安排工作与生活等形式解压，寻求心灵的平静。

## 四 推进教育评价改革

缓解教育焦虑，应在遵循新时代教育评价总体目标的前提下，加快推进教育评价改革，更好地发挥教育评价的指挥棒作用，破除教育与社会互动的单向线性逻辑，引导教育价值从"育分"向"育人"转变，回归教育的初心与使命。

### （一）回归教育评价的人本性

教育评价有诊断、选拔、发展等功能。其中，发展功能是教育评价的功能，即通过教育评价反映教育运行状况并促进改革和提高教育质量，最终促进人的发展。然而在当前的教育评价实践中，"五唯"始终是一个绕不开的话题，它将多维的、复杂的人简单化为单维、线性的数字，把物的标准当作衡量人的发展的标尺，把物的价值凌驾于人的价值之上，导致了评价过程"见物不见人"。为此，教育评价应坚守以人为本的价值取向，始终把人的德智体美劳全面发展看作教育评价的根本目标。这一点在《深化新时代教育评价改革总体方案》中也得到了体现，文件提出"落实立德树人根本任务，遵循教育规律……培养德智体美劳全面发展的社会主义建设者和接班人"[1]，可以说教育评价本身是手段而非目的，它服从于特定的教育目的，以人的发展为核心。正如杜威所言，教育本无目的，只有人才有目的[2]。人是教育评价的核心，在破"五唯"的大背景下，教育评价应从"育分"转向"育人"，始终把人的价值放在首位。

首先，明确教育评价的主体是人。教育评价本质上是一种价值判断活动。只有人才能创造价值，也只有人才能评判价值，人是价值的创造者与享用者。因此，教育评价应注重多元主体的价值诉求，促进评价主体从以教育行政部门为主向包括学校、教师、家长、学生、同行、第三

---

[1]《中共中央 国务院印发〈深化新时代教育评价改革总体方案〉》，http://www.moe.gov.cn/jyb_xxgk/moe_1777/moe_1778/202010/t20201013_494381.html。

[2] [美]约翰·杜威：《民主主义与教育》，王承绪译，人民教育出版社2001年版，第118页。

方机构等在内的多元主体转变,让原本处在被动地位的教师和学生能积极参与到评价过程中,有利于客观、真实、准确地反映教育运行状况。

其次,明确教育评价面向人展开。这里的"人"有着丰富的内涵,是真实的人、自由的人、整全的人。马克思就曾指出人的本质就在于它是一切社会关系的总和,现实的人是自然属性、社会属性、精神属性的结合,在教育中就体现为承认人之发展的差异性、丰富性。因此,教育评价改革应关注当下的、真实的人,摒弃功利主义教育观的一维化、抽象化、片面化的人性观,注重人的整全性、发展的可持续性。教育评价面向自由的人,而自由的人必然是具备创造性且能反思自身存在的人,是向着更高的人性攀升的人,追求卓越境界的人。然而在当前的教育实践中,人被还原为物,被外在的价值所裹挟,陷入内卷式的教育竞争当中,人的自由性和整全性被破坏。因此,教育评价要突出对人的自由天性的肯定,把学生从繁重的学业负担中解放出来,拓展学生发展的可能性。

最后,明确教育评价的目的为人的发展。人是自在和自为地被经验的生命,是在以生产和表现为目的的个体组织的过程中展开的生命体,有着无限的自我发展潜能。因此,教育评价就是要以评价促进发展,在尊重人的自然属性的基础上不断拓展、丰富、完善人的社会属性和精神属性,进而达到自由而全面的发展状态。在实践中,这种价值就表现在教育评价改革建立在充分尊重个体的自由与个性的基础上,以评价促进学生知识、情感、意志等方面综合发展,让学生能在学习中感知到学习的快乐并通过学习来实现自我的人生价值。

在教育现代化的大背景下,如何借鉴并改造国际经验,挖掘中国教育评价的历史传统,结合中国教育的独特现实,建立面向学生高阶思维能力、跨学科能力发展的评价体系,切实发挥教育评价对落实立德树人目标的重要意义,构建以人为本的教育评价文化,成为需要学界和实务界不断探寻的重要命题。

(二)完善教育评价治理体系

教育评价治理是教育评价改革的重要内容,也是促进教育评价专业化、体系化的重要方式。因此，要从教育评价立法入手，从制度层面确保评估的公平性；推动教育评估标准化建设，为评价活动提供依据；注重元评价方式的应用，实现教育评价活动的动态完善。从发达国家的经验来看，教育评价立法是确保教育评价机构顺利运作的基础，如美国就通过设立国家评估管理委员会和联邦教育部资格与机构评价办公室的形式来管理全美高等教育评估的机构。法规能为教育评估活动提供法律依据，为其日常运作提供必须遵循的秩序，因此，可结合《中华人民共和国教育法》《中华人民共和国职业教育法》《中华人民共和国高等教育法》等相关法律和《国家中长期教育改革和发展规划纲要（2010—2020年)》《中国教育现代化2035》等相关政策，探索制定政策法规体系，实现政府部门功能从管理向治理的转变，将权力转移给社会，加强对教育评价的监管，明确"谁来管、管什么、怎么管"等问题，对管理主体、评价主体、评价客体、评价标准、评价流程、评价结果呈现等相关内容作出详细规定。

　　教育评价是一项涉及多方主体、内容广泛的系统工程，因此，需要确立一套为评价机构和人员共同认可与遵循的标准，为确保教育评价质量和公平性提供支撑。教育评价的标准具体可分为几个方面：第一，评价方案标准，这是教育评价的行动指南，方案的制定应符合教育的基本规律，从评级目的、评价原则、评价主客体、评价指标体系、评价方案、评价结果等方面作出规定，评价方案标准的制定要体现相关主体的利益诉求；第二，评价规程标准，规程标准界定了评价过程中的立项、设计、实施、总结等步骤，为评价人员和专家的评价工作提供参照；第三，评价人员标准，可借鉴国外经验制定面向评价工作者、专家的从业标准，明确教育评价主体的道德修养、专业技能、人文素养等方面的综合素质。教育评价的状况、存在问题和改进措施都需要元评价的保障，元评价以批判性思维和第三者的眼光来审视教育评价过程，为教育评价体系的优化调整提供依据。因此，应委托第三方机构，以教育评价标准体系为依据制定元评价标准，同时也应注重引导评价者自我反思，不断追求教育评价的质量提升，为教育回归育人初心和本质提供坚实的基础。

## （三）以数字化赋能教育评价

科学的教育评价离不开技术的革新，随着数字化与教育领域的深度融合，教育评价也面临着多重机遇和挑战。为此，应推动数字技术与教育改革密切连接，发掘教育评价的潜力。首先，转变思维，实现数字技术与教育评价的融合。一方面，将统计学、脑科学、计算机等相关学科的实证研究与教育实践相结合，革新教育评价的方式，验证教育评价的结果；另一方面，以数字化赋能教育评价改革，借助大数据建构多元评价、综合评价、分类评价机构，提高教育预测、诊断和决策的能力，进而及时调整教育决策。在数字技术蓬勃发展的同时，传统教育评价方式日益呈现出成本高、流程烦琐、精准性不足等弊端，教育评价也正在从利用数字技术向着与数字技术深度融合的方向转变。其次，夯实教育评价数字化基础设施建设。应建立全国性的数字网络，通过建立数据、技术、认证等统一标准，实现教育数据的收集、归纳和整理。各级评价主体可充分利用其权限接入和使用这些数据，服务于相应层次的教育评价活动。在学校层面，应加快设施的数字化改造进程，加快信息终端的普及与覆盖，促进学校教学、管理、教研等领域的数字化转型。在社会层面，确立政府制定标准、企业提供产品和运营、学校购买服务的格局，鼓励社会力量参与到教育数字化生态系统建设当中，为教育评价的数字化转型提供建设、维护、安全、管理等方面的支撑。最后，探索数字技术在教育评价实践中的融合应用。区块链、人工智能、云计算、元宇宙等数字技术的发展为教育评价的改进提供了机遇，既可确保教育评价的准确性，又可减少人力投入，减轻评价负担。因此，可推动试行学生成长数据的追踪，在这一过程中既可掌握与学业成绩相关的数据，又可收集到学生的情感、人格特质等非结构性的数据，进而作出精准研判，对教育现实作出全面的诊断。当然，在这一过程中也要避免因滥用数据而引发的数字规训、数字监控、数字鸿沟等伦理问题，确保数字技术成为推动人的发展的方式。

## （四）探索发展多元评价方式

为破除"五唯"痼疾、扭转教育的功利主义倾向，《深化新时代教育评价改革总体方案》提出要改进结果评价、强化过程评价、探索增值评价、健全综合评价的目标,这四种教育评价方式意在淡化评价的结果导向,为教育评价改革提供方向和思路,使得教育评价与学生个体的成长规律相结合,与教育实践相适应。改进结果评价要摒弃以往过于注重学业成绩的做法,扭转"唯分数""唯升学"的片面观念;强化过程评价即注重对学生掌握知识、技能、素养等过程的考察,以及对教师教学过程的评价;探索增值评价即强调对学生在某一时期内学习进步情况的考察,有助于教师纵向考察学生的进步状况,从而采取个性化的教学方法;健全综合评价即关注学生德智体美劳各方面的发展状况,实现从单一、片面的发展向多维、综合的发展转变。该文件所提出的四位一体评价方式有助于弥补传统教育评价方式的不足,超越以往重智育轻德育、重结果轻过程、重筛选轻培养以及教师重教书轻育人、重科研轻教学的做法,回归教育的育人本质。具体而言,应从以下四个方面着手。将评价指标分解在日常教育活动中,从关注学生知识掌握的单一目标向推动知识、能力、素养综合发展的多维目标转变,关注学生的全面成长。将体育、艺术、劳动、综合实践、信息技术等都纳入考核范围内,让评价内容不仅能反映学生的学业掌握程度,还能反映学生的思想道德、身心发展状况、交往能力、审美水平等多方面内容。家校共同搭建记录学生成长状况的平台,记录学生在校的课堂表现、课后作业完成情况、交往活动等内容。确立多方主体共同参与的评价体系,采取学生自我评价、同学评价、教师评价等多种评价形式,全面反映学生在校的综合表现。此外,也应引入家长评价的形式,这样不仅能深化家校合作,更能促使家长教育观念的更新并协助学校共同构建"双减"新格局。总之,探索形成与学生成长、教师教学活动相适应的多元教育评价方式,关注学生综合素养的提升,有助于真正落实"以评促进""以评促学"的目标,从而切实减轻教师、学生和家长的负担,为学生的全面发展创造有利的环境,为过度的教育焦虑降温。

此外,在教育评价的过程中应形成生存取向的评价文化。教育评价是始于文化而又终于文化的过程,文化引领着教育评估的实施,又得以创造、生成新的文化。评价文化的形成，需要从环境、制度、方法等多方面进行变革，以评价提升学生的学习体验，改进学校的教学活动，增进学校、家庭与社会之间的合作。

## 第三节 涵养家教：引导家长教育能力提升

家庭是教育的起点，家长的教育能力决定着孩子的未来成就，其教育观念的偏差、教育知识与能力的不足都将引发一系列的问题。纾解教育焦虑，应以家庭为切入点，着眼于家长教育能力专业化水平的提升，为家长提供必要的指导，进而与学校协作促进孩子的健康成长。

### 一 调适家长教育期望

教育观念是教育在主体意识中的反映，对教育行为起着制约和导向作用，可以说，有什么样的教育观念就会有什么样的教育行为。家长的教育观念是特定时代与环境的产物，受到历史、社会、文化、群体等因素的影响，对孩子教育的适度期望能激发孩子的向学意愿，产生积极的效应。在教育焦虑背后，体现的正是家长不合理的教育价值观，孩子的教育背负了太多的工具性意义，被家长寄予过多不切实际的期望，孩子的学习成为一场单向度的竞赛。缓解教育焦虑，应从家长的教育观念出发，从儿童身心发展规律、教育自身的规律出发，实现教育期望的合理调适。

（一）回归人：教育期望的价值原点

家长的教育期望是孩子成长的动力，但它同样是有着限度与边界的，举例而言，望子成龙的观念长期以来被看作家长重视孩子教育的证明，但在当下却又成为孩子学业负担的来源。其原因就在于，在当下的社会环境中，子女的教育对于家长来说上升到一个前所未有的高度，孩子教育与家庭被深度绑定在一起，成为家长情感的表达，而原本被视为感性的情感被外在的价值所裹挟，最终造成了以爱之名行控制之实的局面，引发家长和孩子的焦虑。孩子的成长有其客观规律，近代以来的自然科学、心理学、教育学等相关学科都从不同方面对此作出了解释，孩子的成长存在顺序性、阶段性、不平衡性等特征，家长在教养活动中应对此有着科学的认识，把握教育的节奏与律动。卢梭就曾批判他所处年代中违背儿童自然成长天性的做法，认为"大自然希望儿童在成人以前就要像儿童的样子"，违背这一原则将造就畸形的人。陶行知也告诫人们，教育是农业而非工业，作物的生长需要阳光、水土、空气等养料，需要经历时间的滋养，孩子的成长也是如此，作为家长应当尊重他们的天性，引导孩子自由而充分地成长。只有了解儿童身心发展的规律，家长才能以更平和的态度参与到教育活动中，减少因恐慌而引发的焦虑。在现实中，家长不想让孩子输在起跑线上，选择让孩子投入过度的学习活动之中，或许并不能取得预期的成果，相反只会"累倒在赛道"上，引发孩子的抵触与反抗，甚至造成难以预料的极端后果。

一方面，家长应合理调整对孩子教育的期待。家长应认识到孩子的独特性，把孩子看作具有独立思考能力、能够自主发展的能动个体，明确孩子的优势与不足，结合孩子教育的不同阶段来设置相应的目标，即在努力后能够实现的目标，孩子就是在实现阶段性目标的过程中不断成长的。对孩子而言，最好的就是最适合的，"成龙""成凤"并不适用于所有情况，他人的经验不能奉为圭臬，而是要结合孩子的个性、兴趣、能力等选择最适合的教育方式。同时，在面对孩子的错误时，不应过度苛责，而是要辩证地看待孩子的过错在其成长过程中的必然性并通过教育策略将其转化为成长的机遇。孩子的成长是一个长期的阶段，家长只有综合考虑孩子特性、学习阶段、家庭状况等因素，不断调整教育期望并据此采取行动，才能让孩子保持良性状态。

另一方面，家长在关心孩子的同时也要防止失去自我。对孩子的教育过度关注，家庭的重心都围绕着孩子，为孩子过度花费时间、精力，甚至影响正常生活的做法是不可取的。家长的忘我投入也可能适得其反，它让家长沉浸在自我世界中，在自我感动的同时又可能造成生活与家庭、自我发展与孩子成长等多重失衡，甚至可能阻碍自我发展。这种做法也有着潜在的道德危机：家长的忘我投入使得孩子背负沉重的道德枷锁，若是自己的学习未能达到预期，那将是令人失望甚至是"有罪的"，这一做法让家长与孩子之间产生了裂隙。教育孩子固然重要，实现自我也同样重要，家长在关爱孩子的同时也要在自己和孩子之间保留适度的空间，为自己的生活设定目标，与孩子共同成长，以自身行动为孩子树立榜样。

（二）回归教育：教育期望的动态调整

家长应从教育规律出发，摒弃自身不合理的教育信念，确立适应孩子成长需求、与其特质相适应的教育期望。

首先，明确教育的本质在于成人。人是目的而非手段，人是教育绕不开的主题，教育要培养具体的、鲜活的、完整的人而非抽象的、僵化的、残缺的人，让孩子成长为情感丰盈、意志坚定、充满创造力、具有丰富个性的人。教育不仅是实现社会财富增加、阶层跃迁等外在目标的工具，更是实现保持身心健康、培养健全人格等内在目标的途径，脱离"成人"这一根本价值，教育就会异化为限制和束缚人的发展的工具。同时，教育为人展示了发展的可能性，但结果如何却取决于人的自我实现。明确这一点，家长就能以更坦然的态度参与到孩子的教育之中。家长应努力创造孩子接受教育的条件，引导孩子的成长，相反，为孩子包办一切的做法看似"一切为了你好"，实际上却把孩子置于自我的控制下，消解了孩子的主体性。因此，家长应从人的成长维度来看待孩子的教育问题，改变对孩子教育的不合理看法，自觉扭转功利主义和工具化的观念，把焦点从狭隘的学业进步转移到更广阔的生命成长方面，因材施教，拓展孩子的发展可能性。尊重教育规律和孩子身心发展的规律，创设有利于孩子生命成长的空间，形成对竞争的理性认识，从孩子学业成长的"短跑"赛道转向"长跑"赛道。

其次，家长要承认并尊重孩子的学习主体地位。儿童是学习的主体，学习是在自我建构中完成的，但在现实中家长和教师为孩子设置过多学业负担的做法却是对孩子学习主体性的一种剥夺，让孩子依附于外界的权威，陷入被动的学习之中。因此，家长应承认孩子学习的主体地位，明确孩子学习的主动建构性,把握自我在这一过程中的作用边界与尺度,积极采取行动来改善孩子的学习体验。在学习过程中,注重引导孩子的学习观念,帮助他们确立与自身相符的学习模式,并通过正向激励与负面警示相结合的方式,让孩子保持良好的学习心态。好学不如"乐学",只有让孩子意识到学习的主体性,形成学习的自觉状态,才能以更主动的态度投入学习当中,生发出源源不断的学习动力。只有这样,学习才不会成为束缚孩子的工具,相反会成为主动建构的结果。学习体验也不再充斥着痛苦,而是一种痛并快乐着的有意义的探索:学习不仅增长了知识,发展了理性,提升了精神品格,拓展了生命的活性,张扬了个性,而且成为一种指向个人发展的积极活动。

最后,家长要摆正态度,不攀比、不盲从。比较是引发教育焦虑的重要来源,在与他人的比较中,个体的声音被群体所淹没,个人的主张被群体无意识所裹挟,个人的选择不由自主地受到外部力量的影响,无形中内化了外界传达的价值观。这种对比看似是激励,实则是对孩子的伤害,否定了孩子的学习成果,也使家长的行为更加茫然,使得家长的教育焦虑被放大。因此,家长应对自身教育行为保持清醒的认识,确立坚定的信念,合理规划孩子的学习,笃定信念以抵御外部杂音的干扰,在了解孩子学习状况和学习需要的基础上选择最适合孩子的教育方式。

### (三) 回归对话:教育期望的和谐共建

家长的教育期望是动态生成的,会随着孩子的学习而不断更新、调整,需要在与他人、与自我的对话中不断明确。

首先,在与学校教师的对话中调整教育期望值。教师是影响家长教育期望建构的重要他人,因此,家长应以更积极的态度参与到学校教育之中,与学校保持密切的联系,将孩子在家的学习情况及时反馈给教师,帮助教师全面掌握孩子的实际情况,进而采取针对性的教育措施。同时,家长应积极配合教师的教学策略,关心孩子的学习进展,在孩子学习过程中给予更多陪伴、指导,帮助孩子确立坚定的学习信念,养成良好的学习习惯。在家校共育的过程中,家长得以与学校之间达成协作关系,更深入地参与到孩子学习的全过程中,形成对孩子学习情况更准确、全面的综合判断，从而为自身教育期望的动态调整提供依据。

其次，在与孩子的对话中达成亲子间教育期望的一致。亲子间教育期望的契合度影响着孩子的学习体验，也会对家长的心理状态产生一定影响。家长的教育期望能影响孩子教育期望的形成，孩子会结合自身信念对家长的教育期望作出价值判断并对符合自我教育期望的部分作出积极回应，当感知到亲子间教育期望的亲和性时就会产生被关怀、理解的感受，进而将其转化为积极的学习行动。同理，家长也能在对话中明确亲子间教育期望的差异并采取行动来实现和解，减少自身不合理的期待。总之，家长的教育期待就是在与孩子的对话中不断磨合并达到高度契合状态的。与孩子的对话不仅能让家长明确孩子的学习状况，帮助自己形成对孩子学习的合理期待，也能适时传达出对孩子的关爱，有效缓解孩子学习过程中的心理负担。

最后，在与自我的对话中反思教育期望。当家长焦虑孩子的学习时，也不妨对自己提问，孩子的学习是否有这么糟糕，自己的做法是否恰当，对孩子的担忧是否只是自己的想象，孩子在学校表现如何，等等。在尝试回答这些问题时，家长也得以放下心中的执念，以一种更为平和的方式反思自身的行为并找到问题的应对措施。这种给自己提问、自我回答的方式也就是自我反思的过程，在不断的反思中，家长得以更全面、辩证、理性地看待孩子的学习，保持合理的教育期待，从而与自己言和，达到内心的平和。在反思之后，家长也应充分察觉、接纳和调整自己的情绪，尽量不把焦虑情绪传递给孩子。面对教育焦虑，家长所要做的并非恐惧和逃避，而是要有勇气去面对焦虑，与焦虑共存，寻找焦虑情绪的宣泄、释放途径。

## 二 提升家长教育能力

家庭是人生的第一所学校，家长是孩子的第一任老师[①]，家庭既是和学校、社会并列的教育子系统，也是孩子成长的起点。从个人教育历

---

① 《共同担负起青少年成长成才的责任》，《人民日报》2018年9月14日第2版。

程来看，父母以身作则来教育孩子，家长对孩子成长的影响是终身的，家长的作用是其他教育主体无法取代的。从教育演变历程来看，家庭的出现远早于国家、学校等机构，早在学校出现之前家庭就已承担着教育孩子的责任。"如何做父母"是一个经久不衰的话题，没有人生来就是父母，而是在社会化的学习中不断实现从生理性父母向社会性父母再到精神性父母的升华，如何提升父母的教育能力已越来越成为一个显性问题。有研究指出，家庭教育能力不足是家长教育焦虑的主要根源[①]，在教养孩子的过程中缺乏正确的理念和专业的知识是引发家长教育焦虑的重要原因，因此，提升家长教育能力有助于缓解家庭中的教育焦虑。

（一）完善家庭教育立法体系

家庭教育立法是提高家长教育能力的直接方式。家庭教育不仅是家庭私域的私人事务，也是社会领域内的公共事务，因此，以法律手段来提升家庭教育的规范化、科学化程度就成为近代以来学界孜孜以求的目标，从相关法律到单独的家庭教育法，家庭教育逐步得到了法律支持。2022年1月1日起实施的《中华人民共和国家庭教育促进法》明确规定国家和社会为家庭教育提供指导、支持和服务，为家长"依法带娃"提供了依据，是家庭教育立法的历史性成就。

尽管中华人民共和国成立以来我国法律界针对儿童抚养已制定了多项规定，如《中华人民共和国未成年人保护法》《中华人民共和国民法典》《中华人民共和国教育法》等都从不同方面规定了家庭在子女抚养中的责任。生而不养的现象得到了显著改善，但"养而不教、教而不当"的现象却得到了越来越多的关注，家庭教育的缺失或不当不仅造成了孩子身心健康的问题，还有可能导致他们走向违法犯罪的道路，甚至酿成家庭悲剧。家庭教育立法有助于让家长确立家庭教育意识，提高教育能力，改进教育方法，进而促进孩子的发展。在内容方面，《中华人民共和国家庭教育促进法》厘清了家长和其他教育主体的权利，明确了

---

① 余雅风、姚真：《"双减"背景下家长的教育焦虑及消解路径》，《新疆师范大学学报》（哲学社会科学版）2022年第4期。

家庭教育支持体系，清晰了法律主体的基本职责。首先，家长或其他监护人不仅要主动参与到家庭教育指导活动中，也要形成正确的家庭教育理念和方法，提高家庭教育能力。家庭教育终归是在家庭内部开展的，因此，法律在明确家长或其他监护人的权益的同时，也对他们的教育方式提出了指导建议，给出了方法，为家庭教育的实施指明了方向。其次，法律规定不同主体为家庭教育提供指导服务支持，并划分了政府、学校、社会公共机构、社会力量等相关主体的职责，力图建立面向家庭教育指导和服务的体系。最后，对外界干预家庭教育提供了依据。当父母或监护人未能履行其监护职能时，国家都有必要对其进行干预，相关主体可以采取督促、指导乃至惩戒等措施。2022年国内首个"养而不育"案件引发高度热议，法院依法对失职监护人发出《家庭教育令》，这是《中华人民共和国家庭教育促进法》颁布后首次执行，为家长依法履行其教育职能提供了指导，也能为改变家长教育方式、缓解教育焦虑提供一定的参考意义。

（二）健全家庭教育指导体系

《关于指导推进家庭教育的五年规划（2016—2020年）》明确提出要"建立健全由党委领导，政府负责，妇联、教育部门共同牵头，文明办、民政、文化、卫生计生、新闻出版广电、科协、关工委等部门共同参与的规划实施领导协调机制"。这一文件从宏观上明确了健全家庭教育指导的必要性和可能性，为改进家庭教育行为提供了行动指引。[1] 在现实中，需要由政府牵头建立家庭教育指导服务体系，面向家长及其他监护人开展系统的指导、培训和咨询等服务，研究制定家庭教育家长指导手册，编写家庭教育的相关教材，组织家长教育培训等活动。在社会层面，可通过社区开展家庭教育知识宣讲、延请教育专家开展讲座、利用网络媒体推送家庭教育知识等方式普及家庭教育知识，转变家长教育观念。在学校层面，应大力加强家校合作，发挥学校对家长教育的指导

---

[1] 《关于指导推进家庭教育的五年规划（2016—2020年）》，https：//www.nwccw.gov.cn/2017-05/23/content_157752.htm。

作用。一方面，可通过建立家长学校的方式，开展培训讲座、经验交流、亲子沟通等形式的活动，多方位对接家长的教育需求，了解家长在教育过程中的难点与痛点，让家长提高对家庭教育的关注。另一方面，通过家长委员会的方式，为家长搭建信息交流平台，宣传与家庭教育相关的知识，解答家长在育儿过程中的困惑，帮助家长形成科学的育儿理念与方法，这样在家校合作中才能各自发挥优势，整合教育资源，达到协同育人的目的。

值得注意的是，加强对家庭教育指导的前提在于承认家庭教育的独立性，家庭教育与学校教育、社会教育一样，都是教育系统的独立部分，有着明确的责权边界，对儿童的成长发挥着不可替代的作用。在现实中，家长"持证上岗"主要以象征意义为主，它寄托着人们对家长承担教养职责、具备教育能力的期待而并非具体的行为规约。学校不能取代也无法取代家庭的教育功能，学校对家庭教育的指导需要通过家校之间的密切协作来实现，通过引导家长确立教育观念、形成教育知识体系、习得教育方法，与家长之间达成高度的共识，从而减少家长的教育焦虑，最终达到促进孩子健康成长的目标。

（三）构建家校协同教育场域

家庭与学校的协作是确保育儿目标实现的重要前提，这一点在教育理论和实践中都已达成了高度共识。对此，苏霍姆林斯基曾指出："教育的效果取决于学校和家庭教育的一致性，如果没有这种一致性，那么学校的教学和教育过程就会像纸做的房子一样塌下来。"① 因此，探索家校的良性互动模式、构建家校协同教育场域是纾解教育焦虑的必要手段。

首先，应明确家庭教育与学校教育的职责边界。不论是家长过度介入学校教育或是学校过度介入家庭教育，都是两种教育方式定位不清的表现，不利于育人目标的落实。在家校合作中，应明确各自的职责和限度：学校开展专业化的教育活动，以传授知识、启迪智慧、道德发展、

---

① ［苏］B. A. 苏霍姆林斯基：《给教师的建议》，杜殿坤编译，教育科学出版社1984年版，第526页。

行为习惯养成等为培养目标，需要体系化的教育手段；家庭教育活动具备个别性、偶然性等特征，需要家长在陪伴过程中潜移默化地对孩子施加影响，强调家长的情感。两种教育并行不悖、各有边界，只有双方协作才能促进学生的德智体美劳全面发展。其次，家长与学校应在教育观念上达成共识，在行动上结成合作关系，增进彼此间的信任。家庭和学校应以孩子的身心发展规律和教育规律为依据，共同制定成长方案，在孩子的学习过程中保持密切沟通，从而精准识别学习焦虑并制定适合的应对措施。在孩子成长的关键节点如学段衔接、开学等时间点，更加需要家长和教师的协作，通过营造温馨的成长环境、针对性的引导与帮助、饱含情感的陪伴与关怀等方式，帮助孩子及时调整心理状态，调试焦虑所造成的消极影响，从而顺利度过成长的关键时期。最后，教师应给予家长必要的指导。在做好本职工作之外，教师应向家长宣讲"双减"政策的要求，在"减负"方面与家长达成共识，不给家长布置过多的学业负担和监督任务，减少"校内减负、家庭增负"现象的发生。同时，教师也应结合自身的专业教育知识指导家长科学开展家庭教育活动，如为家长布置一些亲子共同完成的作业，利用多种途径推送育儿知识和经验，利用家长会开展家长育儿经验交流与分享，等等。总之，只有家庭与学校达成密切的协作关系，形成教育合力，才能有效缓解家长、学生和教师的焦虑情绪，进而向着学生德智体美劳全面发展的目标不断迈进。

对家长而言，应将教育知识转化为合理的教育行为。通过与孩子交流、向教师咨询、对孩子日常表现的观察等形式，了解孩子的兴趣与特长、优势与不足，全面掌握孩子的真实状况。在此基础上，制定切实可行的发展目标并制订可操作的个性化培养计划，让孩子能分阶段实现目标，不断向往更高的发展形态。教学相长同样适用于家庭场域，孩子的成长也为家长自身的成长提供了机会，家长的教育行为也为自身的学习提供了契机，可以说，家长的教育知识就是在陪伴孩子的过程中，与孩子共同学习而获得的。"陪伴"不等于"陪着"，陪伴不仅要求家长付出必要的时间，而且需要情感投入，高质量的陪伴不仅表现为外在的陪同与守候，更建立在内在的精神关怀基础上，在这种双向互动之中，家长得以不断充实和完善自我，减少因教育知识缺乏所引发的恐慌与焦虑，成长为更符合现代社会发展需要并且能承担教育者角色的家长。

## 第四节 复元治理：构建和谐共生教育生态

人是社会环境的产物，不仅受到所处社会文化的熏陶与影响，还会自觉采取与所处环境相适应的行为方式。正因如此，人不仅在教育体验中感知着焦虑，也通过焦虑来表达对教育的感受，可以说，教育焦虑在根本上是一种社会综合征。这也决定了治理措施不可囿于学校或家庭一隅，而是要从教育的整体性变革出发，践行复合治理的理念，在构建和谐教育生态的同时，注重创设良性的教育外部环境，回归教育立德树人的初心与使命。

### 一 改善教育舆情环境

信息通过扁平化的网络嵌入人们的生活，媒介成为人们获取信息、在线交流的主要工具，一项调查表明，家长使用微信、今日头条、QQ、教育社区等几款应用的比率分别为样本数的88.8%、35.5%、30.4%、30%[1]，这些应用在为家长提供信息窗口、情绪表达和情感支持的同时，也无形中营销着焦虑，成为焦虑情绪被唤醒和扩张的场域。具体而言，信息技术和媒体通过两种路径扩大了人们的教育焦虑：一方面为人们提供获取信息的渠道，扩大了对比的范围；另一方面，信息茧房效应减少了人们参照的对象，让人们陷入同质化的对比之中。在这种循环中，人们的教育焦虑越来越强烈。因此，应净化舆论环境，强化媒体自我约束，为教育改革政策落地实施创造有利的舆情环境，为纾解教育焦虑现象提供信息支持。

---

[1] 胡婧雯：《社交媒体使用对家长教育焦虑的影响研究》，硕士学位论文，华南理工大学，2021年，第26页。

## (一) 强化媒体自我约束

媒体具有舆论监督的职能,理应肩负起自身的社会责任,恪守媒体的职业道德,维护公共利益。针对贩卖教育焦虑现象,媒介主体在内容生产方面应采取更为客观、理性的策略,在传播过程中更应做到合理规范和引导。首先,要发挥主流媒体的引导作用,引导舆论环境的良性建构。主流媒体要善用自身的公信力和权威性,掌握话语主动权,不断提高舆情引导的针对性和时效性,在教育事件的报道上及时跟进并发布权威消息,减少由于主流消息缺失而引发的杂音。在报道时主流媒体应以正面引导为主,对负面事件要以警示为主,引导总体舆情的大致走向,避免负面舆情所引发的公众信任危机。其次,媒体要注重自我约束、自我监管,始终把公共利益放在首位,审慎思考报道和传播的可能后果。在面对涉及升学择业、学业负担、教育公平、校园突发事件等教育领域的新闻事件时,媒体要坚守"先调查再发言"的态度,在了解事件全貌的基础上如实报道,避免夸大、刻意渲染、虚假报道。在社群运营管理中,应制定规则,加强对信息内容、传播秩序的规范管理,减少不良信息的传播。最后,社会监管部门要加强对媒体的监管,对从业人员的资格严加管理,提高媒体从业人员的准入资格。针对一些违法行为要严格处理,避免虚假报道、夸大负面后果、制造焦虑等不当做法。

## (二) 改进传播话语策略

媒体作为信息的传播者,有责任也有能力承担起舆论引导的责任,营造有利于教育有序运作的舆论环境。具体而言,传播内容包括教育政策法规、教育知识、教育新闻等。在宣传的过程中,媒体应根据受众的情况及时调整话语策略,在观察和调研后及时调整报道方向和话语策略,寻找事件中的情感共鸣点,做到以理服人、以情动人。同时,要善于把握和疏导社会心态,改变以往宣讲式的报道方式,注重贴近实际、贴近生活、贴近受众需要,用平等的姿态来报道和宣传,从而帮助家长、学生、教师形成对主流教育价值的认同,帮助他们舒缓过度的焦虑情绪。在传播教育知识的过程中,媒体应做到真实准确,核实教育知识和经验的信息来源,确保实事求是,既不能夸张煽情,更不能传播虚假信息。

在保障内容真实可靠的前提下,以家长、学生和教师能理解和接受的方式宣传教育知识,引导他们正确看待当前的教育问题,从而重新回归教育的初心。

总之,媒介应主动承担教育焦虑"解压阀"的责任,秉持公正客观的态度,通过对教育内容的合理呈现、对教育观念的正确引导、对教育知识的精准推送、推动在线社群的有序发展等形式,减少由教育信息传播所引发的不确定性,对家长、学生和教师等群体的心态进行积极引导,能有效缓解教育焦虑情绪。

(三)提升家长信息素养

在媒体化生存的当下,媒介已嵌入个体生活的结构之中,社交媒体在一定程度上会放大个体间的差距,因此,个体必须学会如何在媒介所制造的信息海洋中合理甄别和使用信息。从个体因素出发,家长的人格特质会对其社交媒体的使用产生不同的影响,部分教育知识不足的家长就很容易被情绪感染较强的信息所诱导,陷入市场主体精心营造的话语之中,进而接受了物质化、功利化的教育信息,正因如此,家长的教养行为才被消费主义所裹挟,陷入了内卷的旋涡之中,放大了教育焦虑的消极后果。已有研究表明,媒介技术是引发主体焦虑的来源[1],对家长群体而言,在获取信息的方式日益网络化、碎片化、精准化的背景下,提升家长信息素养,明确数字技术和媒介制造教育焦虑的机制,是家长群体在面对教育信息和在线交流时保持理性判断力的前置性条件。因此,在使用数字媒体的过程中,家长应形成对自身主体地位的确认,掌握在媒介情境中生存的能力,利用社交媒体来获取所需的教育信息,并对自身接收信息和在线互动行为进行深度思考,在浩如烟海的信息中明辨其真伪,并根据自身需要来分析、处理和利用信息。在社交媒体上理性表达自身意见,尽量减少外界焦虑情绪的干扰,减少焦虑对自身的消极影响。网络空间中的互动、不明确的信息可能会在群体互动的过程中放大个体的焦虑情绪,因此,教育专家、教师、教育管理人员等主体可通过

---

[1] 刘丹凌:《新传播革命与主体焦虑研究》,《新闻与传播研究》2015年第6期。

社交媒体促进与家长群体的在线交流,引导家长教育观念的良性建构。在社交媒体成为家长获取教育信息、开展教育交流主要方式的前提下,通过与家长的沟通、对家长的引导,能避免过载的、良莠不齐的教育信息给家长制造新的教育焦虑,共同营造有利于学生学习和成长的外部环境。

**二　整治校外培训市场**

校外培训机构经历多年的野蛮生长,已成为一股独立于学校、家庭之外不容小觑的力量,使教育生态的稳定性、完整性遭受了损害,成为引发人们教育焦虑的重要诱因。教育本是一种公共产品,但资本大规模涌入教育领域后涌现出大量校外培训机构,通过营销手段贩卖焦虑。校外培训机构的运作遵循着私有性的行动逻辑,它预设了子女教育成就与家庭经济投入之间的线性关系,助推了家庭非理性的教育投入,使得家庭承受着沉重的负担。但我们也应认识到,校外培训机构属于民办教育的范畴,而民办教育又从属于我国教育系统,可以说,校外培训机构所提供的服务理应包含公益成分,市场对教育的介入是有限的,既要遵循市场经济的运行规则,又要坚守教育的公益性。校外培训机构要回归育人正轨,这一点在"双减"政策中得到了高度肯定,政策提出"学科类校外培训机构统一登记为非营利性机构""学科类培训机构一律不得上市融资,严禁资本化运作"的规定重申了校外培训的公益性,也为校外培训市场的治理指明了方向。整治校外培训市场的目的在于遏制资本在教育领域的无序扩张,回归教育的育人初心。

(一)构建培训机构监管体系

从经营形式来看,校外培训机构的经营模式既有营利性的,也有非营利性的;既有学科类的,也有非学科类的,还有托管服务类的;既有线上培训的,也有线下培训的。面对种类繁多但良莠不齐的校外培训机构,应在坚守公益性原则的基础上探索分层分类监管方式,规范校外培训机构的经营行为。

一方面,要落实"管"的责任,构建分工明确、权责清晰的校外培训监管体系。2022年1月出台的《关于加强教育行政执法 深入推进校外培训综合治理的意见》就明确要求市场监管、网信、公安、体育、文化和旅游及其他相关部门要在涉及校外培训的问题上进行单独或联合监管，强化对校外培训的监管。面对复杂多样的校外培训机构，传统的以教育行政部门管理为主的模式已不再适用，应对校外培训作出更详细的区分，对其中的艺术、体育、兴趣、科技创新等类型分别由文化旅游、体育、科技等部门管理，这样既能发挥相关部门的专业性，又能缓解教育行政部门的监管压力。政府部门应牵头协调各部门的关系，明确各部门的职责，严格办学资格审批制度，提高培训机构准入门槛，大力治理改头换面变相进行学科培训的做法。在严格规范校外培训机构的经营活动的同时，也应积极做好宣传工作，整治夸大培训效果、误导家长消费、虚假宣传等不良做法，肃正风气。

另一方面，要强化"监"的作用，构建校外培训机构检测系统。一是政府牵头建立面向社会大众开放的校外培训检测评价系统，引入专业人员，结合相应标准生成测评结果。现实中这一做法得到了一定的应用，调查显示，截至2022年7月，全国近11万家非学科类校外培训机构纳入全国校外教育培训监管与服务综合平台，培训机构的各项活动都得到了有效监管。在检测评价系统的建设中，应注重通过云计算、网络通信等数字化手段搭建远程智能监测管理系统，在不影响机构正常办学秩序的基础上实现对校外培训机构的远程实时巡查。同时，也要注意引导学生、家长和社会成员在检测评价中发挥积极作用，鼓励社会力量检举违规办学的培训机构。二是建立收费监督系统。规定培训机构定期对外公开收费标准和经营状况，执法部门可对报价不合理、扰乱市场秩序的行为严格执法，进一步规范校外培训机构的经营活动，维护正常的办学秩序。

（二）探索机构转型退出模式

政府应积极引导校外培训机构转型为非营利性机构，明确校外培训作为学校教育补充的角色定位，厘定培训的范围、内容和时间等边界，避免过度商业化、资本化对教育公益性的侵蚀，从而真正助力学生的全面发展。

首先,应实现培训机构办学宗旨从应试向育人的转变。培训机构应响应"双减"政策号召,在顺应教育发展总体趋势的基础上,自觉抵御资本对教育领域的过度介入并及时调整经营策略,凸显自身教育服务的公益性,从而实现从营利为主向公益为主、从应试为主向落实立德树人根本任务的转变。其次,应落实培训内容从学科培训向非学科培训的转变。学科培训把知识增长看作学生发展的核心,助长了教育功利化倾向,难以对学生综合素养的提升产生实质作用,甚至有过度追求学业成绩而阻碍其他素养发展的可能。因此,校外培训应注重学生综合素养的提升,专注于德智体美劳全方位的发展,着眼于非学科培训项目的开发。在音、体、美、劳动、实践、科技等非学科领域可积极探索和创新服务供给方式,满足学生多层次、多方向的发展需求。在素质教育外,职业教育、成人教育、家长教育等也是培训机构转型发展的方向,在未来如何提前布局、满足社会对人才发展的多样化需求,成为校外培训机构必须研究和关注的议题。最后,应实现发展方式从野蛮生长向规范经营的转变。培训机构应严格遵守法律法规和行业规范,结合市场调研制定与学校教育相配合的培训项目,在补充学校教育和满足学生多样化发展需求之间拓展自身的生存空间,在培训内容、培训时间、培训形式、收费标准、培训等方面做到规范化运作,寻求适合机构自身的发展方式。

在探索培训机构转型发展的同时,也要规避机构退出所引发的纠纷。"双减"政策、新冠疫情等多重因素叠加使得培训机构的发展遭受了严重打击,甚至连作为行业头部企业的机构也未能幸免,在这种情形下,退费沟通不畅、退费困难可能导致家庭财产受损甚至引发冲突事件。对此,除沿用同行公益援助的形式外,还可引入保险制度,由社会分担教育培训的风险,在家长与机构发生退费纠纷时可寻求法律手段或行政仲裁等形式处理。

(三)强化机构与学校的对接

在规范校外培训机构办学行为、治理违规行为的基础上,应切断学校、培训机构与家长之间的利益链条,对接学校教育的内容,形成培训机构与学校的和谐互动模式，营造有利于学生成长的教育环境。

首先，应切断学校、培训机构与家长之间的利益链条。长期以来，培训机构将触角伸向学校和家庭领域，加快学校和家庭的教育节奏，使教师、学生和家长都被裹挟其中。随着培训机构介入教育活动的程度不断提高，部分教师和家长也可能成为培训机构的助推者，家长可以通过购买教育服务提升孩子的学业成绩，而教师则能减轻教学负担。由此，家长、教师和培训机构三方形成了隐秘的利益合谋关系，并在选择培训机构方面达成了心照不宣的共识。因此，要从学校端斩断利益关联，还原校外培训、学校教育和家庭教育之间应有的边界。学校应主动与培训机构脱钩：禁止超前、超标教学，考试内容要结合国家课程标准和学校教学情况设置；学校教师不得在校外培训机构任教；课堂教学中教师不得暗示学生参加校外培训机构等。

其次，让培训机构在学校教学的框架内运行。明确学校作为教育主阵地的作用，确立培训机构作为学校教育补充的定位，明确二者的主次关系。在目标上，学校教学内容不得超出课程标准，这意味着校外培训应在研究学校教学进度的基础上采取针对性的教学措施，从培优转向补差；在时间上，培训机构不得占用学校教学时间和法定节假日、休息日和寒暑假，在规定的时间内开展线上和线下培训活动；在内容上，在非学科领域内创新培训服务，针对家长和学生的需要提供个性化的培训方案。

最后，科学对接学校的教学活动。校外培训机构应聚焦学生的学习需要，提供学校没有或不足的教育服务，发挥校外培训机构在提高学生学习体验方面的独特优势。因此，要推动培训机构与学校在课程设置、课堂教学、活动设计等方面的对接，探索培训机构与学校的互动与合作形式，围绕学生的学习活动形成既独立又合作的格局，将有利于营造和谐的家庭、学校、社会共育格局，为塑造良好的教育生态提供支持。此外，还可通过政府购买公共服务的形式，发挥校外培训机构在人员和设施等方面的长处，为学校提供优质的教育服务，尤其是为条件相对不足的学校提供实践场地、课程开发、课后辅导等服务。

### 三 增加公共教育服务供给

家庭教育发生在家庭这一私人领域中,教育的主动者是家庭内部的家长及其他监护人,但它既受到国家、社会等外在因素的制约,又需要在家庭外部的空间内完成,这决定了家庭教育天然具备"公—私"二重性。从历史角度看,家庭教育经历了从私人性向公共性的转变,成为现代教育"学校—家庭—社会"三位一体模式中的重要一环。现实中家庭抚育的公共环境是缺失的,这无形中增加了儿童抚育的风险,使得家庭不得不承受着沉重的负担,让家长深陷教育焦虑的旋涡之中。因此,需要重申家庭教育的公共性,构建完善的托育服务体系,切实减轻家庭教育负担。

(一)完善托育服务体系

在乡土社会,家族和社区共同分担着家庭的养育责任,塑造了生产与生活相统一的公共养育空间,儿童在这一空间中能得到超越家庭层面的支持。在中华人民共和国成立后的计划经济时代里,通过兴建托育机构、实行育儿假期、教育资源非竞争性获取等措施为家庭提供了相对稳定的育儿空间,家长得以放心将孩子托付给其他人或者单位等机构,家庭养育的部分职责由社会所分担。但在改革开放后的市场化进程中,密集型教养观念渐成主流,原本依附于单位所建立的公益性托育机构逐步让位于市场,儿童养育的责任却重新回归家庭。家庭养育付出与收益倒挂的现象越来越严重,导致社会对公共托幼服务的呼声越来越高。需要说明的是,儿童养育需要社会力量来分担家长的负担,但并非以社会力量来主导甚至取代家庭的作用,家庭仍然有着不可取代的教养功能。因此,由政府牵头建立社会组织、市场、家庭等多方主体协作的公共托幼服务体系,形成包括公共托育机构、公益性托育机构、市场化托育机构和家庭照料在内的多层次托育服务格局[1],提供全日托、半日托、计时

---

[1] 曹信邦、童星:《儿童养育成本社会化的理论逻辑与实现路径》,《南京社会科学》2021年第10期。

托和临时托等形式的服务，是有助于家庭缓解教育焦虑情绪的。

政府应设立专项资金，建设公立托育机构。要结合当地未成年儿童数量，科学测算和规划建设公共托幼机构，这些机构不仅能为家长切实提供托幼服务，还能为当地托育机构的建设提供可参照的模板，带动地区托育机构总体水平的提升。公立托育机构的建设可依托当地的公办幼儿园，合理利用现有的场地与师资，面向当地居民开展服务。社会组织可创办公益性托育机构，合理利用场地与设备提供托育服务。在这一过程中，政府应给予鼓励与引导，为符合条件的机构颁发资格证书并根据托育数量酌情提供资金补贴，同时也要对托育服务进行监管，确保托育服务的公益性。如近年来在上海社区开始实行的"15分钟幸福圈"形式，就充分发挥邻里互助的传统，形成有共同需求、意愿的"家长团"，整合不同家庭之间的人力和物质资源，形成协作互助的良性关系，突破单个家庭的局限，拓宽公共育儿空间。这种"抱团带娃"的方式与当下时兴的共享模式有着异曲同工之妙，是共建、共治、共享理念在家庭育儿方面的体现，既能延续计划经济时期由单位、社区提供托育服务的优良传统，又能结合时代要求提供更高质量的托育服务。"以共同育儿为志业"，依托社区力量、探索超越家庭的共享式育儿模式正在表现出它积极的面向与独特的价值，为我们探索家庭教育公共服务展示出新的可能性。市场主体可建设营利性的托育机构。市场主体可结合家庭托育服务的需求层次开展多样化的托育服务，在公益性和营利性之间寻求平衡，面向中高收入家庭提供托育服务。社会资本进入这一行业，有利于丰富托育服务的形式，提供更多元、个性化、高质量的服务，满足中高收入家庭的托育需求。在这一过程中，政府应规范和引导市场主体的经营行为，打击过度营销的做法，确保市场化托育服务与公益性托育服务的协同性，确保托育服务惠及更多家庭。此外，针对有能力照料孩子的家庭，政府也应给予适当的支持，如通过建立信息共享平台为家庭教育活动提供指导、引导家庭形成互助团体、发放宣传手册等形式，对一些困难家庭则可给予适度的财政补贴。

总之，随着家庭孩子数量的持续减少以及家庭对高质量托育服务需求的持续增加，普惠性的公共托育服务体系显得越来越有必要。它不仅能切实平衡家庭在工作与生活之间的关系，也能减轻家长的负担，提高育儿活动的成效，最终增进家庭的幸福感。

（二）提高公共服务质量

切实提高托育机构的设施、师资、管理水平，是家庭对公共服务的主要诉求，从现实来看，高质量公共服务供给不足是当前托育服务的主要矛盾。因此，需要借鉴国外的先进模式，结合中国部分地区的已有经验，因地制宜地探索与地方教育发展状况相适应的高质量公共教育服务，满足家庭多样化的需求。首先，要以高标准、高要求来推进托育机构建设，切实提高托育服务的专业化、职业化水平。托育机构的建设需要依照一定的标准，在场地、人员、管理、安全、健康等方面严格按照标准来执行。同时，要加快推进托育机构行业标准建设，在服务内容、师资、卫生环境、安全设施等方面建立明确的准入标准，严把托育机构的准入关。其次，加强托育机构师资建设。托育服务对师资有着较高要求，需要有专业的保教人员，他们只有在接受专业的职业培训和考取教师资格证书后才能上岗。最后，需要强化对托育机构的监管和评估。卫生、教育、工商执法等政府部门有义务对托育机构开展定期的检查、评估和指导，在这一过程中，政府部门可与第三方机构展开合作，委托社会组织对托育机构进行检查和评估，从而保障托育机构有序开展托育服务。此外，托育机构应与家庭保持密切的互动，精准对接家庭的需求，使托育服务能更好地满足家长减负与儿童发展的需要。

此外，学校的课后服务也是一项切实减轻家长负担的公共服务。中小学校应充分利用校内外教育资源，提高服务质量，落实"双减"政策减负提质的目标。在时间上，要灵活设置课后服务时间，原则上课后服务时间不晚于当地正常下班时间，针对有特殊需要的学生应采取针对性的延时服务，减少家长的后顾之忧。在活动形式上，要满足不同学生的学习需要，督促孩子在校完成作业，针对学习困难的孩子查缺补漏，针对学有余力的孩子提供课外延伸学习内容。灵活开展包括音、体、美、劳动、社团活动等在内的校园活动，丰富孩子在学校的活动。在活动资源上，可充分发掘当地特色资源，聘请退休教师、民间艺人、志愿者等到学校指导学生开展活动课程。同时，也可充分利用当地的社会资源如少年宫、博物馆、体育馆、科技馆、青少年活动中心等校外场地开展活动，为学校的课后服务提供更多样化的资源。

(三) 创新育儿保障措施

随着现代社会竞争的加剧，家长在职场工作的压力也越来越大，工作与生活、职场与家庭等冲突不断撕扯着家长，让家长感到无处不在的割裂感，难以安心从事家庭教育活动。这一现象表明，当前的家庭普遍背负着过高的养育成本，但家庭从孩子教育中的获得感则持续降低，这种落差进一步催生家长的焦虑感。当家长穿梭于家庭和社会两种场域之间时，就会面临两种身份所带来的压力，家庭对工作的负向溢出效应、工作对家庭时间的挤压，使得家长往往在忙碌中无所适从。2021年颁布的《中共中央 国务院关于优化生育政策促进人口长期均衡发展的决定》提出到2025年实现"普惠托育服务体系加快建设，生育、养育、教育成本显著降低"的目标，为改善家庭教育现状展示了一种可能。通过建立和完善托育服务体系来降低单个家庭在育儿方面的时间和金钱成本，既有助于减少不同家庭在子女教育方面的不平等，也能切实解决家庭养育的私人化困境，重返家庭教育的公共属性，缓解家长的教育压力，为孩子的成长和发展创造更广阔的空间。一方面，要严格落实劳动保障制度，确保家长的教育时间。应破除职场的性别歧视，规范用人单位在招录、聘用过程中的行为，保障员工的基本权益，鼓励用人单位把儿童照料作为自身社会责任的一部分，制定有利于员工平衡工作与家庭的措施，在现有法律的框架内协商制定有利于照顾孩子的灵活休假和弹性工作制度。通过将家庭的育儿时间社会化，可有效保障家庭有充足的时间投入育儿活动之中。另一方面，可适度发放儿童津贴。早在20世纪中期，瑞典、英国等发达国家就已建立了普惠性的儿童津贴制度，有效降低了家庭育儿的经济负担。为此，中国应改革原有的针对困难儿童所采取的救助措施，确立普惠性的儿童津贴制度，针对家庭状况分别给予梯度补助，以此减少家庭在养育孩子过程中的经济顾虑。2021年攀枝花市出台《关于促进人力资源聚集的十六条政策措施》，针对符合条件的家庭每孩每月发放500元育儿补贴金，直到孩子3周岁。该政策开创了国内儿童津贴制度的先河，取得了立竿见影的效果。可见，政府层面给予家庭育儿适度的财政补贴是完全可行的，这一做法有助于从经济层面减轻家庭育儿的负担，既可提高家长的生育意愿，也能在一定程度上缓解家长的教育焦虑。

健全的社会保障是减少家庭在孩子未来居住、医疗、教育等方面后顾之忧的根本手段，只有从缓解普通民众的生存焦虑入手，解决好教育、就业、医疗、养老等民生问题，才能解决由生存发展而引发的教育焦虑。从现实来看，中国社会保障体系仍然较为薄弱，不论是保障水平还是覆盖面都处在较低层次，与发达国家相比有一定的差距。住房、医疗、教育宛如压在家庭头顶的"三座大山"，也间接导致人们对未来普遍缺乏安全感，这种不安全感在新冠疫情爆发后更甚，在教育中则表现为弥散的教育焦虑。对此，需要国家、社会、市场等多方合力，形成多层次的社会保障体系，解决家庭教养孩子的后顾之忧。

# 结　语

# 与焦虑共存的教育

焦虑是一种复杂且常见的心理现象，常伴随着焦躁、恐慌、不安、忧虑等消极情绪体验。在现代社会中，焦虑情绪弥散在社会生活的各个角落，每一个体都生活在一个被焦虑所裹挟的世界中，焦虑构成了当代人日常生活体验的一部分。可以说，焦虑已成为跨越地域、阶层、群体的共同体验，每一个体都被形形色色的焦虑所包围，形式不一的焦虑交织嵌入社会结构之中，成为当代社会特有的景观。在这一背景下，教育牵动着每个社会成员的敏感神经，它是引发人们焦虑体验的重要诱因，为教育而焦虑俨然成为一种颇为普遍的现象，反映出人们对教育价值和意义正当性的追问。随着社会领域焦虑心态的扩散、影响程度的深化、潜在威胁的延续，教育焦虑已呈现出持续性、弥散性、结构性的特征，构成了人们在教育参与中的自反性体验，焦虑已成为理解当代教育的关键词，全民教育焦虑的时代已然到来，不同个体都不同程度地卷入其中。作为个体体验的教育焦虑尚不足以纳入研究的范畴，但当它演变为群体心态甚至成为限制教育发展的普遍症候时，才真正成为一个不容忽视的当代问题，但其内在的演变机制仍有待进一步的研究。教育焦虑之所以能超越个体边界并成为泛化的群体情绪，就在于它已融入人们的日常生活中并被合理化为一种颇为流行的当代生活方式，上升为由群体共同建构的大众文化，教育焦虑文化背后正是特定的历史、文化、现实境遇。

## 结语　与焦虑共存的教育

作为一种心理体验的焦虑是人与生俱来的情绪，同时也是不同学科、不同领域研究的关键议题，对焦虑的解释体现出学科立场的差异：哲学视野中的焦虑是人之存在的标志，它始终与自由、存在、命运等主题相关，是个体生命的终极命题，焦虑对人而言有着非理性的本体性意义；心理学视野中的焦虑是人的情绪反应，是人在适应和应对外部环境时所作出的情绪和行为反应方式；社会学视野中的焦虑是一种特定历史时期的社会心态，大多出现在社会转型变革时期，其根源上是一种现代性的后果，焦虑深刻改变了当代人的生活方式。然而，教育学学科视野中的焦虑仍需要我们进行探索。长期以来，焦虑与教育的关系都被遮蔽在日常话语之中，尽管每一个体都有可能感知到教育焦虑，却难以把握其实质，难以和其他焦虑形式（如生存焦虑）区分开来。教育焦虑不仅是当代教育的突出病症，更像是一种中国社会特有的病态文化现象：当人们在日常语境中不假思索地使用"教育焦虑"这一概念时，往往只是想表达内心的无意义感、无力感而并不在意其原初内涵和适用范围，且教育焦虑往往与"内卷""躺平""摸鱼"等带有自我调侃式的词语混用，反倒间接强化了人们对教育焦虑的焦虑。这固然有教育学学科话语体系不整全的原因，也与焦虑所代表的不确定性有关，焦虑的边界模糊性、主体感受的缄默性、影响要素的多元性等都决定了从认识层面剖析教育焦虑存在诸多困难。焦虑精准切中了当下人们在教育参与中的真切感受，揭示了隐藏在教育日常运行轨迹下的混乱与失序，恰恰映射出人们在教育活动中逼促的生存处境，为理解当下时代的教育病症提供了全新的视角与方法。

从教育学的学科立场来看，焦虑是教育的一种本质特性，反映出教育价值的缺失或错位，而价值则是主体需要与客观实在之间的意义联结。在这一意义上，焦虑指向人在教育活动中的存在本身，教育焦虑就是教育主体因教育不确定性而产生的担忧、紧张、不安等情绪，而这种情绪是在参与教育活动中所引发的。以学生的学习为主要线索，从学校、家庭、社会三方面考察教育焦虑在这三类主体中的存在形式，可以得出教育焦虑现象的现实样态。家长教育焦虑出现在参与子女教育竞争的全过程中，源于对子女教育成就的期待，家长对孩子的教育成就持有过高乃至不切实际的教育期望，过度干涉并试图掌控孩子的学习活动，将自身的意愿强加在孩子身上。学生的学习焦虑源于对学习过程和结果的体察，表现为担心学习结果达不到家长、教师的预期而对自我价值产生怀疑的情绪反应。从学生的学习轨迹中，我们不难看出家长和教师对其学习行为的主导作用，在家庭、学校、社会共同建构的规范要求下，学生的时间、行动和身体都处在成年人的严密控制下。与之对应的则是学习日益呈现出内卷化趋势，增加学习投入并未带来实质性的提升，相反加重了学业负担，放大了学生的焦虑感。学生们又在日常生活中通过显性或隐性的抵抗来抗拒内卷化学习对个体的规训与异化，在焦虑体验中探寻超越焦虑的方式。教师的教育焦虑与其身处制度化情境之中的事实直接相关，身处学校、社会、家庭三重场域中的教师受到外在力量的规约，表征为职业焦虑和角色焦虑两方面，这其中既有制度化情境的原因，也与教育改革的不确定性相关，更是学生、家长乃至社会对教育的焦虑转移到教师身上的结果。

焦虑在教育领域的扩散使得它日益展现出消极的面向，使教育主体感知到过度的焦虑，即教育焦虑症，它对教育主体、教育要素乃至教育生态都有一定的消极影响。在个体意义上，教育焦虑症加重了家长、孩子、教师等主体的身心负担：在家庭内部，降低家庭生活质量，阻碍亲子的正常沟通，甚至成为引发家庭矛盾的来源；教育焦虑症凸显了功利性的教育价值，削减了学生学习的主体性，损害学生的可持续发展能力；教师的沉重负担不仅损害着他们的身心健康，还将进一步弱化教师教育工作的自主权，甚至催生离职意愿。在教育发展的意义上，教育焦虑是导致教育发展陷入内卷化困境的源头，它间接强化了主体对教育竞争的依赖，增加劳而无功的潜在后果，抑制教育创新的真正发生，导致教育进入无发展的增长状态。教育焦虑在某种程度上凸显了异化效应。过度的教育竞争消解了教育的丰富性，竞争从手段成为目的，使得个体无法在教育中掌握自我的本质，付出得越多就越感受到深深的无力和焦虑。教育主体的过劳行为呈现出自愿的特征，

## 结语　与焦虑共存的教育

看似是个体的自我选择，实则表现出规训与控制的精细化、隐秘化、体系化，并由此诞生了一种新的异化形式，这就凸显了教育焦虑的关键作用。

教育焦虑是人为建构的产物，尽管每个时代都可被冠以"教育焦虑的时代"，但只有在现代社会，教育焦虑的程度和广度才发生了根本性转变，成为普遍性的教育症候。从认识论角度来看，功利主义教育观是教育焦虑产生的思想根源，功利主义教育观导致教育价值、内容、过程等多方面的焦虑，充分展现出理性的自负。教育发展的结构性失衡是教育焦虑的另一来源，教育资源的结构失衡、教育评价的"唯"导向及教育改革的不确定性等因素不断制造着新的教育焦虑。在现代社会的变革中，本是家庭私域内的家庭养育模式被纳入科学话语之中，家庭的养育行为都要在科学育儿的框架内完成，而国家、科学、市场通过合法、合理、合情三种维度建构了"完美父母"的亲职角色，科学育儿知识也建构了理想的亲职角色，因此，讲究分工协作、高期望与高投入并存、日趋精细化的制式化教养方式逐渐出现，并朝着过度教养的方向转变。消费主义和市场主体的合谋，深刻改变了家庭和学校的教育实践，使得教育消费嵌入家庭教育活动之中，市场主体成为制造焦虑的重要来源。借助信息传播、社群互动和数字技术的综合应用，市场主体与家庭之间形成了焦虑生产的循环，助推焦虑情绪高涨。从社会层面来看，教育焦虑是生存焦虑在教育领域的集中呈现，充满不确定性的现代社会是教育焦虑产生的时代根源。不确定性伴随着秩序的破碎、欲望的扩张和控制的无力感而产生，并通过文化这一隐秘机制将结构性的教育焦虑内嵌于人们的现代性体验之中，使得教育焦虑成为当代人的共同体验。

教育焦虑是社会综合症状，需要整合多方力量，采取综合性措施，在建构教育高质量发展的新格局中加以纾解。在教育观念转变方面，要承认教育焦虑的合理性及其限度，以人的发展为准绳，维持适度的有意义焦虑，把握教育的时机，注重情感维系。在教育改革方面，要通过制度重组、结构调整和政策改善等形式促进教育生态的整体变革；增加优质教育资源供给，在教育资源总量不足的基础上优化教育资源的均衡配置，探索学校特色化资源的开发与利用；改善教育结构体系，加快教育考试改革，厘清各学段教育的功能定位，促进普职教育融通发展；学校应深刻把握"双减"政策的内涵，系统推进"双减"政策的各项要求，处理好减负与提质的辩证关系；在新时代教育评价改革的总体目标下，加快推进教育评价体系改革，引导教育回归立德树人的育人本质。在构建和谐教育生态的同时，也要创设良好的外部环境，通过改善教育舆论环境、整治校外培训市场、拓展公共教育服务领域等途径，为纾解过度的教育焦虑提供外部支持。在家长教育方面，要从儿童身心发展规律、教育规律出发，实现教育期望的合理建构，并从家庭教育立法、建立家庭教育指导体系、构建家校协同教育场域、家长主动学习教育知识等方面提高家长的教育能力。

窥一斑而知全豹，对教育焦虑作出总体判断是困难的，本书也并无此意，而是意图通过揭示案例背后的共性，探寻教育焦虑的现实样态和产生机理，并据此提出治理和应对的可能路径。本书的创新之处在于，突破以往借用相关学科分析框架的研究模式，确立一种基于教育学学科立场的研究；通过对个案的分析，从教育焦虑的程度和广度探究了家长、学生、教师三类主体的焦虑形态，并结合现代性这一时代母题，从家庭、学校和社会三方面探寻教育焦虑的产生原因。然而囿于研究方法的不足，缺乏基于大样本和数据的实证分析，因此对群体内部的差异性方面解释不足，在阶层、性别、年龄、地域等因素的探索方面仍有不足，这些都需要在后期研究中不断完善。同时，教育焦虑的应对与治理需要采取长期的系统性措施，国家政策层面的措施能否取得预期的成效，尚需要时间的验证，而这有待后续研究的跟进。

作为一种复杂的社会现象，教育焦虑的产生、演变机理仍有待研究分析，目前可以从理论和实践相结合的角度加以解释：在理论上，需要在借鉴相关学科研究的基础上，探寻教育学学科立场的研究，建构并完善教育焦虑的学理架构；在实践层面，要紧扣时代语境，结合当前教育改革的背景，探寻教育焦虑合理边界的现实可能。我们也有理由相信，没有比教育更强大的变革力量，随着教育高质量发展格局的实现，教育焦虑将实现目的与手段的统一，成为人自由且全面发展的不竭动力。唯有如此，教育才是指向人的个性化、创造性培养的能动活动，才能朝向着人的解放的终极目标日益趋近。

# 参考文献

## 一 中文资料

［奥］弗洛伊德：《精神分析引论新编》，高觉敷译，商务印书馆2013年版。

［德］M.兰德曼：《哲学人类学》，阎嘉译，贵州出版集团、贵州人民出版社2006年版。

［德］O·F·博尔诺夫：《教育人类学》，李其龙等译，华东师范大学出版社1999年版。

［德］恩斯特·卡西尔：《人论》，甘阳译，上海译文出版社1985年版。

［德］哈特穆特·罗萨：《新异化的诞生：社会加速批判理论大纲》，郑作彧译，上海人民出版社2018年版。

［德］海德格尔：《存在与时间》，陈嘉映、王庆节合译，生活·读书·新知三联书店2000年版。

［德］尼采：《查拉图斯特拉如是说》，钱春绮译，生活·读书·新知三联书店2014年版。

［德］乌尔里希·贝克：《风险社会政治学》，刘宁宁、沈天霄编译，《马克思主义与现实》2005年第3期。

［德］乌尔里希·贝克、伊丽莎白·贝克—格恩斯海姆：《个体化》，李荣山、范譞、张惠强译，北京大学出版社2011年版。

［德］西美尔：《货币哲学》，陈戎女、耿开君、文聘元译，华夏出版社2002年版。

［德］伊曼努尔·康德：《论教育学》，赵鹏、何兆武译，上海世纪出版

集团、上海人民出版社 2005 年版。

[法] 菲力浦·阿利埃斯:《儿童的世纪:旧制度下的儿童和家庭生活》,沈坚、朱晓罕译,北京大学出版社 2013 年版。

[法] 萨特:《存在与虚无》,陈宣良等译,生活·读书·新知三联书店 1997 年版。

[古希腊] 柏拉图:《理想国》,郭斌和、张竹明译,商务印书馆 1986 年版。

[美] 艾里希·弗洛姆:《逃避自由》,刘林海译,人民文学出版社 2018 年版。

[美] 蒂里希:《蒂里希选集》,何光沪选编,上海三联书店 1999 年版。

[美] 罗洛·梅:《焦虑的意义》,朱侃如译,广西师范大学出版社 2010 年版。

[美] 马赛厄斯·德普克、法布里奇奥·齐利博蒂:《爱、金钱和孩子:育儿经济学》,吴娴、鲁敏儿译,格致出版社、上海人民出版社 2019 年版。

[美] 维维安娜·泽利泽:《给无价的孩子定价:变迁中的儿童社会价值》,王水雄、宋静、林虹译,格致出版社、上海人民出版社 2008 年版。

[美] 约翰·杜威:《民主主义与教育》,王承绪译,人民教育出版社 2001 年版。

[美] 詹姆斯·C. 斯科特:《弱者的武器》,郑广怀、张敏、何江穗译,译林出版社 2011 年版。

[美] 茱蒂·哈里斯:《教养的迷思:父母的教养能不能决定孩子的人格发展?》,洪兰、苏奕君译,台北:商周出版社 2000 年版。

[英] 安东尼·吉登斯:《现代性与自我认同:现代晚期的自我与社会》,赵旭东、方文译,生活·读书·新知三联书店 1998 年版。

[英] 齐格蒙特·鲍曼:《被围困的社会》,郇建立译,江苏人民出版社 2005 年版。

陈桂生:《教育原理》(第二版),华东师范大学出版社 2000 年版。

陈华仔、肖维：《中国家长"教育焦虑症"现象解读》，《国家教育行政学院学报》2014年第2期。

崔保师、邓友超、万作芳等：《扭转教育功利化倾向》，《教育研究》2020年第8期。

耿羽：《莫比乌斯环："鸡娃群"与教育焦虑》，《中国青年研究》2021年第11期。

顾严：《求解：结构性教育焦虑与结构性教育矛盾》，《探索与争鸣》2021年第5期。

黄宗智：《小农经济理论与"内卷化"及"去内卷化"》，《开放时代》2020年第4期。

金生鈜：《规训与教化》，教育科学出版社2004年版。

金生鈜：《教育何以是治疗——兼论教育与人的健康的关系》，《教育研究》2020年第9期。

靖国平：《教育的智慧性格——兼论当代知识教育的变革》，湖北教育出版社2004年版。

蓝佩嘉：《做父母、做阶级：亲职叙事、教养实作与阶级不平等》，《台湾社会学》2014年第27期。

雷望红：《中国城乡母职形象何以分化——"教育家庭化"中的城市"虎妈"与农村"猫妈"》，《探索与争鸣》2020年第10期。

李帆：《"学生减负"为何难见成效？——基于教育期望的分析》，《江苏教育研究》2020年第Z4期。

林晓珊：《"购买希望"：城镇家庭中的儿童教育消费》，《社会学研究》2018年第4期。

刘善槐：《农村家长的"教育焦虑"从何而来》，《人民论坛》2020年第14期。

刘世定、邱泽奇：《"内卷化"概念辨析》，《社会学研究》2004年第5期。

刘铁芳：《追寻生命的整全：个体成人的教育哲学阐释》，高等教育出版社2017年版。

刘铁芳：《走向生活的教育哲学》，湖南师范大学出版社 2005 年版。

刘秀秀：《技术的魅惑：育儿市场化中的焦虑生产与反生产》，《社会建设》2022 年第 1 期。

鲁洁主编：《教育社会学》，人民教育出版社 1990 年版。

罗阳、刘雨航：《"双减"中的父母教育焦虑：表征、原因及其应对》，《教育与经济》2022 年第 5 期。

石中英：《教育哲学导论》，北京师范大学出版社 2004 年版。

王道俊、郭文安主编：《教育学》（第七版），人民教育出版社 2016 年版。

王道俊、郭文安主编：《主体教育论》，人民教育出版社 2005 年版。

王洪才：《教育失败、教育焦虑与教育治理》，《探索与争鸣》2012 年第 2 期。

王坤庆：《精神与教育——一种教育哲学视角的当代教育反思与建构》，上海教育出版社 2002 年版。

王旭清：《寒门温室：城镇化中农家子弟教育的家庭参与机制》，《中国青年研究》2021 年第 12 期。

肖索未：《"严母慈祖"：儿童抚育中的代际合作与权力关系》，《社会学研究》2014 年第 6 期。

熊易寒：《精细分层社会与中产焦虑症》，《文化纵横》2020 年第 5 期。

徐英瑾：《数字拜物教："内卷化"的本质》，《探索与争鸣》2021 年第 3 期。

晏辉：《现代性场域下生存焦虑的生成逻辑》，《探索与争鸣》2020 年第 3 期。

杨钧：《焦虑——西方哲学与心理学视域中的焦虑话语》，北京大学出版社 2013 年版。

袁光锋、李晓愚：《"最近比较烦"：论焦虑文化的社会生成机制、对抗实践及其后果》，《西北师大学报》（社会科学版）2022 年第 5 期。

岳经纶、范昕：《中国儿童照顾政策体系：回顾、反思与重构》，《中国社会科学》2018 年第 9 期。

张志平：《论"焦—虑"现象的本质及"焦虑时代"的焦虑管理》，《江海学刊》2011年第6期。

周晓虹:《焦虑:迅疾变迁背景下的时代症候》,《江苏行政学院学报》2014年第6期。

## 二 外文资料

Alan Hunt, "Anxiety and Social Explanation: Some Anxieties about Anxiety", *Journal of Social History*, Vol. 32, No. 3, March 1999, p. 528.

Benjamin B. Wolman and George Stricker, *Anxiety and Related Disorders: A Hand Book*, New York: Wiley, 1994, p. 60.

Bugental, J. F., "Humanistic Psychology: A New Breakthrough", *American Psychology*, Vol. 18, No. 9, September 1963, p. 563.

Giulia M. and Treas J., "Educational Gradients in Parents' Child Care Time Across Countries (1965 – 2012)", *Journal of Marriage and Family*, Vol. 25, No. 4, April 2016, p. 11.

Guajardo, Nicole, G. Snyder and R. Petersen, "Relationships among Parenting Practices, Parental Stress, Child Behaviour, and Children's Social-cognitive Development", *Infant and Child Development*, Vol. 18, No. 1, January 2009, p. 38.

Hu, C. T., "The Historical Background: Examinations and Control in Pre-modern China", *Comparative Education*, Vol. 18, No. 2, February 1984, p. 21.

Hunt Alan, "Anxiety and Social Explanation: Some Anxieties about Anxiety", *Journal of Social History*, Vol. 32, No. 3, June 1999, p. 509.

Katzman M. and Bleau P., "Canadian Clinical Practice Guidelines for the Management of Anxiety, Posttraumatic Stress and Obsessive-compulsive Disorder", *BMC Psychiatry*, Vol. 22, No. 1, January 2014, p. 74.

Mari Ruti, *Penis Envy and Other Bad Feelings: The Emotional Costs of Everyday Life*, New York: Columbia University Press, 2018, p. 176.

Rahel Jaeggi, *Alienation*, New York: Columbia University Press, 2016, p. 3.

Sinclair K. E. and Ryan G., "Teacher Anxiety, Teacher Effectiveness, and

Student Anxiety", *Teaching & Teacher Education*, Vol. 24, No. 3, June 1987, p. 253.

Spielberger C. D. , *Theory and Research on Anxiety*, New York: Academic Press, 1966, p. 121.

Stanton H. E. , "The Relationship between Teachers' Anxiety Level and the Test Anxiety Level of Their Students", *Psychology in the Schools*, Vol. 11, No. 3, June 1974, p. 363.

Wilkinson Iain, *Anxiety in a Risk Society*, London: Routledge, 2001, p. 42.

# 后 记

本书是我在博士学位论文的基础上修改而来的。这篇不甚成熟的论文既是本书的总体呈现，也是自己求学生涯的阶段性总结。在这期间，既有焦虑不安的内心挣扎，也有内心坚定的步履不停；既有百思莫解的茫然无措，也有醍醐灌顶般的恍然大悟；既有不舍昼夜的思索，也有悠然自得的闲适。论文写作是一种奇妙的体验，其间不断地发问、不断地否定，不断地挣扎又和解，就在这样一种反复的思索中，论文才得以日渐清晰。

感谢我的导师王坤庆。在华中师范大学求学的四年时间里，他在我的生活和学习上都给予了莫大的支持和引导，不论是对本书研究方向的鼓励和支持，还是在论文写作中的躬身指导，都使我受益匪浅。最难能可贵的是王老师身上始终洋溢着蓬勃的生命激情，他豁达乐观、自信大气、不拘一格却又恪守原则的人生态度无不感染着我、鼓舞着我，让我不时有豁然开朗之感。感谢教育学院的涂艳国、杜时忠、岳伟、程红艳、田友谊等老师，他们的教诲是我毕生的财富，他们在我的论文选题、写作、答辩过程中的宝贵意见也成为激励我不断完善、坚持该研究领域的动力。感谢曾一起探讨学术的同学们，思想的碰撞催生了我的灵感。

以焦虑为视角来诊断当代教育，并尝试综合运用多学科的理论来回应"焦虑时代的教育何为"，是本书所要探讨的核心议题。期望该书

## 后记

能对教育界的研究者、管理者、教师等有所启发，但由于个人学识、眼界、经历等方面的局限，本书还有较多未能尽善之处，希望这些遗憾能在后期的理论研究和实践探索中得到弥补。

李　帆

2024 年 7 月 15 日